I'm 스크래치 3.0

혼자 만드는 첫 코딩 프로젝트

초등 고학년

노 훈 지음

엔듀인사이트

초판 1쇄 발행 2019.10.18.
지은이 노훈 | **펴낸이** 한기성 | **펴낸곳** 에듀인사이트(인사이트)
기획·편집 공명, 신승준 | **표지 디자인** 오필민
본문 디자인 문선희 | **일러스트** 나일영 | **인쇄·제본** 에스제이피엔비
베타테스터 권오혁, 문희재, 박유림, 박찬준, 신채은, 이민아,
　　　　　이윤아, 추승우, 홍태화, 황준기
등록번호 제2002-000049호 | **등록일자** 2002년 2월 19일
주소 서울시 마포구 연남로5길 19-5
전화 02-322-5143 | **팩스** 02-3143-5579
홈페이지 http://edu.insightbook.co.kr
페이스북 http://www.facebook.com/eduinsightbook
이메일 edu@insightbook.co.kr
ISBN 978-89-6626-739-2 73560

책값은 뒤표지에 있습니다. 잘못 만들어진 책은 바꾸어 드립니다.
정오표는 http://edu.insightbook.co.kr/library에서 확인하실 수 있습니다.

Copyright © 2019 노훈, 에듀인사이트
책 내용의 일부 또는 전부를 재사용하려면 반드시 저작권자와 에듀인사이트 양측 모두의 서면 동의를 얻어야 합니다.

머리말

예전 만화 중에 2000년대에는 달나라 수학여행을 가고, 얼굴을 보면서 통화하고, 로봇이 청소를 대신해 주고, 도로에는 전기차가 지붕에는 태양광이 있는 시대가 열리는 장면이 있습니다. 당시에는 많은 사람들이 만화 속 일로만 여겼던 것들이 지금은 달나라 수학여행을 제외하고 거의 모두 현실이 되었습니다. 이 책을 읽는 어린이 여러분들이 어른이 되어 살아갈 세상은 또 얼마나 달라져 있을까요?

최근에 4차 산업혁명과 인공지능, 빅데이터 등의 말을 뉴스나 책, 수업 등을 통해 많이 들어 보았을 것입니다. 이 같은 미래 모습의 바탕에는 컴퓨터와 인터넷이 있으며 컴퓨터와 인터넷은 대부분 '코딩'에 의해 움직이게 됩니다. 즉, 여러분이 살아가게 될 미래는 코딩을 꼭 알아야 좀 더 편리한 생활을 할 수 있게 되는 것입니다. 그래서, 최근에 초등학교와 중학교에서 코딩 교육이 의무화 되었습니다.

코딩 교육에서 학생들이 코딩을 좀 더 쉽고 재미있게 배울 수 있게 하는 도구로 사용되는 것 중의 하나가 바로 이 책이 다루고 있는 '스크래치'입니다. 마치 블록을 쌓듯이 코딩을 한다고 해서 블록 코딩이라고 불리기도 합니다. 스크래치를 통해 코딩을 쉽고 재미있게 접하고 익힌 다음 나아가 C나 JAVA, 파이썬과 같은 텍스트 코딩을 할 수 있게 해줍니다.

스크래치(Scratch)는 미국의 MIT에서 개발한 교육용 프로그래밍 언어로 전 세계적으로 코딩을 접할 때 가장 많이 사용되는 도구 중의 하나입니다. 2005년에 처음 발표된 이후 2019년부터는 3.0 버전이 사용되고 있습니다.

이 책은 스크래치의 기본부터 응용까지 익힐 수 있게 해주며 스크래치가 처음인 학생도 계정 만들기부터 여러 가지 재미있는 작품을 만들고, 게임도 만들 수 있습니다. 학교에서 배우는 수학이나 과학 교과와 연계된 부분도 있습니다. 책을 보고 따라서 차근차근 프로젝트를 만들다 보면 어느새 코딩에 흥미를 갖게 되고, 책에 나온 프로젝트를 응용하거나 책에 없는 자신만의 프로젝트를 만들 수 있게 됩니다.

이 책에서 소개하는 스크래치 프로젝트들은 실제 아이퓨처랩 창의코딩교실에서 실시하여 참여한 학생들의 반응이 좋았던 프로젝트들과 코딩 학습 효과가 높은 내용들로 구성했습니다. 이 책을 통해 학생들이 코딩의 원리를 쉽고 재미있게 익히고 프로젝트를 만들고 활용하는 과정에서 문제해결과 알고리즘, 컴퓨팅 사고력과 창의력을 키워 미래 사회의 인재로 자라나길 바랍니다. 감사합니다.

2019년 가을 새 학기에

아이퓨처랩 **노 훈**

코딩과 스크래치

2019년부터 초등 5, 6학년을 대상으로한 코딩 교육이 의무화됩니다. 그런데 코딩은 무엇이고, 왜 이 시점에서 코딩 교육이 필요한지 아직은 잘 이해가 안갈텐데요. 따라서 이 책으로 공부하기 전에 코딩 개념과 코딩 학습의 필요성에 대해 먼저 짚어보도록 하겠습니다.

Q '코딩(Coding)'이란?

코딩은 간단히 말하면 코드를 입력하는 행위입니다. 코드(Code)는 컴퓨터 프로그램을 만드는데 사용되는 명령어 모음인데, 코딩은 이런 코드들을 가지고 프로그래밍을 하는 과정이라고 할 수 있습니다.

Q 왜 코딩을 배워야 하나요?

코딩을 배우는 가장 핵심적인 이유는 '문제해결력'을 키우는 것입니다. 문제해결은 '문제확인-자료수집-문제분해-패턴파악-추상화-알고리즘-자동화' 등의 과정을 거치게 되는데, 코딩을 배우면 이 같은 문제해결의 과정을 익히고 문제해결력을 키울 수 있습니다.

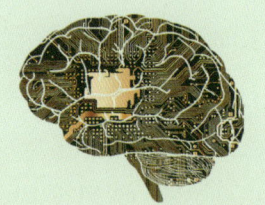

Q 스크래치는 무엇인가요?

스크래치는 원래 8~16세의 학생들에게 컴퓨터 프로그래밍을 쉽게 이해시키고, 재미있게 배울 수 있도록 개발된 교육용 프로그래밍 언어입니다. 미국의 MIT대학의 미디어 연구소(MIT Media Lab)에 있는 평생유치원그룹(Lifelong Kindergarten Group)에서 만들었습니다.

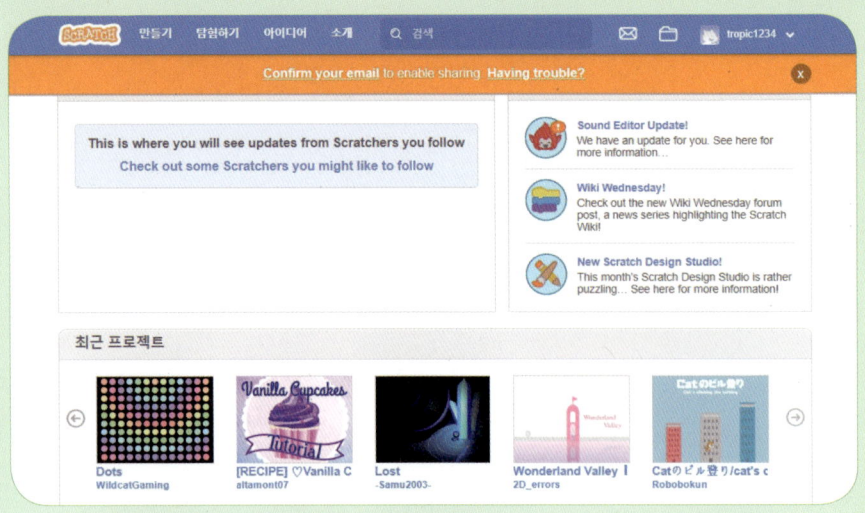

Q 왜 스크래치로 코딩을 배우나요?

스크래치는 무료이며, 인터넷을 사용할 수 있으면 어디에서든지 활용 가능하며, 오프라인 에디터를 설치하면 인터넷이 없어도 사용할 수 있습니다.

많은 교육용 프로그래밍 도구들이 갖고 있는 특징인 직관적이면서 편리한 사용으로 인해 저학년도 쉽게 접할 수 있다는 것 외에 상대적으로 많은 사용자와 사용 환경, 하드웨어와의 확장성 등에서도 장점이 뛰어나다고 할 수 있습니다.

Q 스크래치는 어떤 방식으로 프로그램을 만드나요?

스크래치는 블록이라고 불리는 명령어와 모양인 스프라이트를 이용하여 프로그래밍을 하게 됩니다. 블록은 막대처럼 생겼는데, 각 블록마다 명령어가 정해져 있으며, 이런 블록들을 레고나 퍼즐처럼 차곡차곡 쌓아서 코딩을 하게 됩니다.

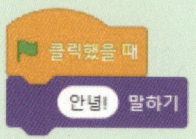

▶ 그림처럼 블록을 쌓으면 고양이에게 '안녕'이라는 물풍선이 나타납니다.

Q 어떻게 하면 코딩을 잘 할 수 있나요?

코딩 교육은 컴퓨터 프로그래밍 기술의 습득이 아니라 '어떻게 하면 내가 생각하는 것을 창의적이고 논리적으로 표현할 수 있는가?'에 초점을 두고 있습니다. 기본적인 개념이나 기능을 이해하는 것이 필수적이지만 이것은 자신의 생각을 표현하기 위한 하나의 도구일 뿐입니다. 코딩에 정답은 없습니다. 처음에는 책을 보고 따라 할 수 밖에 없지만 자신만의 생각을 더해 프로젝트를 여러 가지로 바꿔 보는 것이 중요합니다.

스크래치로 만든 다양한 프로젝트들 ▶

이 책의 특징 및 내용

이 책은 간단한 애니메이션부터 러닝 프로그램에 이르기까지 다양한 프로젝트를 직접 코딩하여 완성해보는 워크북입니다.

★ 혼자서도 프로젝트를 직접 코딩할 수 있다!

간단한 이미지를 움직이는 것에서부터 복잡한 계산 프로그램에 이르기까지 다양한 프로젝트를 따라하기만하면 뚝딱 만들 수 있습니다. 실행 과정을 순서대로 하나하나 보여주기 때문에 코딩 초보도 어렵지 않게 따라할 수 있습니다.

★ 코드의 쓰임과 의미를 이해하며 코딩할 수 있다!

코딩을 하다보면 왜 이 코드가 사용되는지, 이 코드를 사용함으로써 얻게 되는 효과가 무엇인지 궁금해질 것입니다. 이러한 궁금증이 발생할만한 코드 사용 상황에서는 필요한 설명이나 팁을 넣으므로써 반드시 코딩을 이해한 바탕 위에서 학습할 수 있도록 했습니다.

★ 15일이면 스크래치의 기본 기능과 코딩의 기초를 다질 수 있다!

하루 1개씩 14개의 프로젝트를 통해 애니메이션과 게임, 러닝 프로그램 등을 수행하게 되며, 이 과정에서 스크래치의 기본 기능과 핵심 기능들을 자연스럽게 습득할 수 있습니다. 아울러 프로젝트 수행을 위한 코드와 이 코드를 실행하기 위한 절차와 과정도 이해할 수 있습니다.

PART 1 스크래치 준비하기: 스크래치 프로젝트를 시작하기 위해 필요한 브라우저 설치와 계정 만들기, 그리고 스크래치 프로젝트를 만들기 위한 기본 기능들을 익힘

PART 2 스크래치와 친해지기: 간단한 스크래치 프로젝트 만들기를 통해 코딩을 시작하는데 기본이 되는 반복 개념, 좌표 기능, 형태의 변화 등을 이해함

PART 3 스크래치로 ART하기: 미술과 음악 관련 프로젝트들을 만드는 과정을 통해 조건 개념, 펜과 소리·신호 기능, 난수 개념, 이미지 업로드와 복제하기 등을 배움

PART 4 스크래치로 GAME하기: 벽돌 깨기, 두더지 잡기, 외계인과의 우주 전쟁 등의 게임 프로젝트를 만들면서 변수라는 새로운 개념을 익힘

PART 5 스크래치로 REARNiNG 하기: 학교에서 배웠거나 배우게 될 수학 공식이나 과학 지식을 스크래치로 표현해 봅니다. 이 과정을 통해 자연스럽게 교과연계 지식을 쌓게됨

구성 및 활용

이 책의 프로젝트는 다음과 같이 '**준비-실행-확인**'의 3단계 과정으로 진행됩니다.

1단계-준비 프로젝트 실행 과정과 결과물 미리보기

앞으로 만들게 될 프로젝트가 어떤 절차에 의해 진행되고 어떻게 동작하는지 알 수 있다면 코딩하는데 많은 도움이 될 것입니다. 실행 과정과 결과물을 항상 염두에 두고 코딩을 진행하세요.

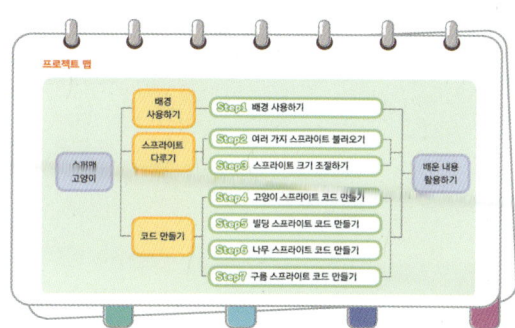

2단계-실행 단계별로 코딩 따라하기

프로젝트 실행 과정에 따라 코딩 과정을 나눠서 진행하게 됩니다. 전반부는 주로 스프라이트를 불러오고 편집하는 과정을 진행하게 되고, 후반부는 각 스프라이트를 코딩하는 과정이 진행됩니다. 원활한 코딩을 위해 필요한 설명과 팁 들도 넣었으니 꼭 읽어보세요.

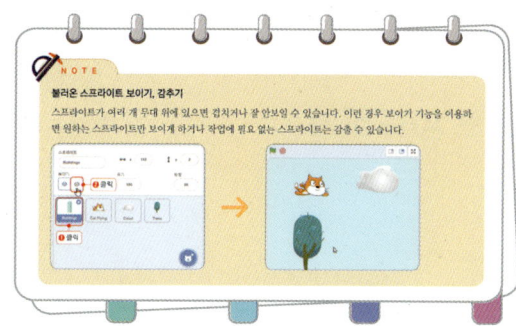

3단계-확인 배운 내용 복습하기

마지막 단계는 학습한 내용을 얼마나 잘 이해했는지 확인하는 과정입니다. 이번 프로젝트를 통해 알게된 기능과 코딩 개념들을 응용하여 프로젝트를 변형하거나 다른 역할을 추가합니다.

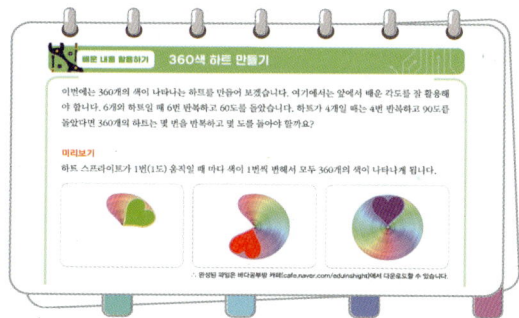

CONTENTS

PART 1
스크래치 시작하기
- 스크래치 준비하기 ········· 10
- 스크래치 기본 기능 익히기 ········· 13

PART 2
스크래치와 친해지기
- 액션 네임 만들기 ········· 24
- 슈퍼맨 고양이 ········· 34
- 행운 클로버 ········· 48

PART 3
스크래치로 ART하기
- 슛돌이 냥이 ········· 58
- 나만의 그림판 1 ········· 74
- 나만의 그림판 2 ········· 88
- 크리스마스 카드 ········· 102
- 피아노 연주하기 ········· 118

PART 4
스크래치로 GAME하기
- 벽돌 깨기 ········· 132
- 유령 잡기 ········· 152
- 우주 전쟁 ········· 166

PART 5
스크래치로 LEARNING하기
- 도형 그리기 ········· 184
- 계산 프로그램 만들기 ········· 194
- 빙글빙글 태양계 ········· 206

PART 1
스크래치 시작하기

스크래치 준비하기 | 스크래치 기본 기능 익히기

스크래치 준비하기

01

스크래치를 이용하기 위해 사전에 준비해야 할 것들에 대해 알아봅니다.

Step1 구글 크롬 설치하기

스크래치를 사용하기 위해선 크롬이나 파이어폭스 같은 웹브라우저가 필요합니다. 컴퓨터에 크롬을 다운받아 설치해보세요.

01 컴퓨터에 크롬이 설치되어 있지 않다면 포털에서 **크롬**을 검색한 후, **구글 크롬**을 클릭합니다.

02 Chrome 다운로드를 클릭하여 설치 파일을 다운로드받습니다. 그런 다음 설치 파일을 실행하면 설치를 진행할 수 있습니다.

> **잠깐!** 윈도우10에서는 설치가 끝나면 자동으로 크롬 브라우저가 실행되고 바로 사용할 수 있어요.

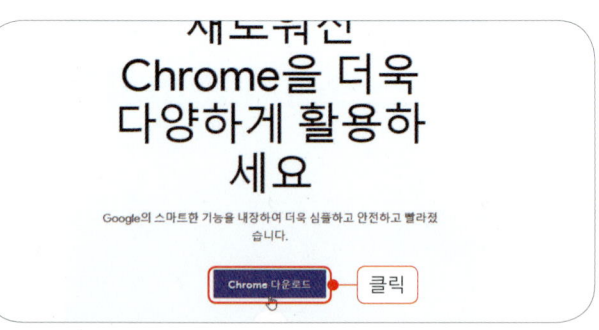

03 크롬이 설치되면 바탕화면이나 시작 메뉴에서 크롬 아이콘을 클릭하여 실행합니다.

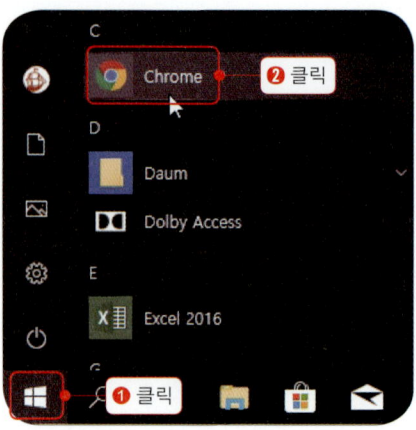

Step2 스크래치 계정 만들기

스크래치는 계정이 없어도 프로젝트를 만들 수 있습니다. 하지만 프로젝트를 저장하고, 고치고, 공유하려면 계정이 필요합니다. 순서에 따라 자신의 계정을 만들어보세요. 참고로 계정은 사용자 이름과 비밀번호를 가리킵니다.

01 스크래치를 실행하기 위하여 크롬의 구글 검색 창에 **스크래치**를 입력하고 Enter⏎를 누릅니다. 검색 화면에 나타난 Scratch - Imagine, Program, Share를 클릭합니다.

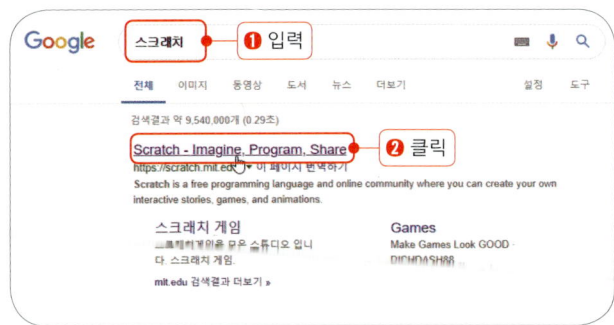

02 스크래치 시작 화면에서 오른쪽 상단에 있는 **스크래치 가입**을 클릭합니다.

03 가입 화면이 나오면 사용자 이름과 비밀번호를 입력하고 **다음**을 클릭합니다.

　잠깐! 사용자 이름은 영어 문자와 숫자, -기호만 사용해서 3자 이상 20자 이하로 만듭니다. 비밀번호는 숫자 또는 영어로 6글자 이상 만듭니다.

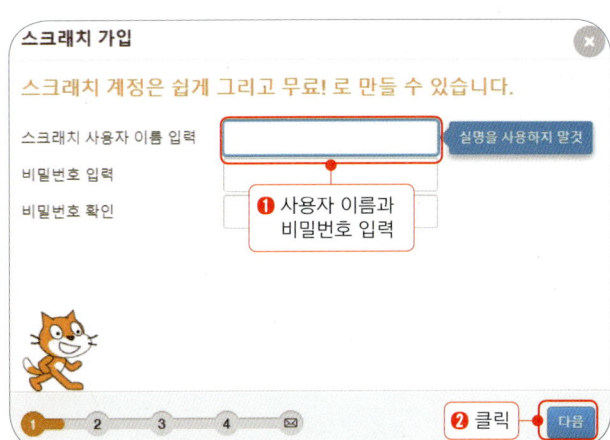

PART1 스크래치 준비하기

04 자신이 태어난 년도와 월, 그리고 성별을 찾아서 클릭합니다. 국가는 **South Korea**를 선택하여 클릭합니다. 모두 선택한 후에 **다음**을 클릭합니다.

> 잠깐! South Korea는 S가 아닌 K로 시작하는 국가에 속해 있습니다. 대한민국을 찾을 때는 K로 시작하는 국가로 이동하세요.

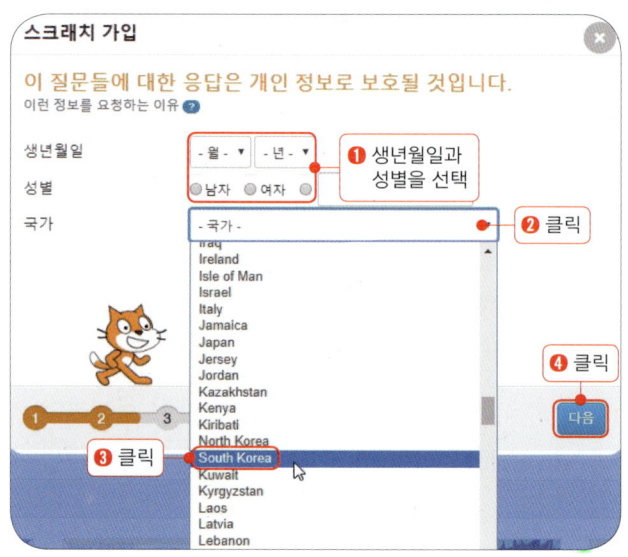

05 자신의 이메일 주소를 입력하고 **다음**을 클릭합니다.

> 잠깐! 미성년자의 경우에는 부모님이나 보호자 이메일 주소를 입력하는 과정을 추가로 진행해야 합니다.

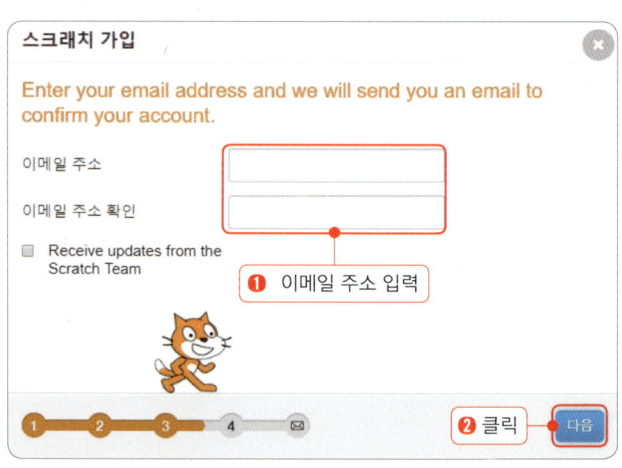

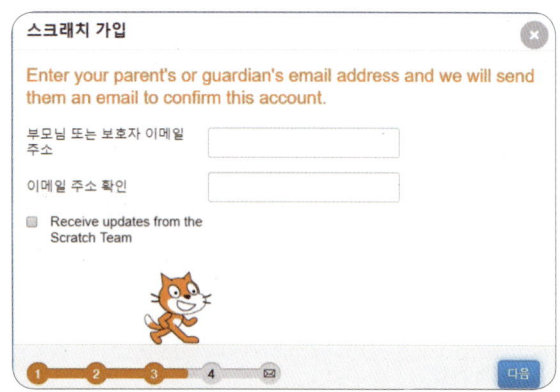

06 스크래치 가입이 완료되었습니다. **자, 시작합시다!**를 클릭하면 로그인된 상태로 스크래치 시작 화면이 바뀝니다.

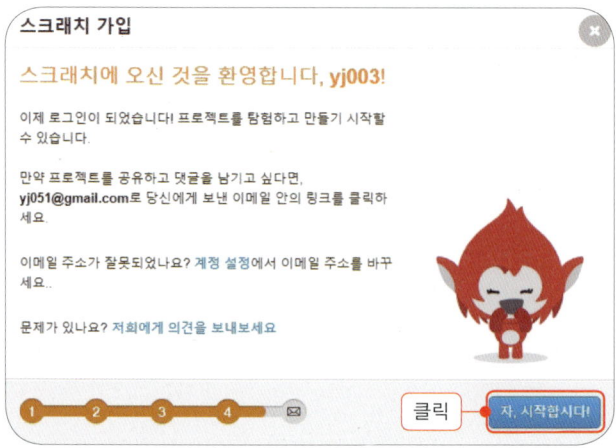

스크래치 기본 기능 익히기 02

스크래치를 사용하기 위해 꼭 알아야 할 기본 기능들을 익히고 간단한 동작들을 직접 코딩하여 실행해봅니다. 기본 기능들은 이후 프로젝트를 통해 충분히 연습하기 때문에 지금 잘 이해가지 않는다고 걱정하지 마세요.

Step1 로그인하고 스크래치 실행하기

앞서 얘기했듯이 스크래치 작업을 할 때는 수정이나 저장을 위해 로그인을 하는 것이 좋습니다. 로그인하여 스크래치를 실행해봅니다.

01 스크래치에 접속한 후, 시작 화면에서 **로그인**을 클릭합니다. 앞서 만든 사용자 이름과 비밀번호를 입력하고 **로그인**을 클릭합니다.

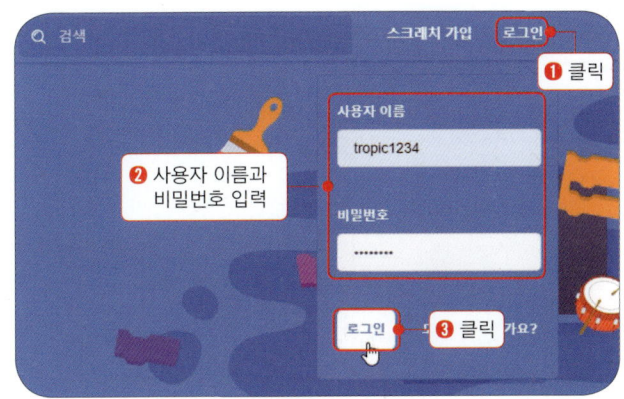

02 상단에 있는 메뉴 중에서 **만들기**를 클릭하면 스크래치 프로그램이 실행됩니다.

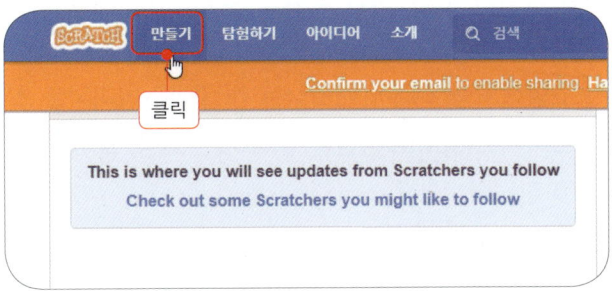

스크래치 주소 북마크 해두기

스크래치 시작 화면을 불러올 때 북마크를 해두면 일일이 주소를 입력하거나 검색할 필요 없이 한 번 클릭만으로 쉽게 불러올 수 있습니다. 스크래치 시작 화면의 주소 입력란에서 별표 모양 아이콘을 클릭하고 **완료**를 누르면 북마크가 추가됩니다.

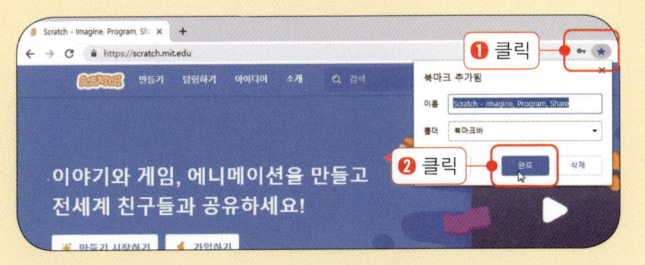

Step2 스크래치 화면 구성 알기

스크래치 화면 구성 요소와 이들이 어떤 기능과 역할을 하는지 알아봅니다.

코드 탭 화면 보기

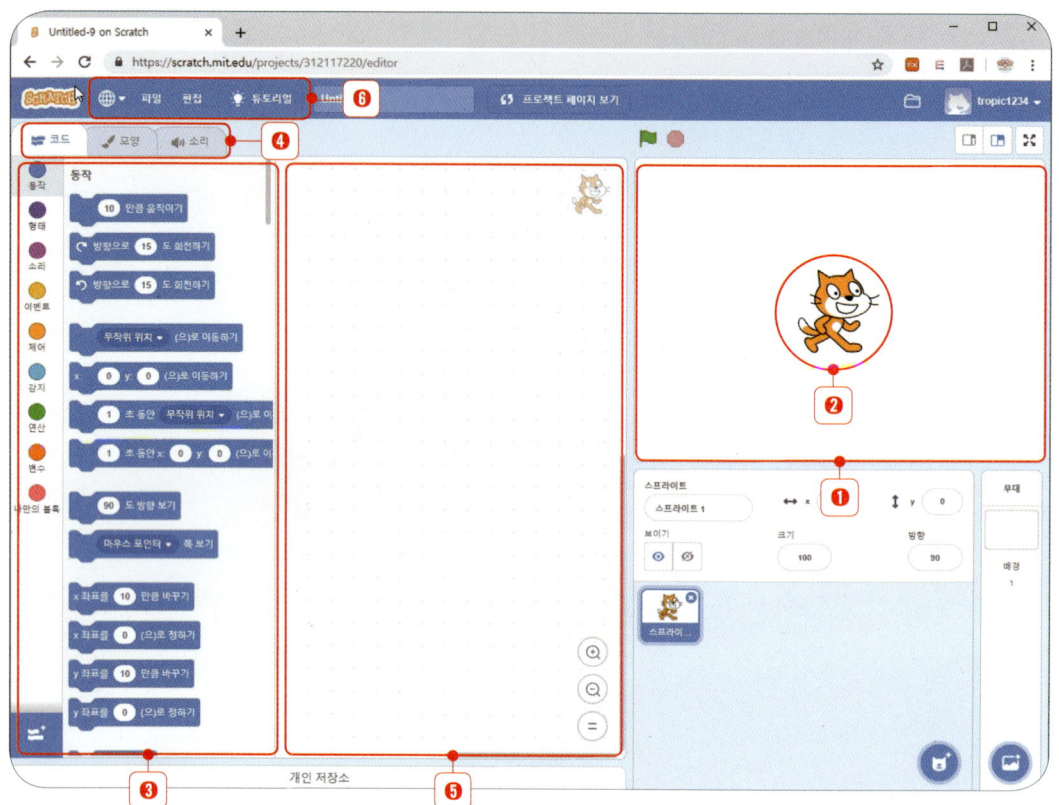

❶ 고양이가 있는 하얀 바탕을 **무대(stage)**라고 합니다.

❷ 고양이처럼 무대에 나타나는 캐릭터와 이미지를 **스프라이트(sprite:장난을 좋아하는 요정, 도깨비)**라고 합니다.

❸ 왼쪽에 있는 명령어들을 **코드(code)**라고 합니다.

❹ 코드, 모양, 소리를 각각 **탭**이라고 합니다.

❺ 가운데 빈 화면은 코드를 하나씩 마우스로 가져와서 명령어 모음을 만드는 곳이고, 모양을 수정하는 곳이며, 소리를 선택하고, 편집하는 등 다양한 일을 하는 장소이기도 합니다.

❻ 위에 있는 메뉴들은 우리가 새로 만들기를 하거나, 만든 프로젝트(스크래치에서는 만든 작품들을 프로젝트라고 합니다)를 저장하거나, 불러오거나 하는 기능들을 합니다.

스크래치 프로그램 표시 언어 바꾸기

메뉴 왼쪽에 있는 지구 모양 아이콘은 프로그램의 언어를 선택하는 표시입니다. 혹시 한국어가 아니라 영어로 화면이 나오고 있다면 지구 모양 아이콘을 클릭한 후, **한국어**를 선택해서 언어를 바꿔 줍니다.

모양 탭 화면 보기

이번에는 **모양** 탭을 클릭해 봅니다. 가운데 화면에 고양이 모양이 크게 나타나는 것을 볼 수 있습니다.

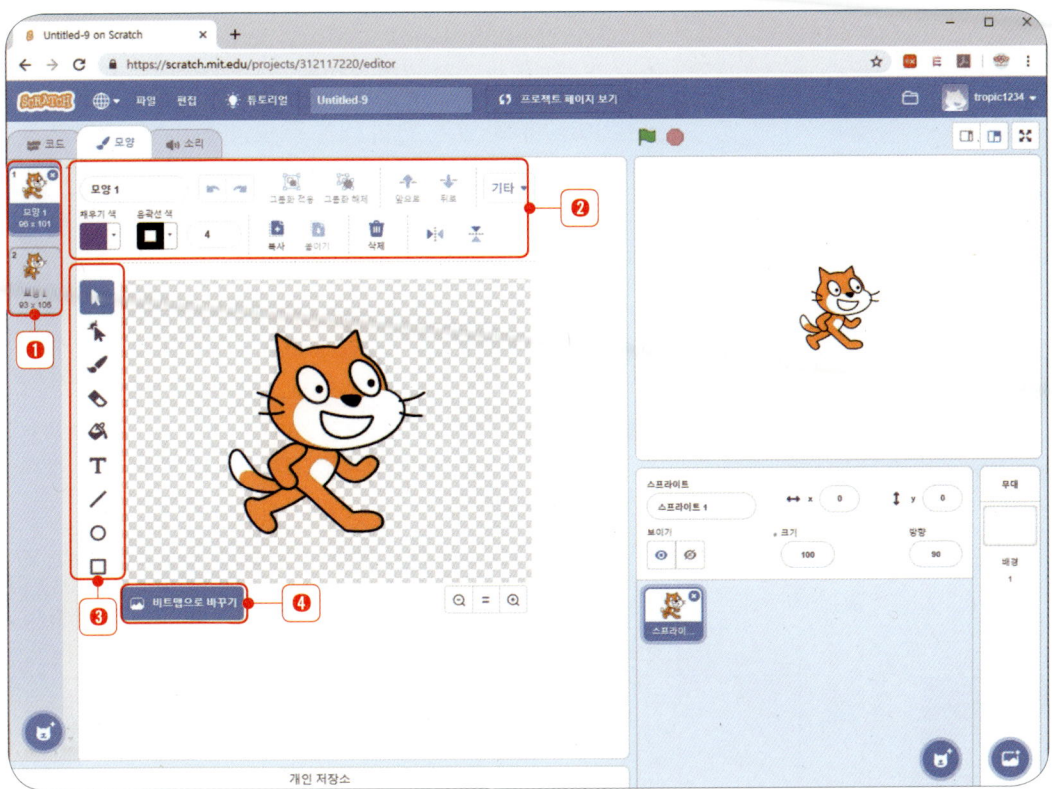

❶ 왼쪽에는 **모양1**, **모양2**의 두 가지의 다른 고양이의 모양이 있습니다. 지금 가운데 큰 화면에 보이는 고양이가 **모양1**입니다. **모양2**를 클릭하면 다른 고양이의 모양이 가운데 화면에 나타납니다.

❷ 위에 있는 메뉴들은 모양의 그룹화, 위치, 복사, 삭제, 뒤집기 등의 기능입니다. 채우기 색과 윤곽선 색 메뉴는 모양의 색을 바꾸는 역할을 합니다.

❸ 옆에 있는 메뉴는 모양을 전체 또는 일부 선택, 형태 고치기, 칠하기, 지우기, 그리기, 글자 넣기, 선과 도형 그리기 등의 기능입니다.

❹ **비트맵으로 바꾸기**는 모양의 형식을 나타내고 바꿔주는 기능입니다. 모양의 형식이 비트맵 이미지인 경우에는 **벡터로 바꾸기**로 표시됩니다. 비트맵과 벡터에 대한 설명은 60쪽을 참고하세요.

NOTE

모양 이름 바꾸기

모양 옆의 **모양1**은 모양의 이름을 나타내는데 이름은 고칠 수 있습니다. **모양1**을 **고양이**로 바꾸고 싶다면 **모양1** 칸에 마우스를 가져가서 **모양1**을 지우고 **고양이**라고 입력합니다.

PART1 스크래치 기본 기능 익히기

Step3 스크래치 코드 익히기

스크래치 **코드** 탭에 있는 9개의 코드 모음에 대해 알아보고 코드 블록의 기본적인 사용법을 익혀봅니다.

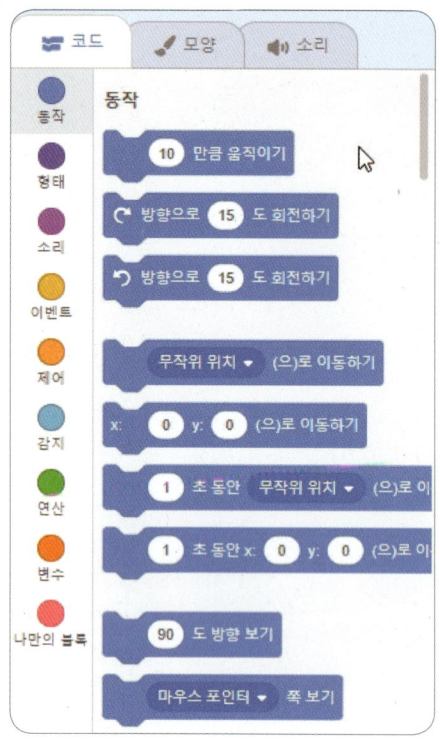

동작	스프라이트의 위치와 방향, 움직임을 지시하는 블록들이 있으며, 스크래치에서 가장 많이 쓰이는 코드 가운데 하나입니다.
형태	스프라이트의 색, 크기, 효과 내기 등 모양에 관련된 것과 말하기에 대한 블록들이 있습니다.
소리	스크래치로 소리나 음악도 만들 수 있는데 이때 사용되는 기능입니다.
이벤트	이벤트는 주로 **~했을 때**를 말하는데, 어떤 키를 누르거나, 기능, 메뉴를 클릭했을 때 이벤트에 연결된 블록이 실행되게 됩니다.
제어	주로 여러 **차례** 계속되는 반복과 어떤 명령이 먼저 이루어져야 하는 조건에 대한 블록들이 있으며, 기다리기와 복제 블록도 여기에 있습니다.
감지	감지는 제어 블록들과 함께 쓰일 때가 많은데 닿았는가?, 눌렀는가?, 클릭했는가? 등을 확인하는 기능을 합니다. 제어에 있는 **만약 ~라면** 등과 결합하여 스크래치를 더 재미있게 만드는 역할을 합니다.
연산	말 그대로 **덧셈**, **뺄셈**, **곱셈**, **나눗셈**과 같은 **사칙연산** 기능을 합니다. 또한, 그리고, 또는 아니다와 같은 **논리연산** 기능도 합니다.
변수	변수는 게임과 같은 프로젝트에서 많이 사용되는데 게임에서 많이 볼 수 있는 점수와 생명 같은 역할이라고 할 수 있습니다. 변수에 대해서는 게임 프로젝트에서 좀더 자세히 다룰 예정입니다.
나만의 블록	나만의 블록은 직접 블록 이름을 만들어 사용하는데 수학에서 함수와 같은 기능을 합니다.

블록 이동하고 결합하기

01 블록 위에 마우스를 가져가면 마우스가 손 모양으로 변하게 됩니다. 이 때 마우스를 드래그하여 가운데 화면에 놓습니다.

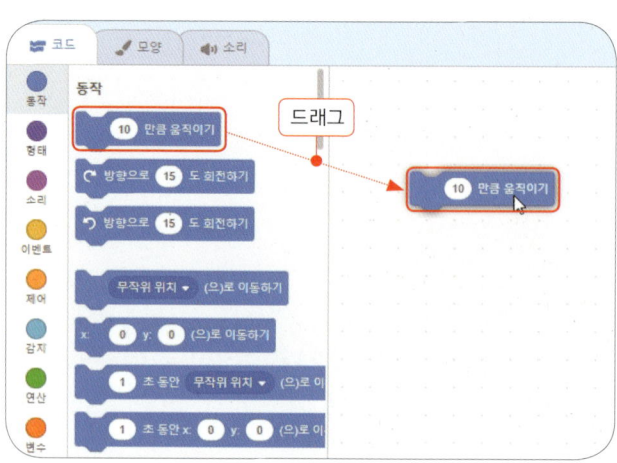

02 블록을 추가로 드래그하면 블록끼리 결합시킬 수 있습니다. 위에 있는 블록의 볼록한 부분에 아래에 있는 블록의 오목한 부분이 결합되도록 마우스로 끌어다 붙여주면 됩니다.

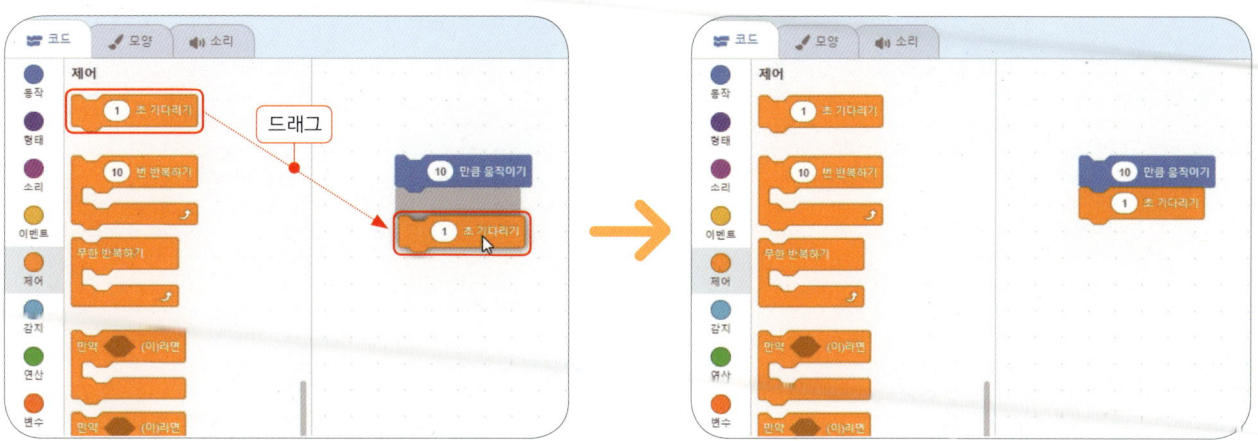

블록 복사하고 삭제하기

스크래치 프로젝트를 만들다 보면 같은 블록을 여러 번 사용하거나 삭제해야 할 경우들이 많습니다. 가져온 블록과 같은 블록이 필요할 때는 코드에서 새로 가져오는 것보다 가져왔던 블록을 복사해서 쓰는 것이 빠릅니다.

01 복사할 블록에 마우스를 가져가서 마우스 오른쪽 클릭을 하면 **복사하기, 주석 넣기, 블록 삭제하기**가 나타납니다. **복사하기**를 클릭하면 같은 블록이 나타납니다.

02 반대로 블록을 삭제하려면 삭제할 블록을 클릭한 상태에서 코드 모음이 있는 곳으로 드래그하여 놓으면 됩니다.

PART1 스크래치 기본 기능 익히기 17

다른 방법으로 블록 삭제하기

❶ 삭제하고자 하는 블록을 마우스 오른쪽 클릭한 후 **블록 삭제하기**를 클릭합니다.

❷ 삭제하고자 하는 블록을 클릭한 후 Delete 키를 누릅니다.

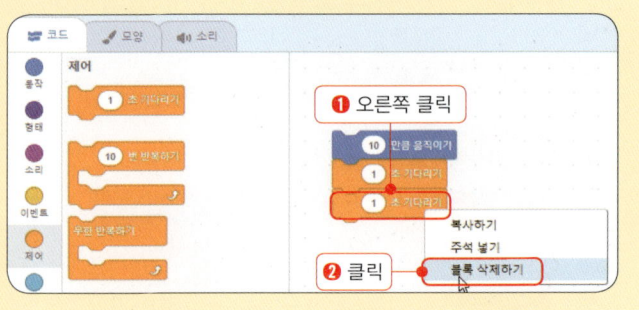

작업 되돌리기

잘못해서 블록을 삭제하거나 복사해서 취소하고 싶다면 **되돌리기**를 통해 이전 작업으로 돌아갈 수 있습니다.

01 가운데 화면 빈 곳에 마우스를 가져가서 마우스 오른쪽 클릭을 하면 **되돌리기, 재시도, 블록 정리하기, 주석 넣기, 블록 개수 삭제하기** 메뉴가 나타납니다. **되돌리기**를 클릭합니다.

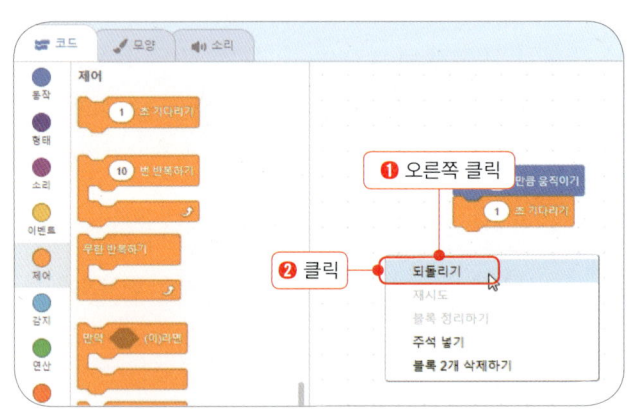

02 계속해서 다시 나타난 블록들을 모두 삭제합니다.

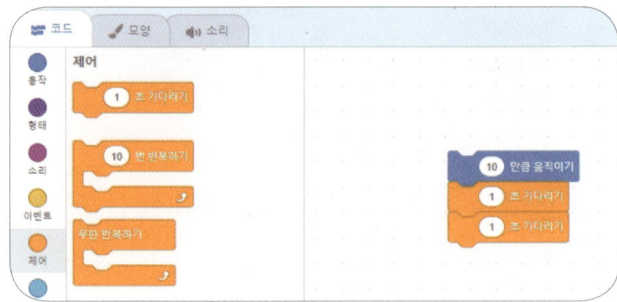

블록 크기 조절하기

블록의 크기를 조절하려면 가운데 화면 오른쪽 아래에 있는 ⊕ 또는 ⊖를 이용합니다. ⊕를 클릭하면 블록의 크기가 커지고, ⊖를 클릭하면 반대로 작아 집니다. ⊜ 표시를 클릭하면 원래 크기로 돌아 갑니다.

Step 4 고양이를 움직이고 말하게 하기

이제 화면에 있는 고양이를 움직이고 말하게 해보겠습니다. 다음에 나오는 그림과 설명을 잘 보고 코드를 만들어 실행해봅니다.

01 **코드** 탭에서 **이벤트**를 클릭한 후, **클릭했을 때** 블록을 드래그하여 가운데 화면으로 가져다 놓습니다.

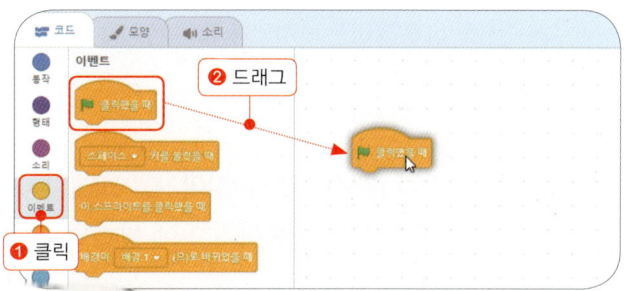

> **잠깐!** 클릭했을 때 블록은 무대 위의 🚩 아이콘을 클릭하여 프로젝트를 실행하라는 뜻입니다.

02 **동작**을 클릭한 후, x, y (으)로 이동하기 블록을 **클릭했을 때** 블록 밑으로 드래그하여 붙입니다.

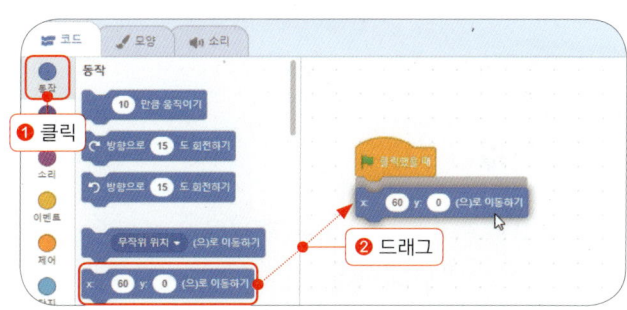

> **잠깐!** x, y (으)로 이동하기 블록은 프로젝트를 실행했을 때 고양이가 항상 무대 정가운데 있게 해줍니다. x와 y는 **좌표**라고 부르는데, 좌표에 대한 자세한 내용은 22쪽을 확인하세요.

시작하기와 멈추기

무대 위에는 🚩(시작하기)와 🔴(멈추기) 아이콘이 있습니다. 🚩는 우리가 만든 코드를 실행하라는 표시이고 🔴는 코드의 실행을 멈추라는 뜻입니다. 그래서 **클릭했을 때** 블록에 🚩 표시가 있는 것입니다.

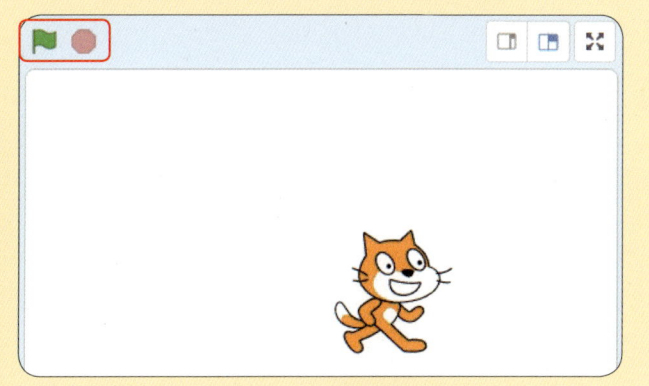

03 **제어**를 클릭한 후, **10번 반복하기** 블록을 드래그하여 x, y (으)로 이동하기 블록 밑에 붙입니다.

> **잠깐!** 10번 반복하기는 같은 동작을 10번 하게 합니다. 숫자를 바꾸면 바꾼 숫자만큼 같은 동작을 하게 됩니다.

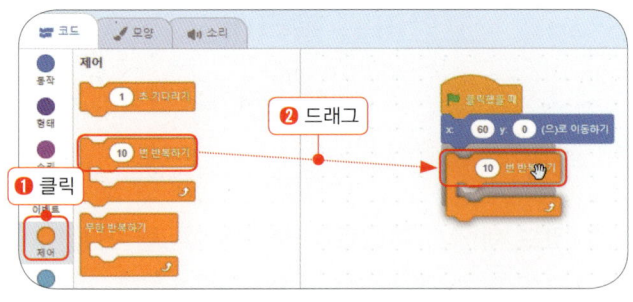

04 **동작**을 클릭한 후, **10만큼 움직이기**를 드래그하여 그림과 같이 **10번 반복하기** 안에 넣습니다.

> **잠깐!** 고양이가 무대 정가운데서 오른쪽으로 10만큼 10번 움직이게 됩니다. 숫자를 바꿔서 움직이는 거리를 조절할 수 있습니다. 10만큼의 거리가 어느 정도인지는 22쪽을 참고하세요.

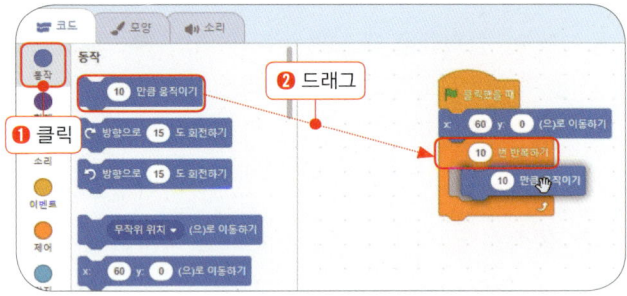

05 **소리**를 클릭한 후, **야옹 재생하기** 블록을 드래그하여 맨 밑에 붙입니다.

06 **형태**를 클릭한 후, **안녕!을(를) 2초 동안 말하기** 블록을 드래그하여 맨 밑에 붙입니다.

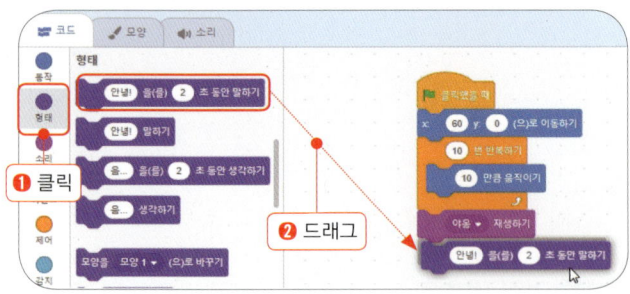

07 프로젝트가 완료되었습니다. 이제 무대 위에 있는 ▶(시작하기)를 클릭해서 고양이가 어떻게 움직이는지 확인합니다.

Step 5 프로젝트 저장하기

프로젝트를 만들었다면 이제 다음 번에도 볼 수 있도록 저장해야겠죠. 프로젝트의 이름을 짓고 저장하는 방법을 알아봅니다.

01 화면 상단 메뉴에서 **untitled**라고 되어 있는 부분을 클릭한 후, 자신이 정한 프로젝트 이름을 적습니다.

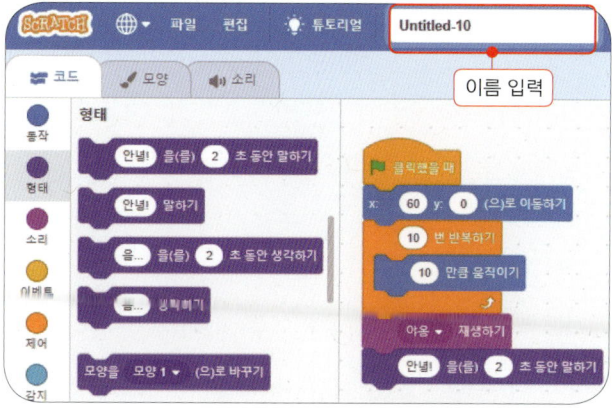

02 **파일** 메뉴를 클릭하고 **저장하기**를 클릭하면 우리가 만든 프로젝트가 저장됩니다.

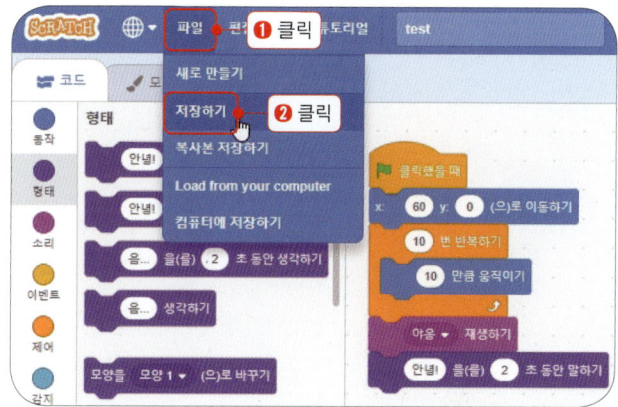

03 저장한 프로젝트를 보려면 화면 오른쪽 상단에 있는 자신의 아이디를 클릭한 후, **내 작업실**을 클릭합니다.

04 **내 작업실** 화면이 나타나고 저장된 프로젝트를 볼 수 있습니다. 저장된 프로젝트의 **스크립트 보기**를 클릭하면 해당 프로젝트 화면이 실행됩니다.

 **더 알아보기** ## 무대와 좌표

스크래치 무대의 가로 길이는 480, 세로 길이는 360입니다. 길이의 단위는 픽셀(pixel)인데, 픽셀은 모니터에 표시되는 이미지의 최소 단위입니다. 만약 어떤 스프라이트가 10만큼 이동했다고 한다면 이동한 거리는 10픽셀이라고 할 수 있습니다.

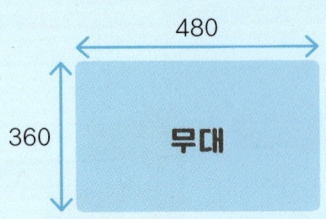

무대는 각 위치마다 고유의 위치값이 있습니다. 이 위치값은 좌표의 형태로 나타내는데, 좌표는 특정 위치를 지정하기 위해 사용되는 값으로 평면의 경우에는 그림과 같이 x와 y의 두 축이 내린 수선이 만나는 지점이 좌표값이 됩니다.
그리고 x축과 y축이 만나는 지점인 (0,0)을 기준으로 x축의 왼쪽과 y축의 아래쪽은 −(마이너스)로 좌표값을 표현합니다.

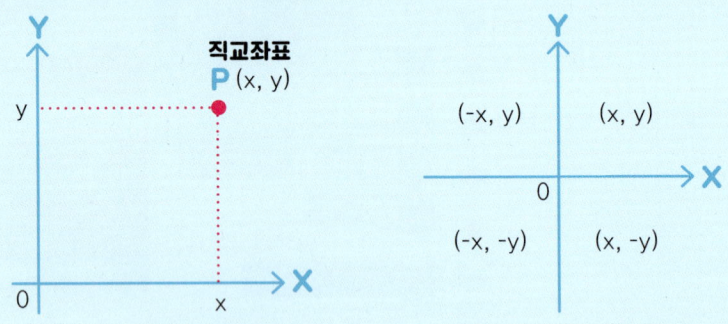

좌표를 스크래치 무대에 적용하면 다음 그림과 같이 무대 정중앙이 (0,0)이 되고, x축의 경우 -240에서 240까지, y축은 -180에서 180까지 좌표를 표현하게 됩니다. 만약 스프라이트의 좌표를 x는 100, y는 -100으로 정한다면 그림과 같이 스프라이트가 위치합니다.

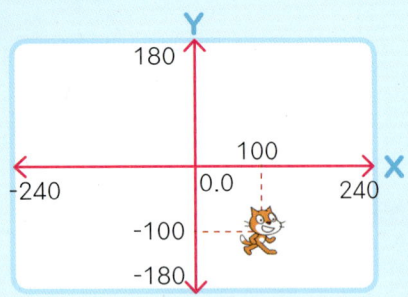

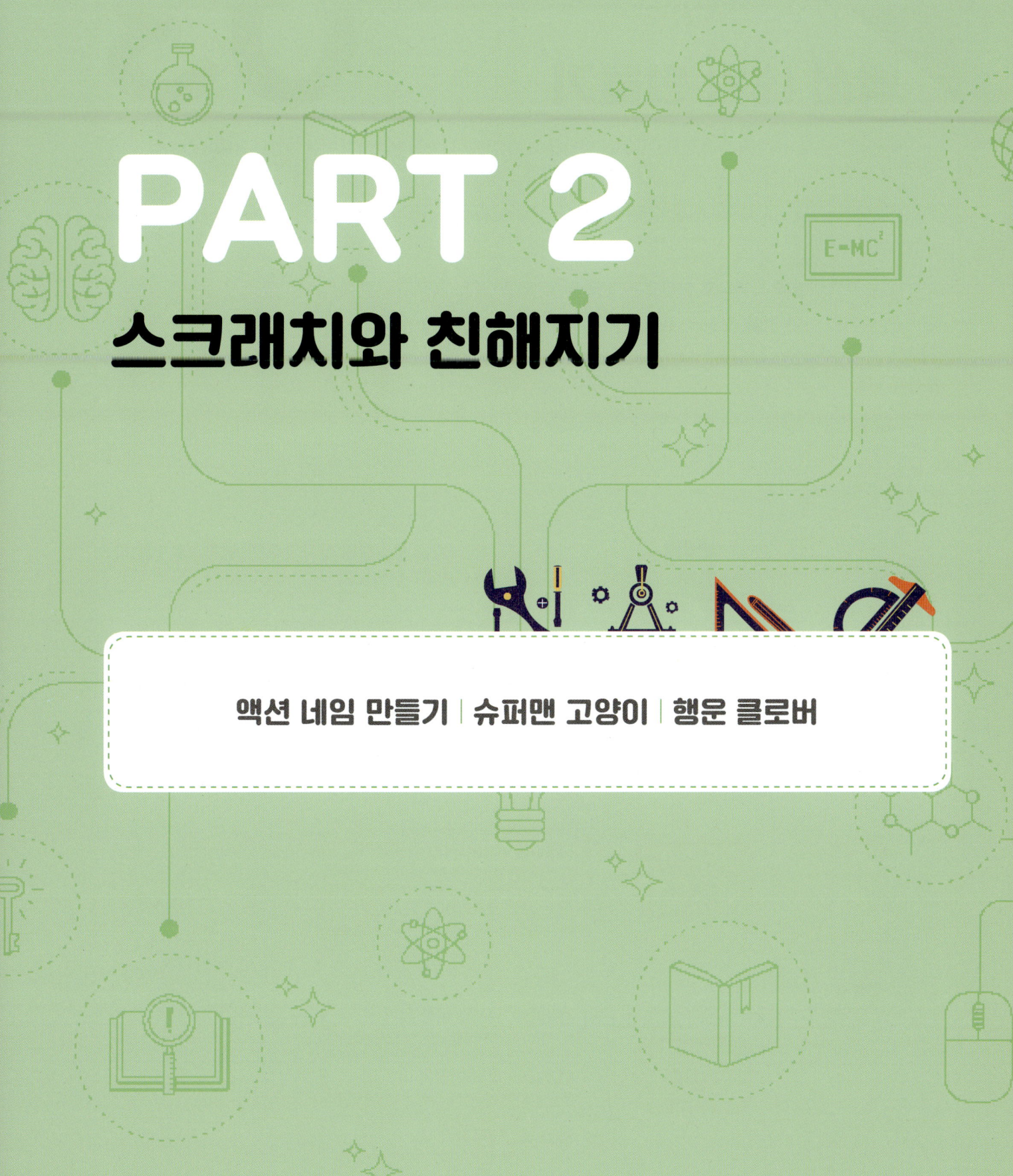

PART 2
스크래치와 친해지기

액션 네임 만들기 | 슈퍼맨 고양이 | 행운 클로버

액션 네임 만들기

액션 네임은 움직이면서 색이 변하는 글자를 말합니다. 자유롭게 글자를 선택하여 액션 네임을 만들어보세요.

학습목표

① 스프라이트를 삭제하고 불러오는 것을 알 수 있습니다.
② 위치와 방향 전환, 모양 바꾸기, 반복을 위한 코드를 알 수 있습니다.

완성된 모습

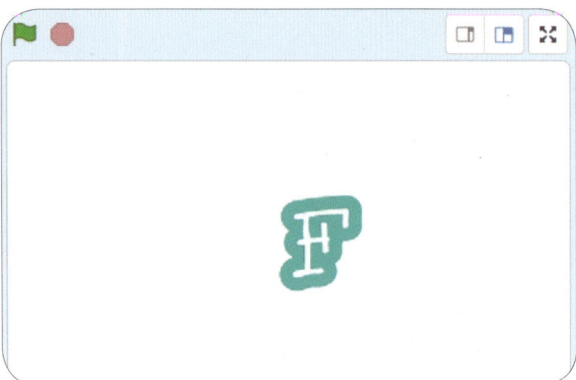

시작하기를 클릭하면 글자가 시계 방향으로 회전하면서 색깔이 변합니다.

완성된 파일은 **바다공부방 카페**(cafe.naver.com/eduinshight)에서 다운로드할 수 있습니다.

프로젝트 맵

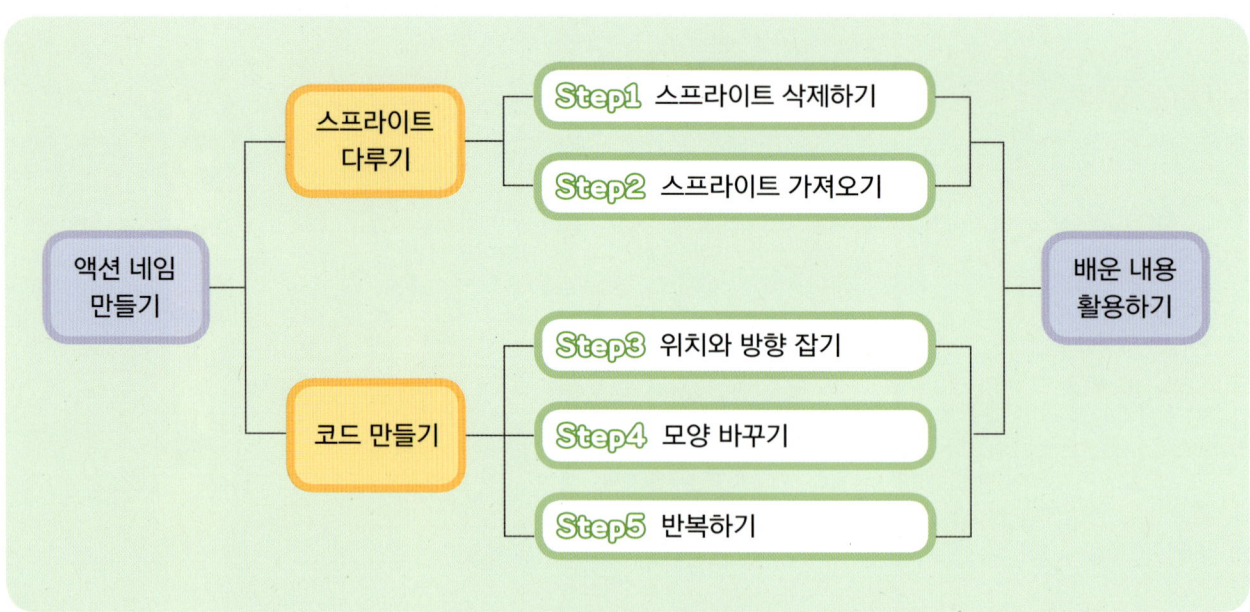

Step1 (무대에 있는) 스프라이트 삭제하기

이번 프로젝트에서는 고양이 대신 글자를 사용하기 때문에 무대에 있는 고양이를 지워야합니다.

01 먼저 프로젝트를 시작하기 위해 스크래치 화면의 상단 메뉴에서 **만들기** 메뉴를 클릭합니다.

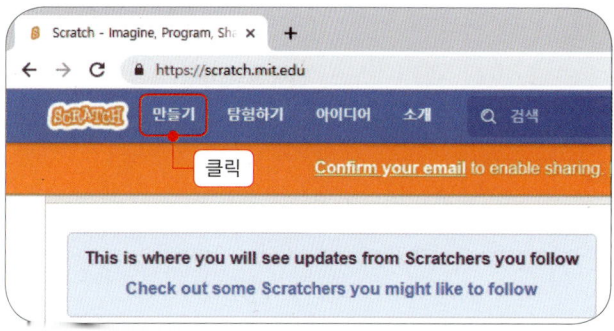

02 무대 아래 고양이 스프라이트 사각형의 🗑를 클릭하면 고양이 스프라이트가 사라집니다.

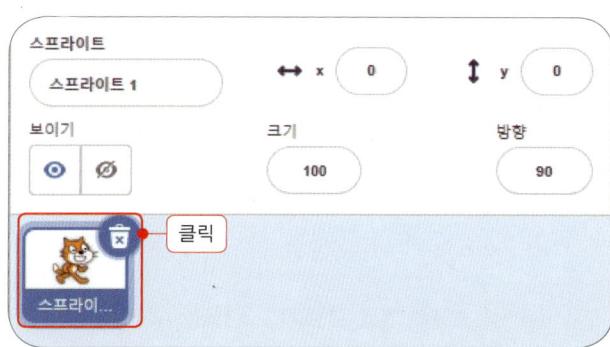

NOTE

스프라이트를 지우는 여러 가지 방법

위에서 했던 방법은 스프라이트 전체를 없애는 방법입니다. 스크래치에서는 스프라이트의 일부나 특정 부분만 지울 수 있습니다.

① 스프라이트 모양 중 일부 없애기

화면 왼쪽 위에 있는 모양 탭을 클릭하면 고양이 모양이 2개 보입니다. 첫 번째 모양을 클릭하고 스프라이트 사각형의 🗑를 클릭하면 고양이 스프라이트의 첫 번째 모양이 사라집니다.

② 스프라이트 모양 중 특정 부분 없애기

스프라이트 모양 화면에서 ▶를 클릭하고 고양이 스프라이트에서 지우고자 하는 부분을 마우스로 선택합니다.
키보드에서 Delete 키를 누르거나, 🗑을 클릭하면 선택한 부분이 사라지는 것을 볼 수 있습니다.

PART2 액션 네임 만들기 25

Step2 글자 스프라이트 불러오기

액션 네임을 만들기 위해 필요한 글자 스프라이트를 불러옵니다.

01 무대 아래에 있는 고양이 얼굴 모양에 마우스를 갖다 대면 **스프라이트 고르기**라는 메뉴가 나옵니다. 고양이 얼굴 모양을 클릭합니다.

02 **스프라이트 고르기** 화면이 나타납니다. 상단의 메뉴 중에서 **글자**를 클릭합니다.

> 잠깐! 스프라이트 고르기 화면에는 여러 가지 스프라이트가 알파벳 순서로 나오고 동물, 사람, 판타지 등 스프라이트 메뉴를 선택할 수 있어요.

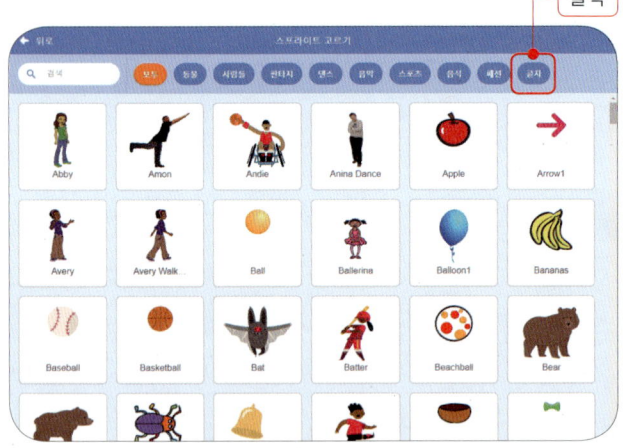

03 글자에는 3가지 모양이 있습니다. 이 중에서 민트색 F를 선택해 보겠습니다. Glow-F를 클릭합니다.

> 잠깐! 스크래치에서 제공하는 스프라이트 글자는 Block, Glow, Story의 3가지 모양이 있습니다.

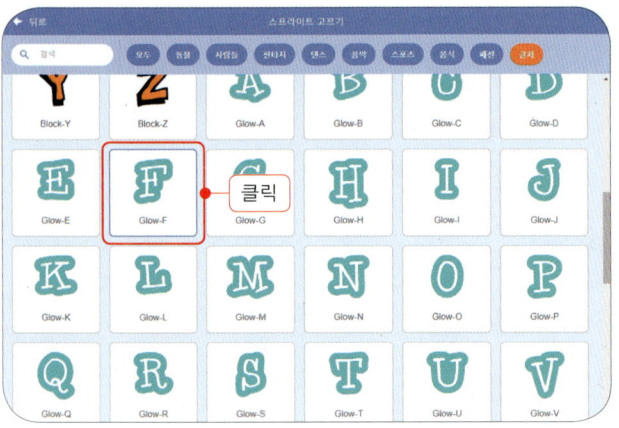

04 무대에 글자 스프라이트가 나타납니다.

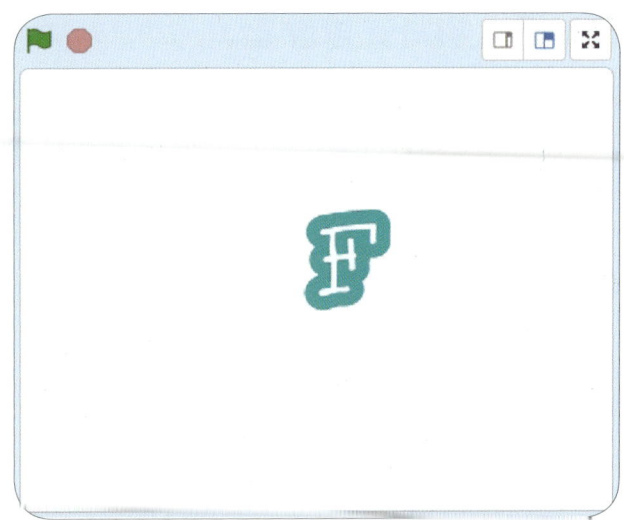

스프라이트를 불러오는 여러 가지 방법

무대 아래 고양이 얼굴 아이콘을 클릭하면 스프라이트 불러오기 메뉴들이 나타납니다. 앞서 우리는 글자 스프라이트를 불러오기 위해 **스프라이트 고르기**를 사용했습니다.
이외에도 스프라이트를 불러오는 방법은 고르기를 포함해 모두 4가지가 있습니다.

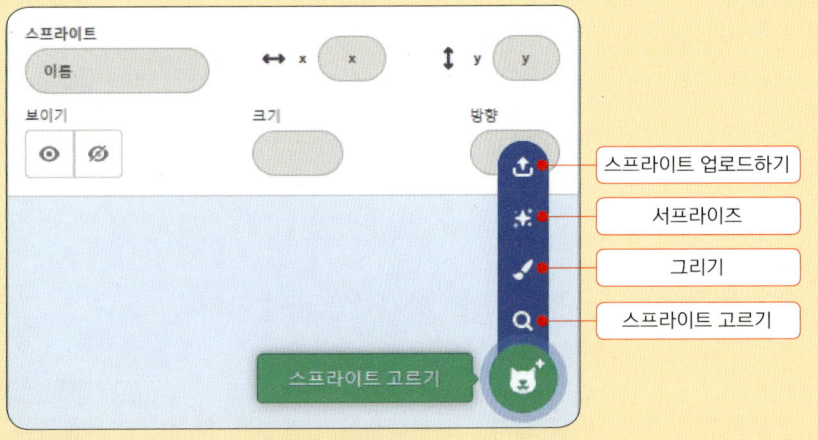

- **스프라이트 업로드하기** : 컴퓨터 안에 저장된 다른 이미지 파일 등을 불러옵니다.
- **서프라이즈** : 스크래치에 있는 스프라이트 모음에서 무작위로 스프라이트를 불러옵니다.
- **그리기** : [모양] 탭 화면에서 직접 스프라이트를 그립니다.
- **스프라이트 고르기** : 스크래치 스프라이트 모음에서 스프라이트를 선택합니다. 아래의 고양이 얼굴 아이콘을 클릭했을 때와 같은 기능을 수행합니다.

이번 프로젝트에서는 스프라이트 고르기를 사용하고 나머지 기능들은 다른 프로젝트들에서 차차 다룰 예정입니다.

Step3 위치와 방향 잡기

이제 우리가 불러온 F 글자를 액션 네임으로 만들기 위한 코드를 작성할 차례입니다.
스크래치 프로젝트의 코드를 만들 때 가장 먼저 하는 일은 위치와 방향을 정해 주는 것입니다. 위치와 방향을 먼저 정해 주어야 스프라이트가 제대로 움직일 수 있습니다.

01 **코드** 탭의 **이벤트**를 클릭한 후, **클릭했을 때** 블록을 마우스로 드래그하여 가운데 화면으로 가져옵니다.

> 잠깐! 클릭했을 때 블록은 거의 모든 프로젝트에서 가장 먼저 사용됩니다.

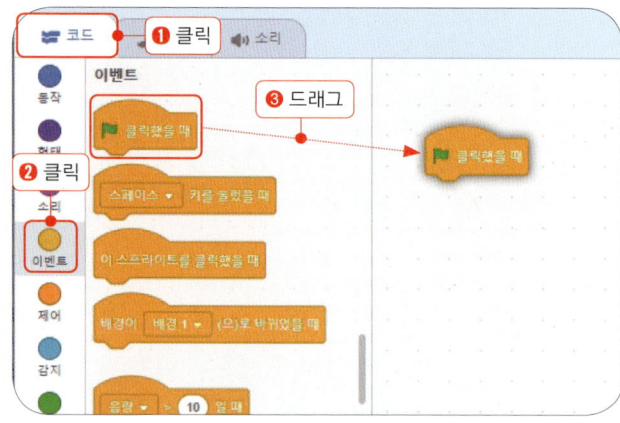

02 **동작**을 클릭한 후, **x, y (으)로 이동하기** 블록을 드래그하여 **클릭했을 때** 블록 아래에 붙입니다.

> 잠깐! x와 y에 있는 숫자는 각자 화면에 나타나는 숫자를 그대로 씁니다. 이 숫자는 스프라이트가 무대에서 어디에 있는지 위치를 알려주는 숫자입니다. 마우스로 스프라이트를 클릭해서 움직이면 이 숫자가 바뀌는 것을 볼 수 있습니다.

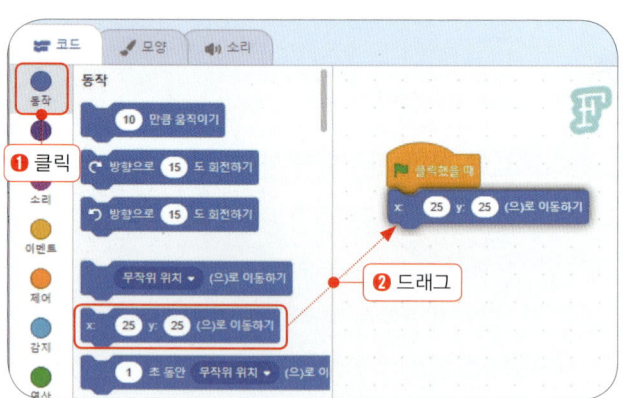

03 **동작**에 있는 **90도 방향 보기**를 드래그하여 블록 아래에 붙입니다.

> 잠깐! **90도 방향 보기**는 프로젝트를 실행했을 때 스프라이트가 삐뚤어지지 않고 바른 모양으로 시작하라는 뜻입니다. 이렇게 위치와 방향을 잡아주는 것이 프로젝트의 시작이 됩니다. 90도 방향보기에 대한 자세한 설명은 56쪽을 참고하세요.

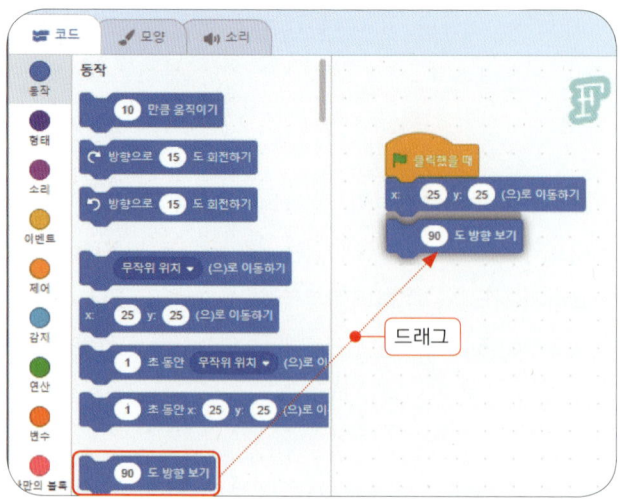

Step4 모양 바꾸기

글자의 크기와 색깔 효과를 어느 만큼 바꿀지 정합니다.

01 형태를 클릭합니다. **크기를 100%로 정하기** 블록을 드래그하여 **90도 방향 보기** 블록 밑에 붙입니다.

> 잠깐! **크기를 100%로 정하기**는 나중에 크기가 변하더라도 다시 시작을 하면 원래 크기로 돌아오라는 뜻입니다. 나중에 프로젝트를 실행해보면 어떤 의미인지 알게 됩니다.

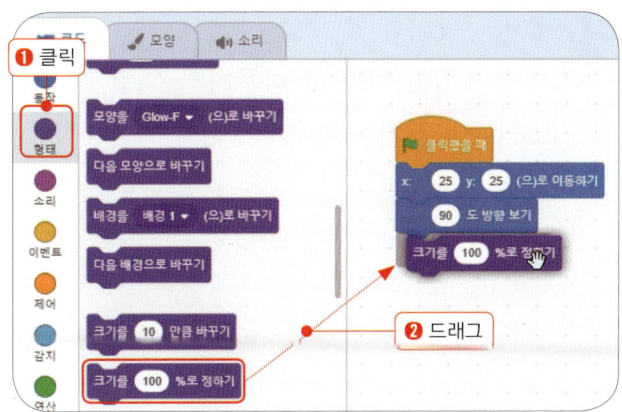

02 형태에 있는 **크기를 10만큼 바꾸기**와 **색깔 효과를 25만큼 바꾸기** 블록을 드래그하여 아래에 붙입니다.

> 잠깐! 여기까지 코딩한 후 **시작하기**를 클릭하면 색깔과 크기가 한 번씩만 바뀌고 더 이상 변하지 않는 걸 볼 수 있습니다. 색깔과 크기가 여러 번 변하게 하려면 **반복하기** 과정을 코딩해주어야 합니다.

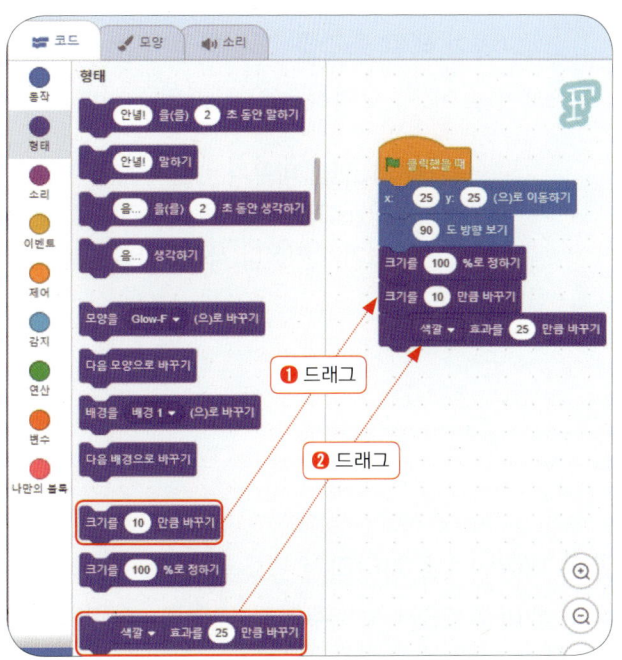

NOTE

스크래치의 그래픽 효과

색깔 효과를 25만큼 바꾸기 블록에서 색깔을 클릭하면 그림과 같이 여러 가지 그래픽 효과를 선택하여 설정해줄 수 있습니다. 그래픽 효과의 값은 -100에서 100까지 입력할 수 있습니다. 입력값이 클수록 현재 상태에서 변화되는 폭이 커지므로 효과를 지정할 때 숫자를 입력한 후 어떻게 변하는지 확인하기 바랍니다.

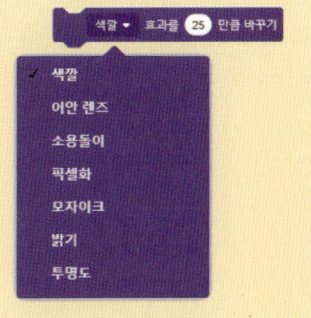

Step5 반복하기

동작과 모양, 그리고 색깔이 여러 번 반복하여 바뀌도록 코딩합니다.

01 제어를 클릭한 후, **10번 반복하기**를 드래그하여 **크기를 10만큼 바꾸기**와 **색깔 효과를 25만큼 바꾸기**를 안에 넣습니다.

> 잠깐! 시작하기를 클릭하면 글자 색깔이 계속 변하면서 크기가 커지는 것을 볼 수 있습니다. 이것은 크기가 10만큼 10번 반복하여 커지기 때문입니다.

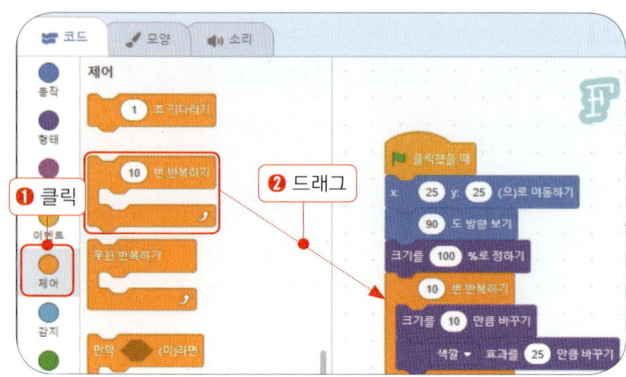

02 형태에 있는 **크기를 10만큼 바꾸기** 블록을 드래그하여 **색깔 효과를 25만큼 바꾸기** 블록 아래에 붙이고, 숫자를 -10으로 바꿉니다.

> 잠깐! 크기를 -10만큼 바꾸기는 글자의 크기를 작게 만듭니다. 앞의 크기를 10만큼 바꾸기와 같이 사용하면 글자의 크기가 커졌다 작아졌다를 반복하게 됩니다.

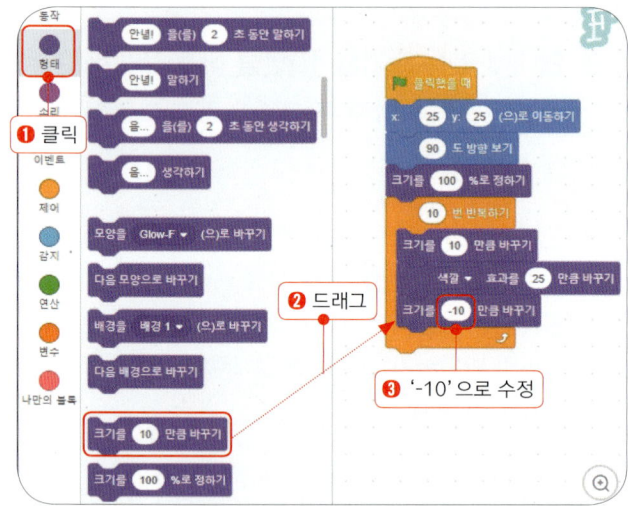

03 제어의 **1초 기다리기** 블록을 드래그하여 **색깔 효과를 25만큼 바꾸기**와 **크기를 -10만큼 바꾸기** 사이에 넣은 후, 숫자를 0.5로 바꿉니다.

> 잠깐! 크기가 커졌다 작아졌다를 반복하게 하려면 시간 간격을 두어야 합니다. 이런 역할을 하는 것이 **1초 기다리기** 블록입니다. 만약 움직임을 1초보다 빠르게 하고 싶다면 1보다 작은 숫자를, 1초보다 느리게 하고 싶다면 1보다 큰 수를 적습니다.

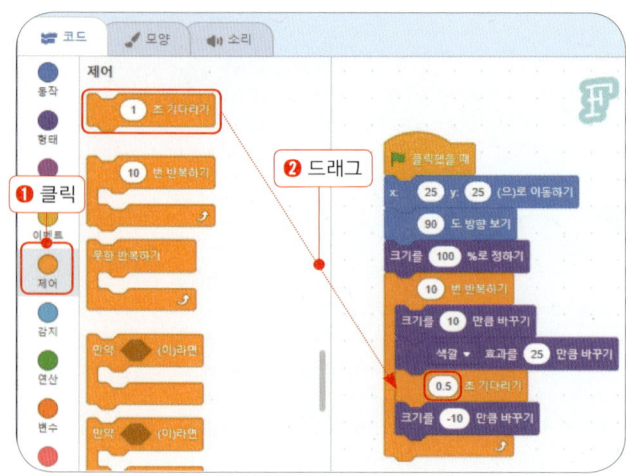

04 10번 반복하고 멈추는 스프라이트를 계속해서 움직이게 하기 위해 **제어**에 있는 **무한 반복하기**를 드래그하여 놓습니다.

그런 다음 **10번 반복하기** 안에 있던 블록 모음을 마우스로 드래그하여 **무한 반복하기** 안에 넣습니다.

잠깐! **크기를 10만큼 바꾸기** 블록을 드래그하면 **10번 반복하기** 안에 있던 블록 모두를 드래그할 수 있습니다.

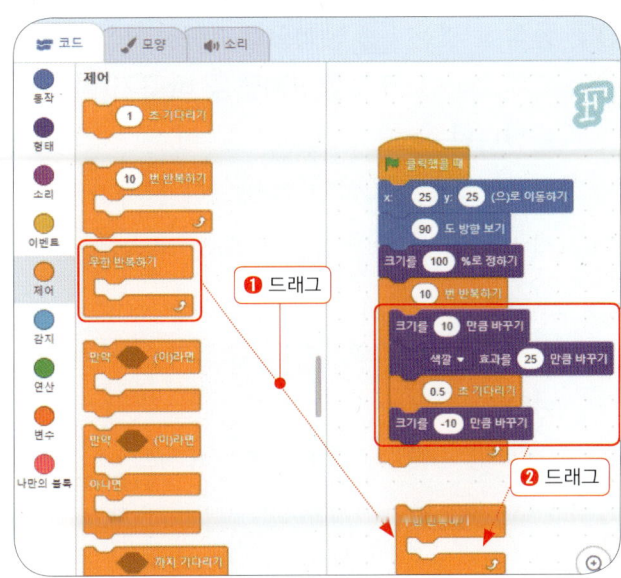

05 **10번 반복하기** 블록은 삭제하고, 대신 **무한 반복하기** 블록 모음을 드래그하여 붙입니다.

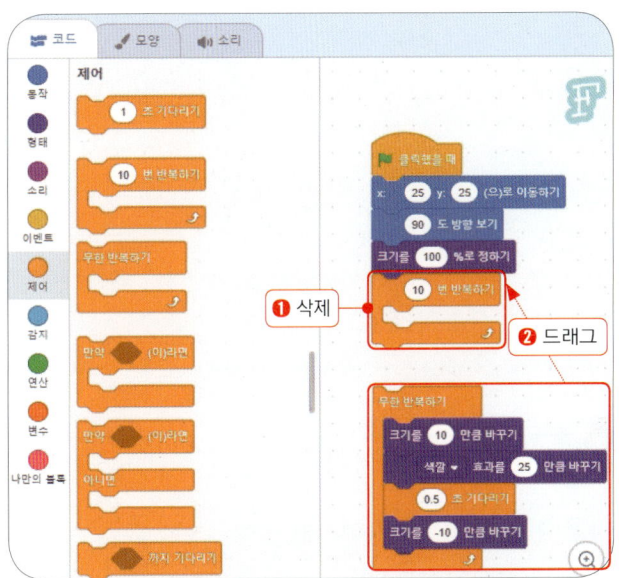

06 글자의 움직임이 뚜렷하고 더 많이 움직이도록 크기의 숫자를 바꿔줍니다. **크기를 10만큼 바꾸기**에서 10을 50으로, **크기를 -10만큼 바꾸기**에서 -10을 -50으로 바꿉니다.

잠깐! 모양에 변화를 줄 때는 위와 아래 모양의 숫자를 모두 같이 바꿔 주어야 합니다. 한쪽만 숫자를 고치면 스프라이트 모양이 한쪽으로만 변하게 돼요.

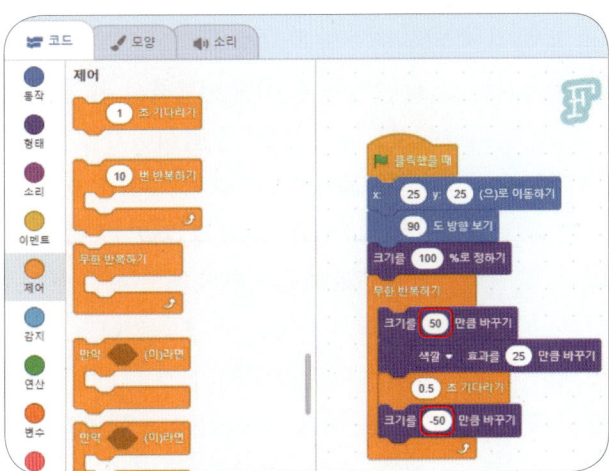

07 동작에 있는 ↻ 방향으로 15도 회전하기를 드래그하여 **크기를 -50만큼 바꾸기** 아래에 붙입니다.

시작하기를 클릭하면 이전 보다 글자가 더 크게 바뀌면서 오른쪽으로 도는 모습을 볼 수 있습니다.

이제 F 글자 스프라이트 코드가 완성되었습니다.

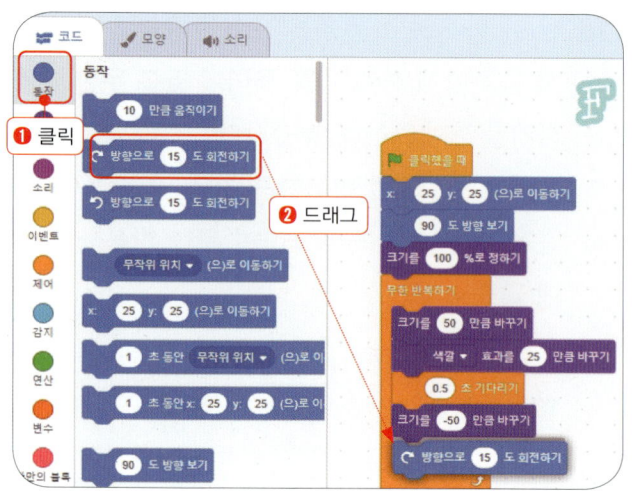

사용하면 코딩이 편리해지는 반복

한글이나 영어를 배울 때 같은 글자를 여러 번 쓰기 같은 과제를 해본 적이 있지요? 이처럼 같은 일을 되풀이 하는 것을 반복이라고 합니다. 그런데, 같은 일을 여러 번 하려면 지루하기도 하고 힘들기도 합니다. 만일 마법 연필이 있어서 내가 한 번만 글씨를 쓰고 연필에게 10번 반복해서 써라고 할 수 있다면 너무 편하겠죠. 스크래치 코딩에서도 만일 **10만큼 움직이기**를 10번해야 할 때 반복 기능이 없으면 모두 10개의 **10만큼 움직이기** 블록을 일일이 하나씩 가져와야 합니다. 이런 명령이 100개, 1000개가 되면 코딩이 하기 싫어질 거예요. 그런데, **10번 반복하기**와 **무한 반복하기** 블록이 있어서 이것 하나만 가져오면 우리가 원하는 만큼 편리하게 코딩을 할 수 있게 됩니다.

앞으로 스프라이트를 여러 번 움직이게 될 때는 반복 기능을 사용해서 빠르고 쉽게 코딩할 수 있도록 합니다.

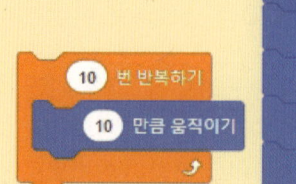

10 만큼 움직이기 블록을 10개 쌓는 것보다 **10번 반복하기** 안에 **10만큼 움직이기** 블록을 넣는 것이 더 깔끔하고 간단합니다.

다른 글자로 액션 만들기

이번에는 다른 글자 스프라이트를 불러와서 다른 모양과 움직임이 나타나도록 해봅니다.
앞에서 만든 F 글자 코딩을 떠올리면서 지시 사항에 맞춰 코딩해보세요.

미리보기

글자의 크기가 커졌다 작아졌다 하면서 색이 바뀌고 위아래로 움직입니다.

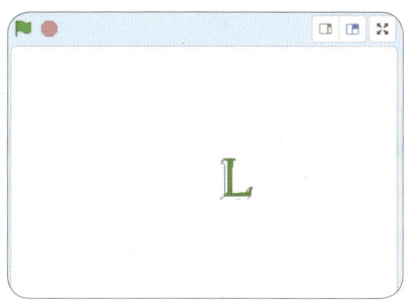

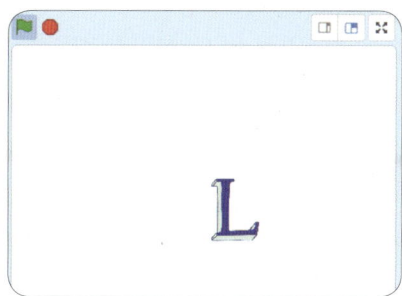

∴ 완성된 파일은 바다공부방 카페(cafe.naver.com/eduinshight)에서 다운로드할 수 있습니다.

완성된 코드

① 먼저 원하는 글자 스프라이트를 불러온 다음 F 글자 스프라이트와 거리를 두고 놓습니다.
② 이어서 아래 코드 모음 및 지시사항과 같이 코드를 완성하고 숫자들을 바꿔서 응용을 해봅니다

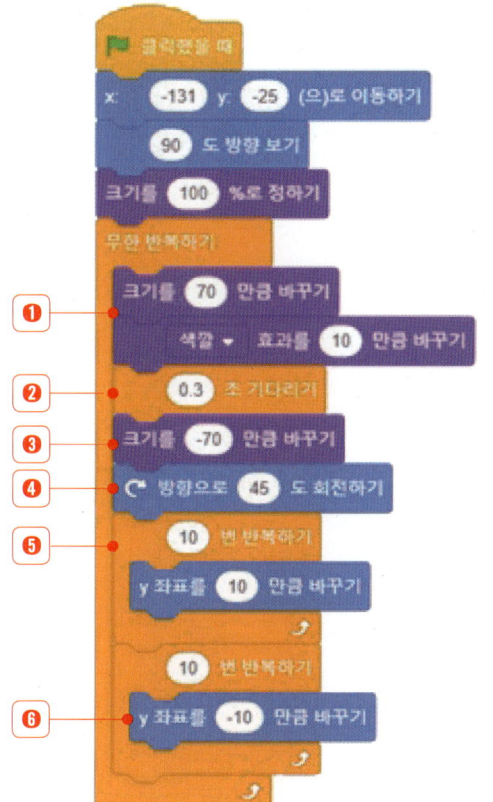

❶ 크기는 70, 색깔은 10으로 바꿉니다.
❷ 1초 기다리기는 0.3초로 바꿉니다.
❸ 크기를 한 번 더 가져오고 -70으로 바꿉니다.
❹ ↻ 방향으로 15도 회전하기를 45로 바꿉니다.
❺ 10번 반복하기 동작에 있는 y좌표를 10만큼 바꾸기 넣기
❻ 10번 반복하기 블록을 복사하고 마지막 블록의 10을 -10으로 바꿉니다.

슈퍼맨 고양이

여러 스프라이트를 움직이게 함으로써 고양이가 하늘을 나는 것과 같은 효과를 만들어봅니다.

학습목표

① 여러 가지 스프라이트를 불러와서 동작을 반복하게 만들 수 있습니다.
② 무한 반복과 좌표의 의미를 이해할 수 있습니다.

완성된 모습

시작하기를 클릭하면 고양이가 하늘을 나는 모습을 볼 수 있습니다. 하지만 실제로는 고양이가 움직이는 것이 아니라 나무와 빌딩, 그리고 구름이 움직이는 것입니다.

완성된 파일은 **바다공부방 카페**(cafe.naver.com/eduinshight) 에서 다운로드할 수 있습니다.

프로젝트 맵

I'm 스크래치 3.0

Step1 배경 사용하기

이번 프로젝트부터 배경을 사용합니다. 배경을 불러오는 방법은 앞에서 했었던 스프라이트 불러오기와 비슷합니다.

01 화면 오른쪽 아래를 보면 무대 배경을 설정하는 곳이 있습니다. 이곳에 있는 사진 모양 아이콘을 클릭합니다.

> **잠깐!** 로그인과 만들기 화면으로 들어가기까지 과정은 13쪽을 참고하세요. 그리고 앞으로 프로젝트 활동 설명에서 이 과정은 따로 언급하지는 않을 것입니다.

02 여러 가지 배경들을 고를 수 있는 **배경 고르기** 화면이 나타납니다. 이 중에서 **Blue Sky2**를 클릭합니다.

> **잠깐!** 배경 이미지도 스프라이트처럼 알파벳 순서로 배열되어 있습니다.

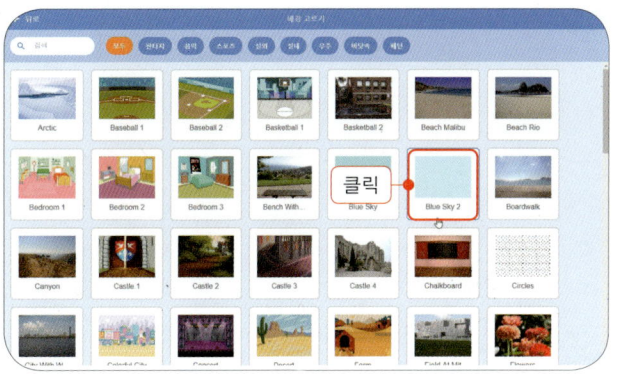

03 무대의 배경이 바뀐 것을 볼 수 있습니다.

Step2 여러 가지 스프라이트 불러오기

이번 프로젝트에서는 여러 가지 다른 스프라이트들을 사용할 예정입니다. 여러 스프라이트를 선택한 후 무대에 배치하는 방법을 알아봅니다.

01 먼저 고양이 스프라이트를 삭제합니다. 무대 아래 있는 고양이 스프라이트 사각형의 🗑를 클릭하여 고양이 스프라이트를 삭제합니다.

02 **스프라이트 고르기**를 클릭합니다.

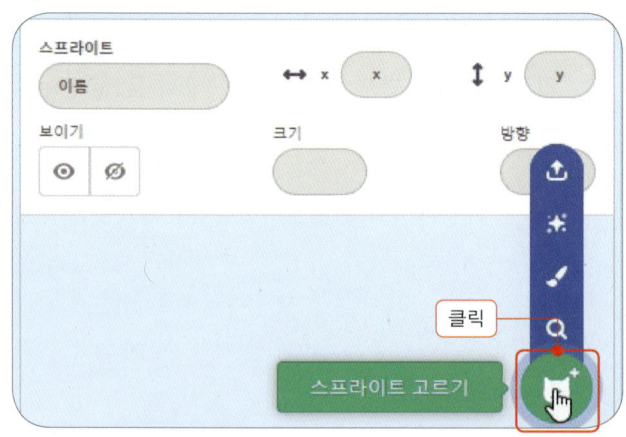

03 스프라이트 고르기 화면에서 그림과 같이 Cat Flying, Buildings, Cloud, Trees 4개의 스프라이트를 불러옵니다.

> **잠깐!** 스프라이트들은 알파벳 순으로 배열되어 있습니다. 하나하나 클릭해서 불러와야 합니다.

04 무대에서 불러온 스프라이트를 볼 수 있습니다.

05 스프라이트가 한 곳에 뭉쳐 있네요. 각각의 스프라이트를 마우스로 드래그하여 적당한 위치로 옮깁니다.

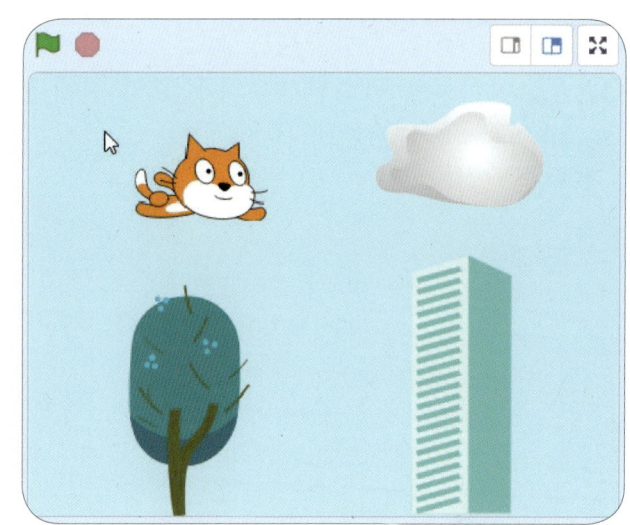

불러온 스프라이트 보이기, 감추기

스프라이트가 여러 개 무대 위에 있으면 겹치거나 잘 안보일 수 있습니다. 이런 경우 보이기 기능을 이용하면 원하는 스프라이트만 보이게 하거나 작업에 필요 없는 스프라이트는 감출 수 있습니다.

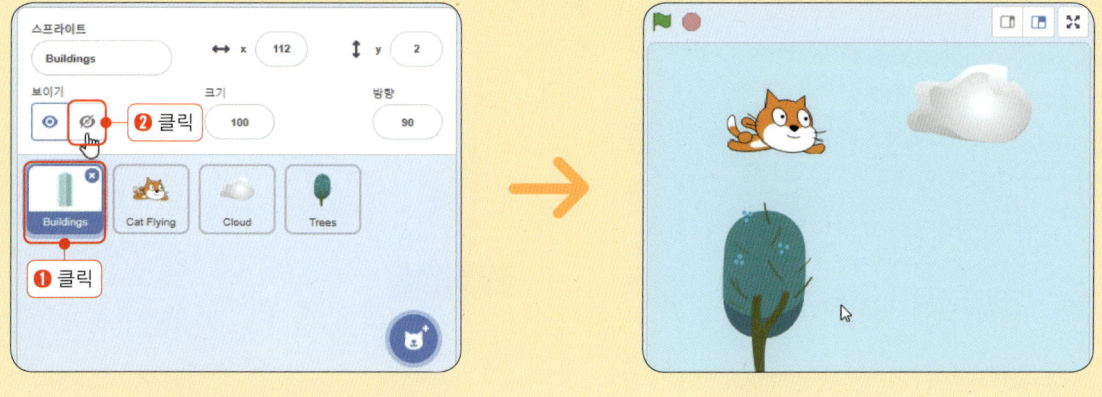

Step3 스프라이트 크기 조절하기

불러온 스프라이트들이 프로젝트에 맞게 조화를 이루려면 크기를 조절해야 하는 경우가 있습니다. 스프라이트의 크기를 크게 또는 작게 만드는 방법을 알아봅니다.

01 나무 스프라이트가 빌딩만큼 크기 때문에 크기를 줄여야합니다. 나무 스프라이트 아이콘을 클릭한 후 **모양** 탭을 클릭합니다.

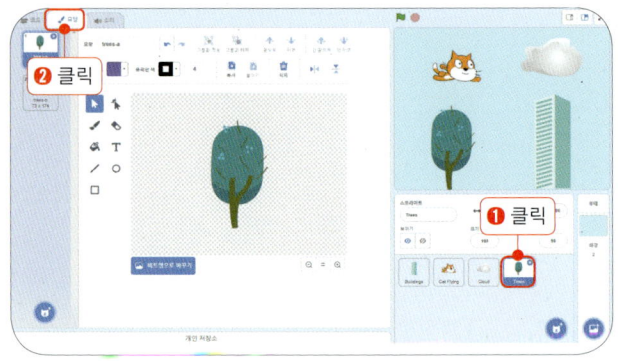

02 아이콘을 클릭한 후, 나무 모양 전체를 마우스로 드래그하여 선택합니다.

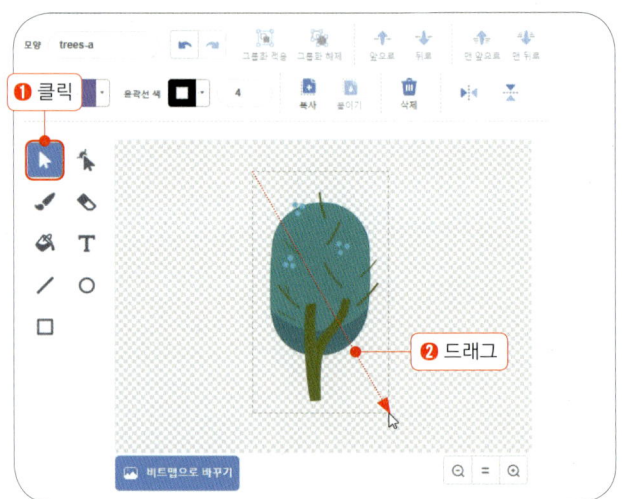

03 나무 주위에 파란색 점들이 나타납니다. 파란색 점에 마우스를 위치시키고 드래그하면 나무의 크기를 키우거나 줄일 수 있습니다.

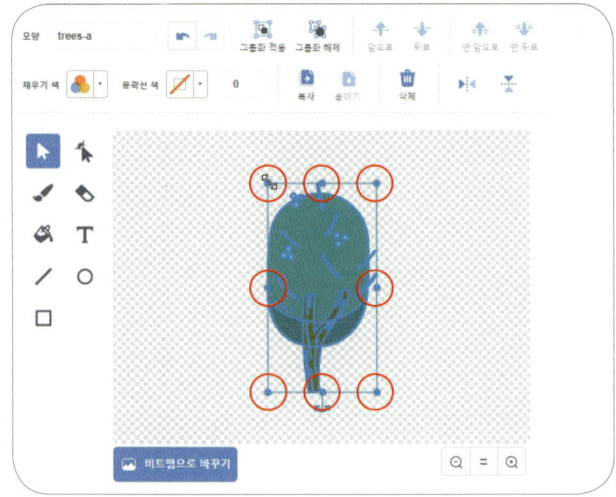

04 마우스를 드래그하여 나무의 크기를 빌딩보다 작게 줄입니다.

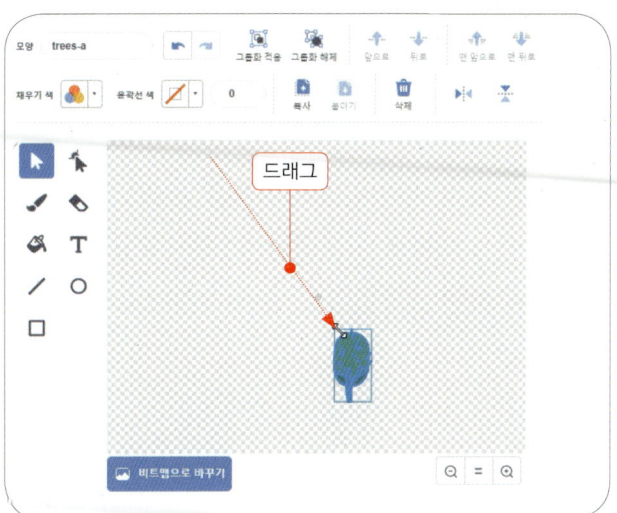

05 무대에서 나무의 크기가 줄어든 것을 확인할 수 있습니다.

06 같은 방법으로 **나무2** 모양도 **나무1** 모양과 비슷하게 줄입니다.

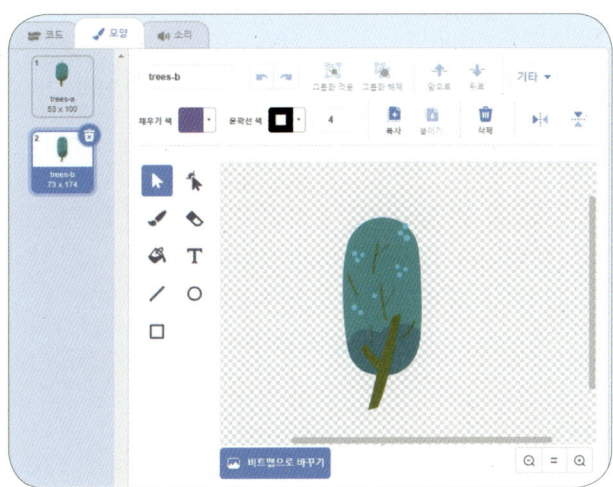

Step4 고양이 스프라이트 코드 만들기

고양이가 하늘 위를 나는 모습을 연출해봅니다.

01 고양이 스프라이트 아이콘을 선택한 후, **코드** 탭에서 **이벤트**를 선택한 후, **클릭했을 때**를 드래그하여 스크립트 화면에 가져다 놓습니다.

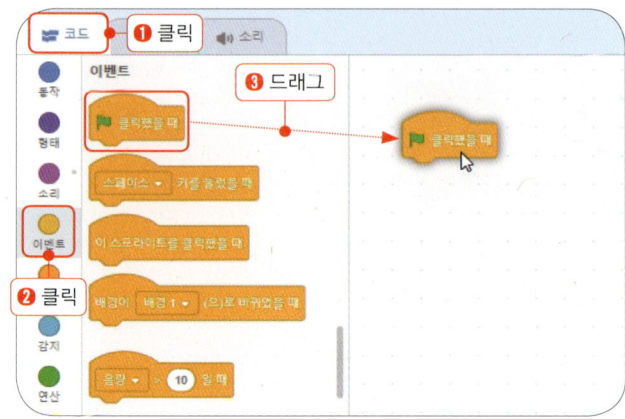

02 **동작**을 선택한 후, **90도 방향보기**와 **x, y (으)로 이동하기**를 드래그하여 **클릭했을 때** 아래에 차례로 붙입니다.

> **잠깐!** x와 y의 숫자는 옆의 그림과 달라도 상관 없습니다.

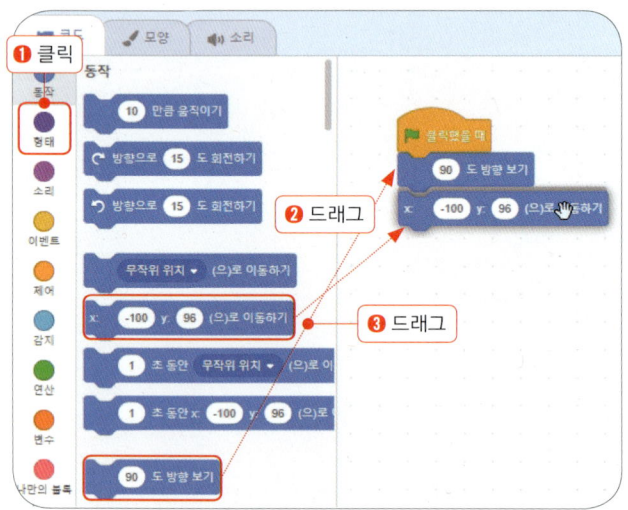

03 **형태**를 선택한 후, **맨 앞쪽으로 순서 바꾸기**를 드래그하여 맨 아래에 붙입니다.

> **잠깐!** **맨 앞쪽으로 순서 바꾸기**는 **형태** 블록들 중 아래에서 5번째에 위치해 있습니다.
> 이 코드를 사용하면 고양이가 다른 스프라이트들과 겹쳤을 때 맨 앞에 오게 됩니다.

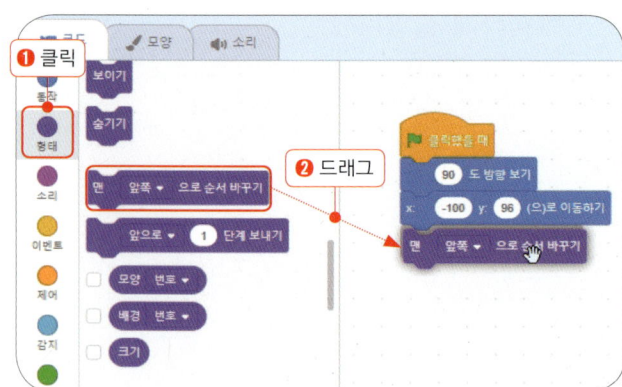

Step5 빌딩 스프라이트 코드 만들기

빌딩이 오른쪽에서 왼쪽으로 움직이는 모습을 연출해봅니다.

01 빌딩 스프라이트 아이콘을 선택한 후, **이벤트**의 **클릭했을 때**를 드래그하여 스크립트 화면에 가져다 놓습니다.

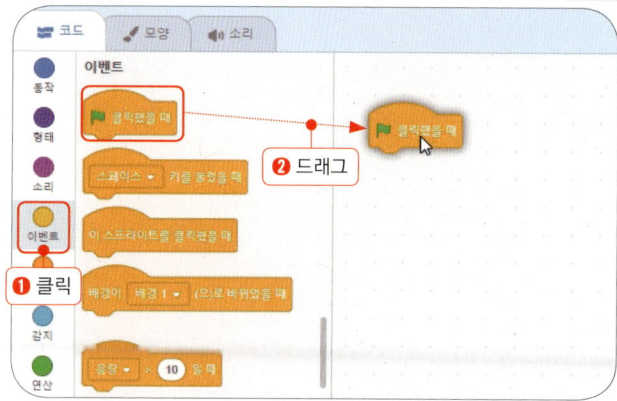

02 **제어**를 선택한 후, **무한 반복하기**를 드래그하여 **클릭했을 때** 아래에 붙입니다.

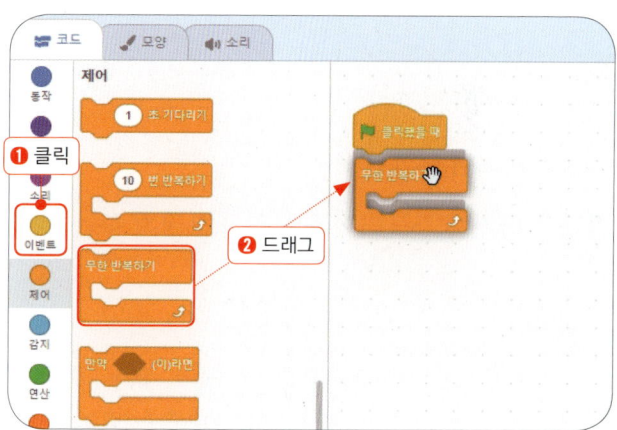

03 **동작**을 선택한 후, **x 좌표를 (으)로 정하기**와 **y 좌표를 (으)로 정하기**를 드래그하여 **무한 반복하기** 안에 차례로 넣습니다.

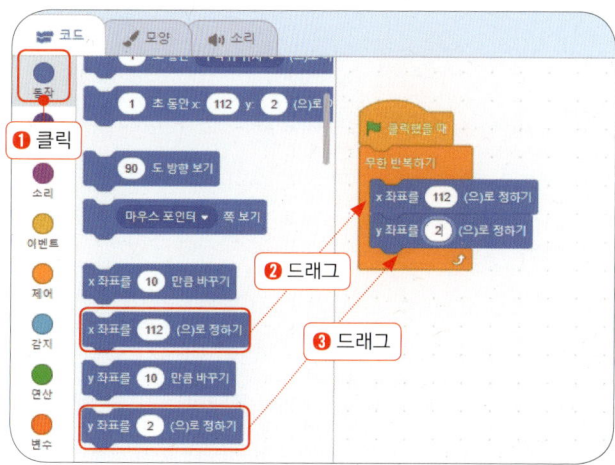

04 x 좌표의 숫자를 250으로, y 좌표 숫자는 -3 으로 바꿉니다.

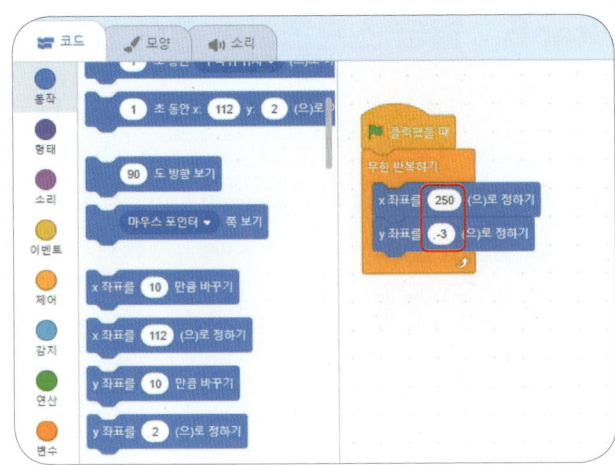

좌표 정하기와 바꾸기

좌표 정하기는 스프라이트의 위치를 정해 주는 것이고, 좌표 바꾸기는 클릭했을 때마다 스프라이트의 위치가 바뀌는 것을 말합니다.

• **정하기**

옆의 그림을 보면 지금 고양이의 위치는 x : 0, y : 0입니다. 정하기 블록을 가져와서 x와 y를 각각 100으로 바꿔주면 다음 화면과 같이 고양이의 위치가 변하는 것을 볼 수 있습니다

그리고 고양이의 위치는 x : 100, y : 100으로 정해졌기 때문에 아무리 클릭을 계속해도 위치는 변하지 않게 됩니다.

• **바꾸기**

옆 그림에서 고양이의 위치는 x : 0, y : 0 입니다. **x 좌표를 10만큼 바꾸기**와 **y 좌표를 10만큼 바꾸기** 블록을 가져와서 각각 30으로 고쳐준 다음 실행하면 다음 화면과 같이 고양이의 위치가 변하는 것을 볼 수 있습니다. 바꾸기 명령이기 때문에 클릭을 할 때마다 계속 위치가 바뀌게 됩니다. 위치가 바뀌는 것은 무대 아래의 숫자에도 나타납니다.

05 이제 빌딩을 움직이게 할 차례입니다. **제어**를 선택한 후, 위에서 두 번째에 있는 **10번 반복하기**를 가져와서 **y 좌표를 -3으로 정하기** 아래에 붙입니다. 그리고 10번을 100번으로 바꿉니다.

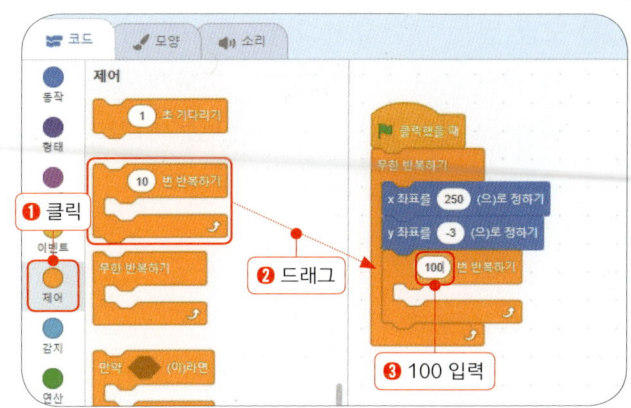

06 **동작**을 선택한 후, **x 좌표를 10만큼 바꾸기**를 드래그하여 **100번 반복하기** 안에 넣습니다. 그리고 10을 -5로 바꿉니다.

잠깐! x **좌표를 바꾸기**에서 숫자가 마이너스(-)일 때는 오른쪽에서 왼쪽으로 이동하라는 의미입니다.

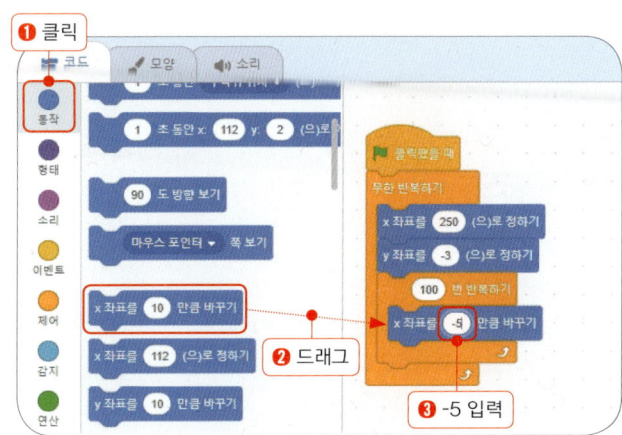

07 **시작하기**를 클릭해서 빌딩이 어떻게 움직이는지 봅니다. 빌딩이 오른쪽에서 왼쪽으로 가야 정상입니다.

잠깐! 정상적으로 움직이지 않는다면 만든 코드를 하나하나 책과 비교하여 다른 부분이 있나 확인하고 고칩니다.

08 **모양** 탭을 클릭하면 화면 왼쪽에 여러 모양의 빌딩을 볼 수 있습니다. 프로젝트를 실행했을 때 이와 같은 여러 모양의 빌딩이 나타나도록 만들어봅니다.

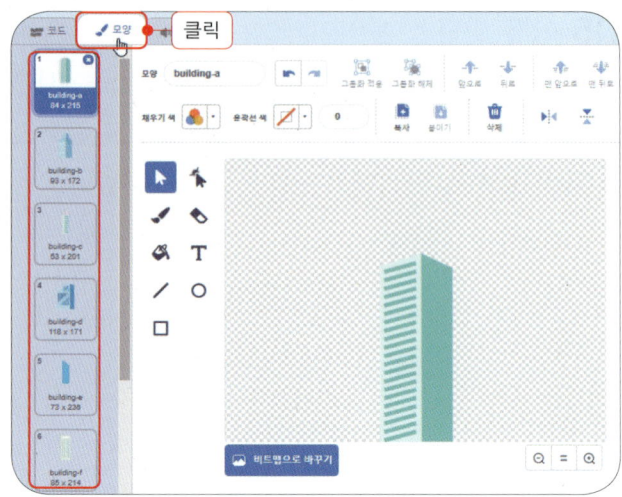

09 **코드** 탭에서 **형태**를 선택한 후, **다음 모양으로 바꾸기** 블록을 드래그하여, **100번 반복하기** 아래에 붙입니다.

잠깐! 이때 **100번 반복하기** 블록 안이 아니라 그림과 같이 아래에 붙여 주는 것에 주의합니다.

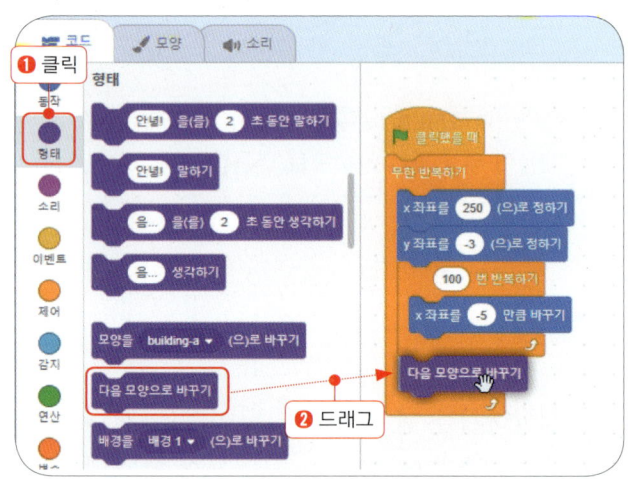

10 **시작하기**를 클릭하면 빌딩의 모양이 한번씩 바뀌는 것을 볼 수 있습니다.

44   I'm 스크래치 3.0

Step 6 나무 스프라이트 코드 만들기

나무 스프라이트 코드는 빌딩 스프라이트 코드와 비슷합니다. 앞에서 했던 과정을 참고하여 코드를 만들어봅니다.

01 나무 스프라이트 아이콘을 선택한 후, 그림처럼 코드 블록을 순서대로 스크립트 화면으로 가져옵니다.

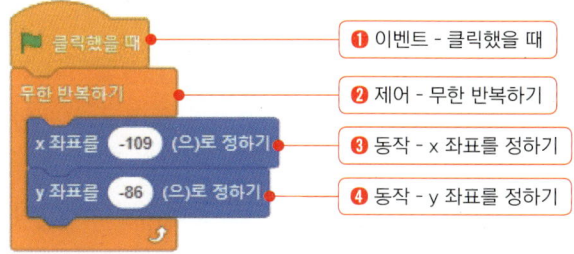

02 x 좌표는 0, y 좌표는 -100으로 바꿉니다. 이렇게 하면 나무가 빌딩보다 앞에 있고 바닥에 붙어 있는 모습이 됩니다.

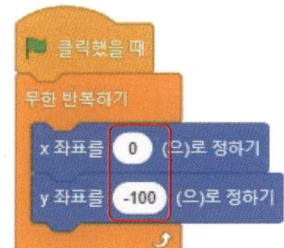

03 계속해서 그림처럼 코드 블록을 가져온 후, **10번 반복하기**는 **100**번으로 바꾸고, **x 좌표를 10만큼 바꾸기**는 **-5**로 바꿉니다.

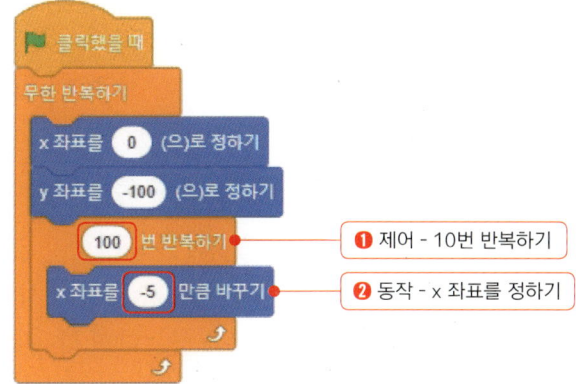

04 나무도 2가지 모양이 있습니다. **형태의 다음 모양으로 바꾸기** 블록을 **100번 반복하기** 아래에 붙여줍니다. 코드가 완성되었습니다.

> **잠깐!** 빌딩 스프라이트는 무대 밖으로 나가는 것 같은데 나무는 무대 끝에 걸린 것과 같은 모습을 볼 수 있습니다. 이것은 나무의 x 좌표가 0으로 되어 있기 때문입니다. x 좌표를 빌딩과 같이 250으로 고치면 빌딩과 같이 무대 밖으로 나가는 것과 같은 효과를 보게 됩니다.

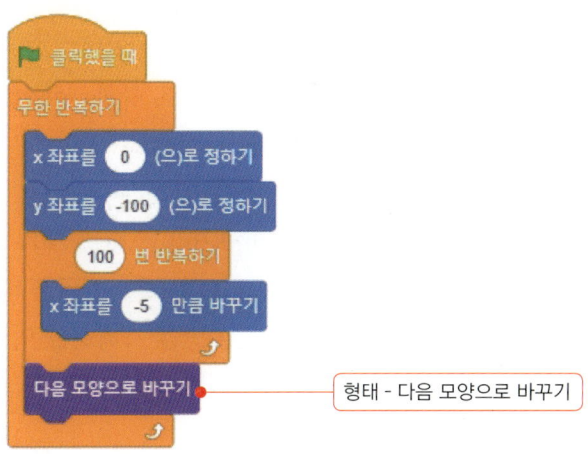

Step 7 구름 스프라이트 코드 만들기

구름 스프라이트 코드도 다른 코드와 비슷합니다. 앞서 만든 코드를 참고하여 구름이 천천이 움직이는 모습을 연출해봅니다.

01 다음 순서대로 코드 블록을 배치합니다.

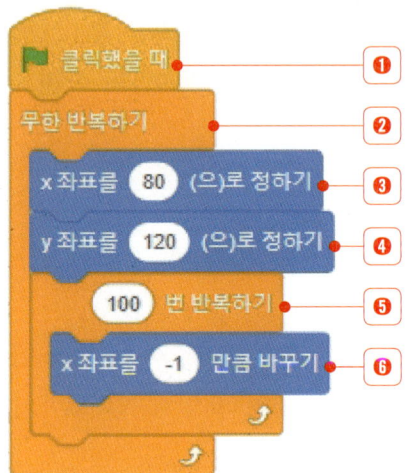

❶ 이벤트에 있는 **클릭했을 때**를 드래그합니다.
❷ 제어에 있는 **무한 반복하기**를 드래그하여 아래에 붙입니다.
❸ 동작에 있는 **x 좌표를 (으)로 정하기**를 드래그하여 **무한 반복하기** 안에 넣고 80으로 고칩니다.
❹ **y 좌표를 (으)로 정하기**를 드래그하여 **x 좌표를 (으)로 정하기** 아래에 붙이고 120으로 고칩니다.
❺ 제어에 있는 **10번 반복하기**를 드래그하여 아래에 붙이고, 100번으로 바꿉니다.
❻ 구름은 나무나 빌딩보다 천천이 움직이게 하려고 합니다. 동작에 있는 **x 좌표를 10 만큼 바꾸기**를 드래그하여 **100번 반복하기** 안에 넣고 -1로 고칩니다.

좌표에서 (+)와 (-)

좌표의 숫자에는 (+)와 (-)가 있습니다. (+)는 숫자 앞에 쓰지 않고 생략할 수 있습니다.(중학교 수학 시간에 배웁니다.) 좌표의 숫자에 있는 (+)와 (-)는 무대에서의 위치와 방향을 나타내는 것입니다. 무대 정가운데를 기준으로 십자선을 긋는다면 다음 그림과 같을 것입니다.

여기서 가로선은 x, 세로선은 y가 됩니다.
가로 방향으로 오른쪽은 (+)이고, 왼쪽은 (-) 입니다.
세로 방향으로 위쪽은 +이고, 아래쪽은 - 입니다.
x 좌표를 10만큼 바꾸기라고 하면 가로 방향 오른쪽으로 10만큼 가라는 뜻이고, **x 좌표를 -10만큼 바꾸기**라고 하면 가로 방향 왼쪽으로 10만큼 가라는 뜻입니다.
마찬가지로 **y 좌표를 10만큼 바꾸기**라고 하면 세로 방향 위쪽으로 10만큼 가라는 뜻이고, **y 좌표를 -10만큼 바꾸기**라고 하면 세로 방향 아래쪽으로 10만큼 가라는 뜻입니다.
십자선의 가운데가 무대 중앙이 되며 바로 이 점이 x : 0, y : 0 입니다.

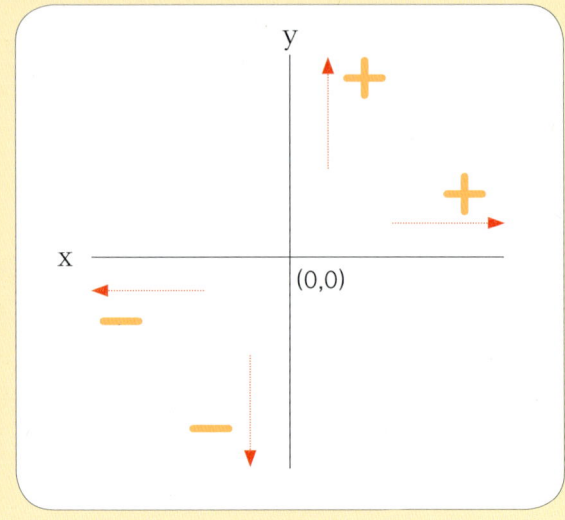

배운 내용 활용하기 | # 하늘에서 고양이 움직이기

지금은 고양이가 멈춰 있는 모습인데 이번에는 고양이가 하늘에서 움직이도록 해서 좀 더 고양이가 진짜 하늘을 나는 것과 같은 효과가 나타나도록 해봅니다.

미리보기

빌딩과 나무, 구름을 지나 고양이가 날아갑니다. 앞으로 갔다가 뒤로 갔다가 위 아래로도 움직입니다.

∴ 완성된 파일은 바다공부방 카페(cafe.naver.com/eduinsight)에서 다운로드할 수 있습니다.

완성된 코드

고양이 스프라이트를 불러온 다음, 아래 코드 모음 및 지시사항과 같이 코드를 완성하고 숫자들을 바꿔서 응용을 해봅니다.

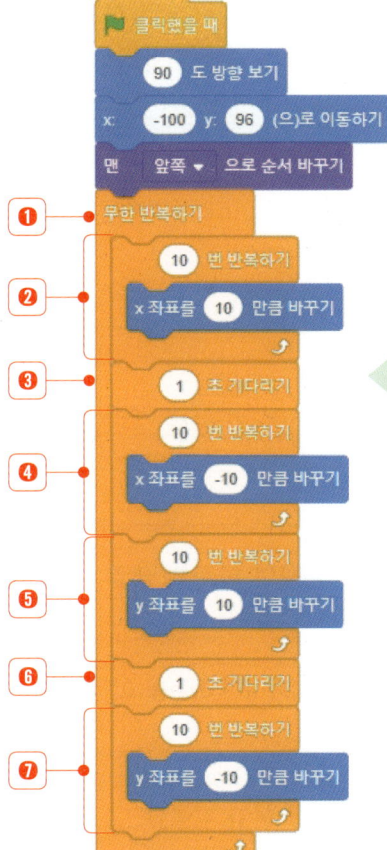

❶ 무한 반복하기 드래그
❷ 10번 반복하기 드래그, 그 안에 x 좌표 10만큼 바꾸기 넣기
❸ 제어의 1초 기다리기 드래그
❹ 10번 반복하기 드래그, 그 안에 x 좌표 10만큼 바꾸기 넣고 10을 -10으로.
이렇게 하면 고양이가 앞으로 갔다 뒤로 갔다하게 됩니다.
❺ 10번 반복하기 드래그, 그 안에 y 좌표 10만큼 바꾸기 넣기
❻ 제어의 1초 기다리기 드래그
❼ 10번 반복하기 드래그, 그 안에 y 좌표 10만큼 바꾸기 넣고 10을 -10으로.
이렇게 하면 고양이가 올라갔다 내려갔다 합니다.

행운 클로버

하트 모양의 스프라이트가 회전하면서 행운의 클로버가 되는 프로젝트를 만들어 봅니다.

학습목표

① 스프라이트의 중심점을 이해하고 사용할 수 있습니다.
② 색깔 효과, 반복과 각도를 이해하고 적용할 수 있습니다.
② 스크래치 3.0의 확장 기능을 알 수 있습니다.

완성된 모습

시작하기를 클릭하면 하트 모양이 4개로 나눠지면서 클로버 모양을 만듭니다.

완성된 파일은 **바다공부방 카페**(cafe.naver.com/eduinshight)에서 다운로드할 수 있습니다.

프로젝트 맵

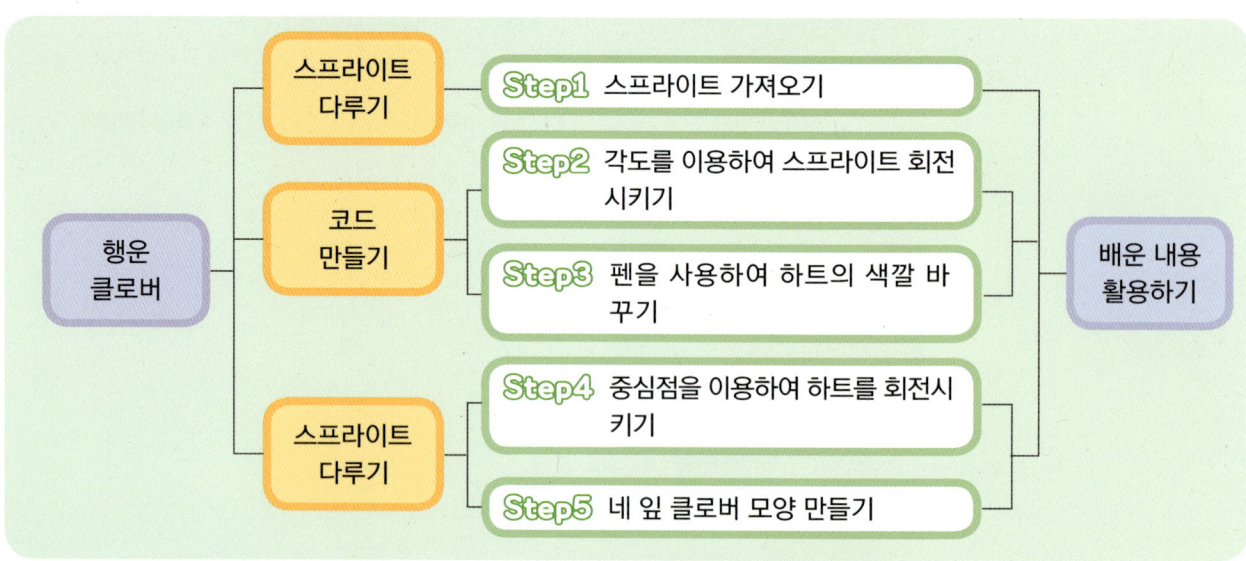

Step1 스프라이트 가져오기

먼저 이번 프로젝트의 기본 스프라이트인 하트 모양의 스프라이트를 무대에 불러옵니다.

01 스크래치에 로그인 한 후, **만들기** 화면으로 들어가 고양이 스프라이트를 삭제합니다.

02 스프라이트 고르기를 클릭합니다.

03 스프라이트 고르기 화면에서 Heart 스프라이트를 클릭하여 불러옵니다.

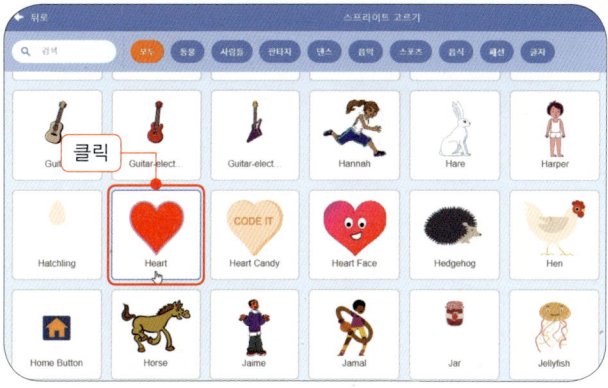

PART2 행운 클로버

Step2 각도를 이용하여 스프라이트 회전시키기

하트 모양 스프라이트가 색이 바뀌면서 빙글빙글 회전하도록 코딩해봅니다.

01 그림과 같이 순서대로 코드 블록을 가져와서 배치합니다. 그런 다음 x와 y의 숫자를 모두 0으로 고쳐 줍니다.

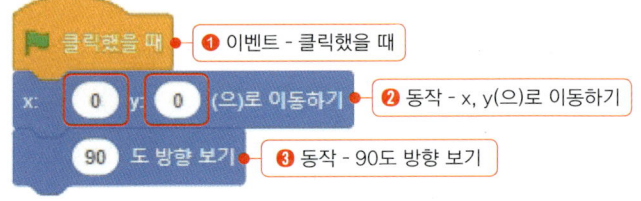

02 제어를 선택한 후, **10번 반복하기**를 드래그하여 블록들 아래에 붙입니다.

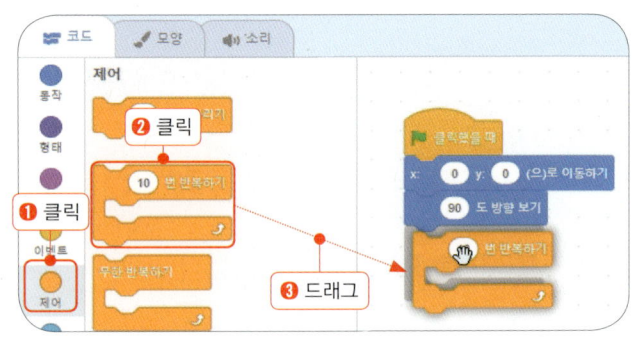

03 동작을 선택한 후, ↻ **방향으로 15도 돌기**를 드래그하여 **10번 반복하기** 안에 넣어 줍니다.

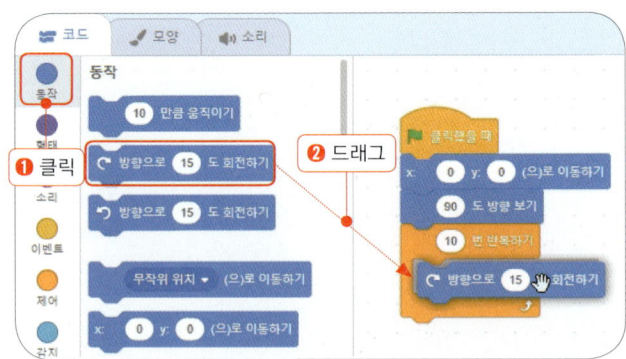

04 형태를 선택한 후, **색깔 효과를 25만큼 바꾸기**를 드래그하여 **회전하기** 아래에 붙입니다. **시작하기**를 클릭하면 하트가 오른쪽으로 15도 회전하면서 색깔이 변하는 모습을 볼 수 있습니다.

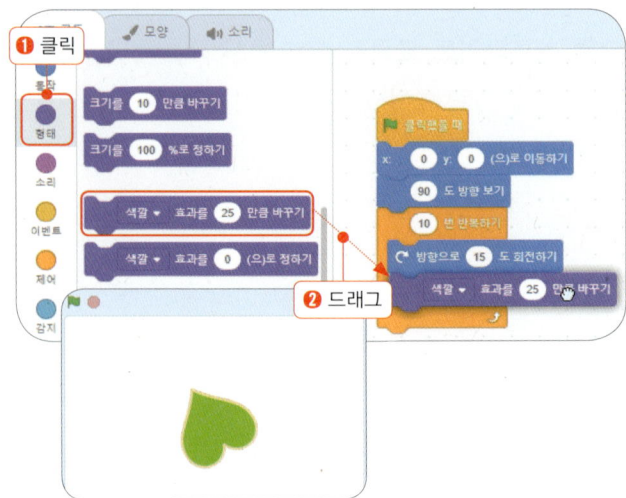

Step3 펜을 이용하여 하트의 색깔 바꾸기

펜 기능을 이용하여 빙글빙글 돌아가는 하트의 색을 하나하나 볼 수 있게 만들어봅니다.

01 펜 기능을 사용하려면 확장 기능을 추가해야 합니다. 코드 맨 아래에 있는 아이콘에 마우스를 가져가면 **확장 기능 추가하기**라는 도움말이 나타납니다. 아이콘을 클릭합니다.

> **잠깐!** **확장 기능**이란 음악, 그리기 등 프로젝트를 더 재미있게 해주는 기능들과 하드웨어를 연결시키는 기능들입니다. 스크래치 2.0에서는 펜이 코드 탭에 있었는데 3.0에서는 확장 기능으로 바뀌었습니다.

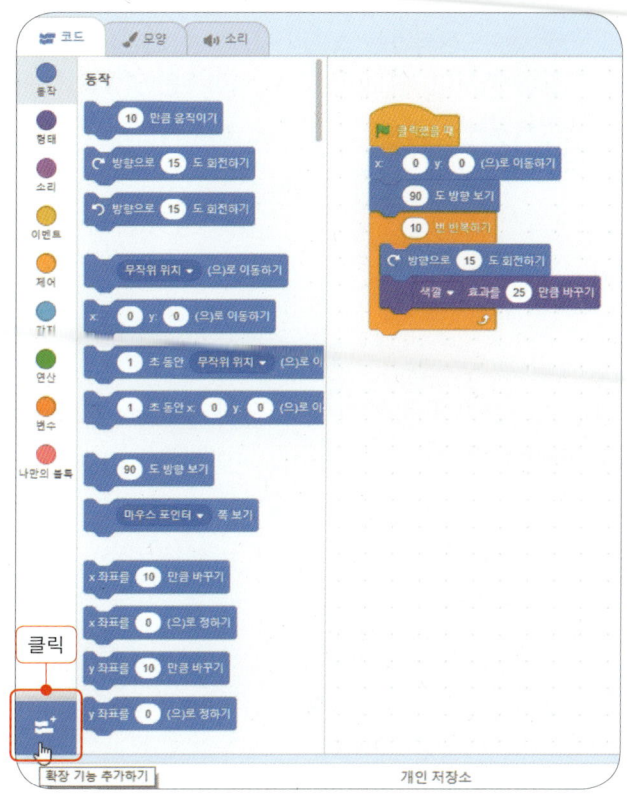

02 **확장 기능 고르기** 화면이 나타나면 **펜**을 선택합니다.

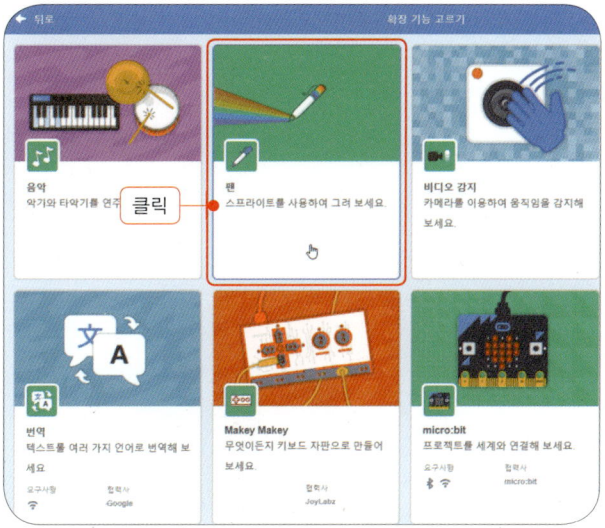

PART2 행운 클로버 51

03 **펜** 코드가 나타납니다. 펜 코드 블록 모음에서 위에서 두 번째에 있는 **도장찍기**를 드래그하여 색깔 효과 바꾸기 아래에 붙입니다.

잠깐! **도장찍기**는 스프라이트의 움직임을 마치 도장을 찍듯이 무대에 남겨서 보여주는 역할을 하는 블록입니다.

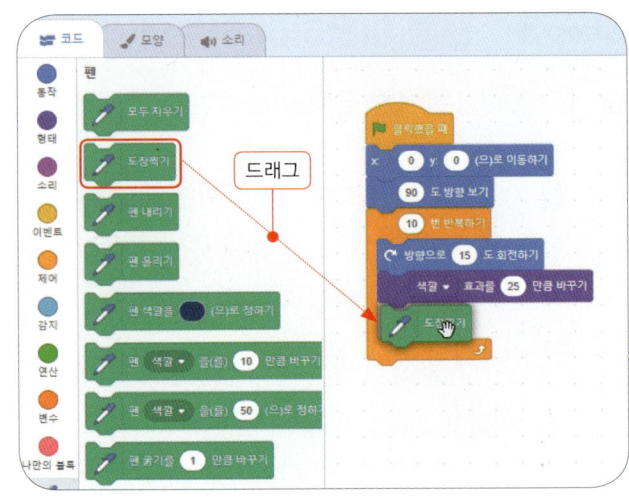

04 **시작하기**를 클릭하면 다음과 같이 하트가 색깔이 변하면서 움직이는 모습이 무대에 나타납니다.

05 6가지 색의 하트가 보여지도록 그림과 같이 코드에 있는 몇 가지 숫자를 바꿔줍니다. **시작하기**를 클릭하면 오른쪽 그림처럼 하트들이 나타날 것입니다.

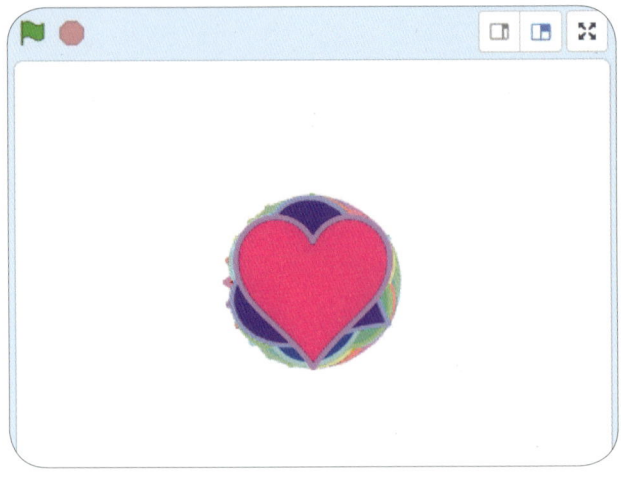

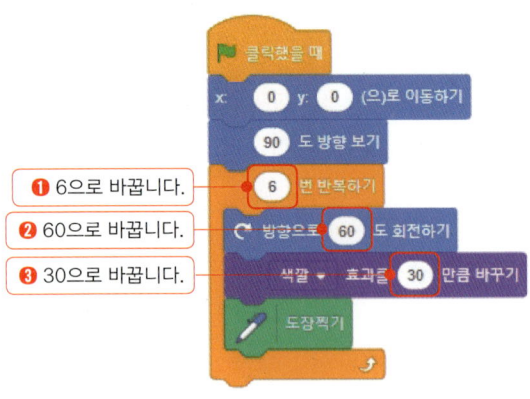

Step 4   중심점을 이용하여 하트 회전시키기

중심점 기능을 이용하여 회전하는 하트들의 모양이 온전히 보이도록 만들어봅니다.

01 **모양** 탭을 클릭한 후, 하트 스프라이트를 클릭해서 위쪽으로 드래그하면 중심점 표시가 작게 나타납니다.

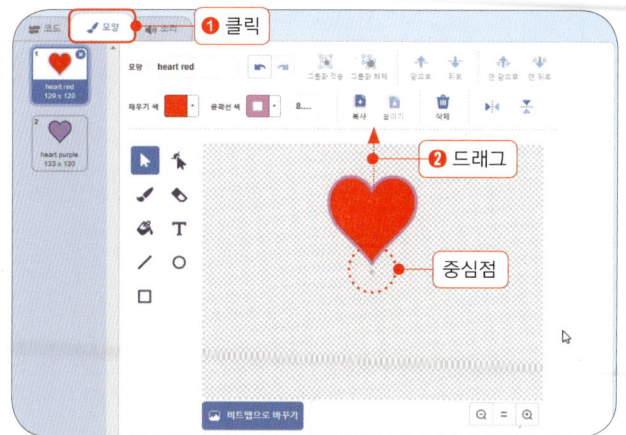

> **잠깐!** 모양 화면 오른쪽 아래에 있는 🔍 아이콘을 클릭해서 모양 화면을 확대하면 중심점을 잘 볼 수 있습니다. 다시 원래 모양 화면 크기로 돌아가려면 = 아이콘을 클릭합니다.

02 **코드** 탭을 클릭하여 코드 화면으로 돌아간 후, **시작하기**를 클릭하면 그림과 같이 6가지 색의 하트를 잘 볼 수 있습니다.

> **잠깐!** 하트 모양이 너무 큰 경우 중심점이 잘 보이지 않을 수 있습니다. 이때는 마우스를 드래그하여 크기를 적절하게 조절해보세요.

NOTE

스크래치는 모양에서 중심점 기능이 있습니다. 이것은 스프라이트가 움직일 때 기준이 되는 위치를 잡아주는 역할을 합니다. 특히 도장찍기를 하면서 회전하는 것과 같은 움직임을 할 때 중심점이 스프라이트 가운데에 있으면 위에서 본 것처럼 스프라이트가 제자리에서 회전하게 되어 도장 효과가 뒤에 나타나 잘 보이지 않게 됩니다. 중심점을 스프라이트 바깥쪽에 잡으면 그 점을 기준으로 도장을 찍으며 움직이기 때문에 도장 효과를 볼 수 있게 됩니다.

▼ 중심점이 스프라이트 아래에 위치

▲ 중심점이 스프라이트 가운데 위치

Step5 네 잎 클로버 모양 만들기

불필요한 하트 모양을 지워서 네 잎 클로버 모양이 되도록 만들어봅니다.

01 네 잎 클로버 모양을 만들기 위해 그림과 같이 코드의 숫자를 고쳐 줍니다. 그러면 하트가 네 잎 클로버 모양으로 바뀌는데 뒤에 하트들을 지워 확실하게 네 잎 클로버 모양만 남기도록 합니다.

> 잠깐! 하트를 90도씩 4번 회전시키면 360도 즉 한 바퀴를 돌게 되고, 하트 모양 4개가 만들어집니다. 만약 45도씩 회전시키면 45X8=360이므로 8개의 하트 모양을 만들 수 있습니다.

02 펜을 선택한 후, **모두 지우기**를 드래그하여 **클릭했을 때** 아래에 붙입니다.

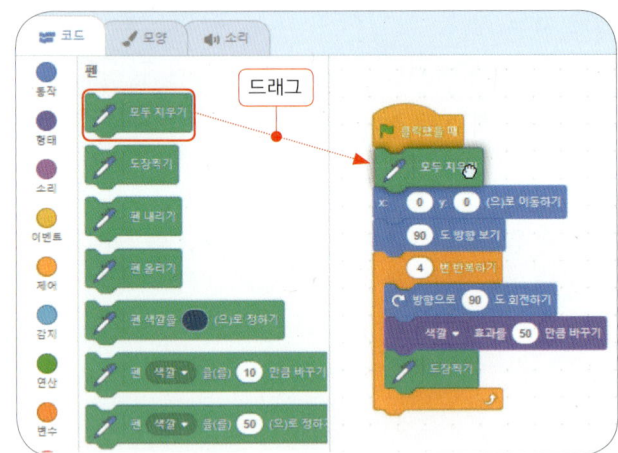

> 잠깐! **모두 지우기**는 우리가 그림을 그리고 난 후 다시 실행하면 전에 만든 그림을 모두 지우고 새로 시작하라는 명령어입니다.

03 네 잎 클로버가 완성되었습니다. 이제 프로젝트를 저장하세요.

배운 내용 활용하기 — 360색 하트 만들기

이번에는 360개의 색이 나타나는 하트를 만들어 보겠습니다. 여기에서는 앞에서 배운 각도를 잘 활용해야 합니다. 6개의 하트일 때 6번 반복하고 60도를 돌았습니다. 하트가 4개일 때는 4번 반복하고 90도를 돌았다면 360개의 하트는 몇 번을 반복하고 몇 도를 돌아야 할까요?

미리보기

하트 스프라이트가 1번(1도) 움직일 때마다 색이 1번씩 변해서 모두 360개의 색이 나타나게 됩니다.

 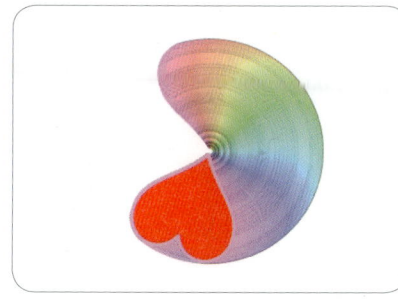 

∴ 완성된 파일은 바다공부방 카페(cafe.naver.com/eduinshight)에서 다운로드할 수 있습니다.

완성된 코드

앞에서 만들었던 네 잎 클로버 코드에서 3부분의 숫자만 바꿔 써 주면 됩니다.

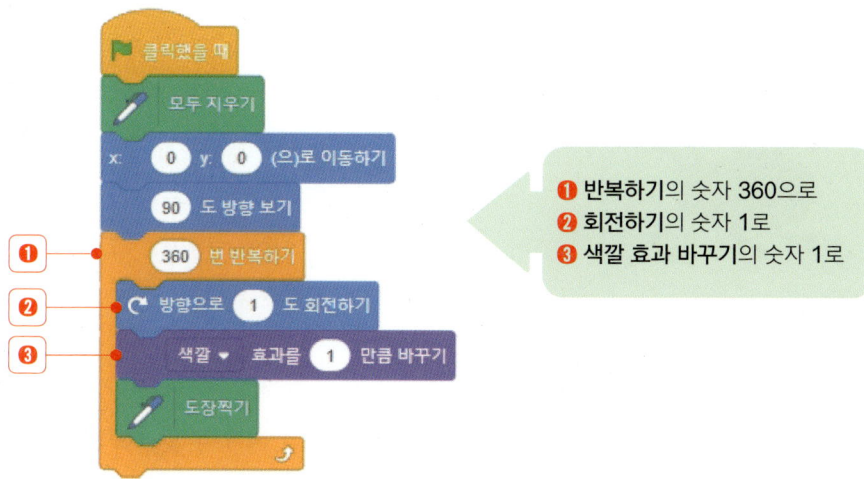

❶ 반복하기의 숫자 360으로
❷ 회전하기의 숫자 1로
❸ 색깔 효과 바꾸기의 숫자 1로

PART2 행운 클로버 55

더 알아보기 — 스프라이트의 방향

90도 방향보기 블록을 사용하면 스프라이트가 움직이는 방향을 설정해줄 수 있습니다. 스크래치에서 쓰는 방향 표현은 다음 그림과 같습니다.

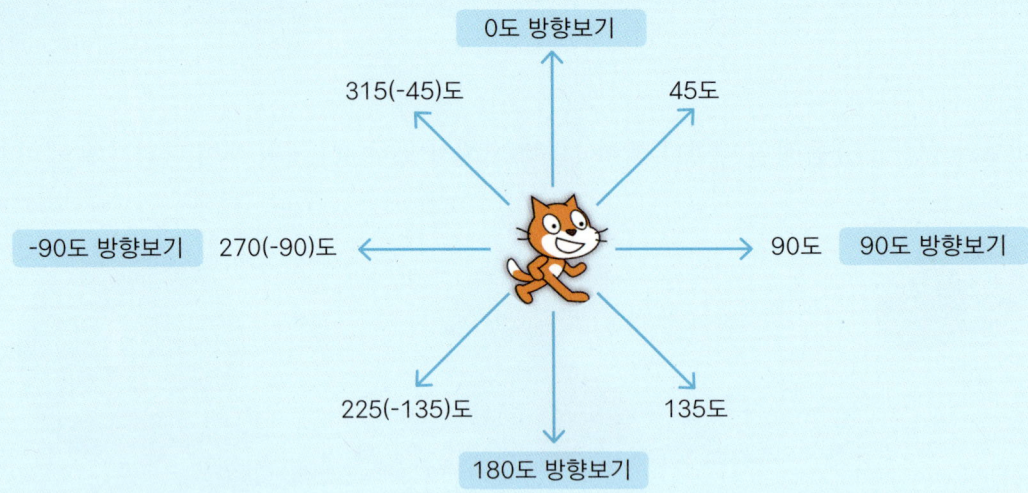

그림에서와 같이 0도 방향보기는 위쪽, 90도 방향보기는 오른쪽, -90도 방향보기는 왼쪽, 180도 방향보기는 아래쪽을 의미합니다.

그리고 스크래치의 방향은 스프라이트 모양과는 관계가 없습니다. 아래 두 스프라이트를 불러와서 90도 방향보기 블록을 사용하면 나비의 머리가 오른쪽을 향할 것 같지만 두 스프라이트는 아무런 변화가 없습니다.

스크래치의 방향은 스프라이트가 움직이는 방향을 설정하는 것이지 스프라이트를 회전시키거나 변형시키는 것은 아닙니다. 만약 나비의 머리가 위쪽이 아니라 오른쪽을 보도록 하려면 **동작**의 **방향으로 ~도 회전하기** 블록을 사용합니다. 90도로 회전값을 주면 나비의 머리가 오른쪽을 보게 됩니다.

PART 3
스크래치로 ART하기

숫돌이 냥이 | 나만의 그림판 1 | 나만의 그림판 2
크리스마스 카드 | 피아노 연주하기

숫돌이 냥이

고양이가 골키퍼를 제치고 슛을 하고 골을 넣는 프로젝트를 만들어봅니다.

학습목표

① 비트맵과 벡터 이미지의 차이를 알 수 있습니다.
② 프로그래밍에서 조건의 개념과 사용법을 알 수 있습니다.

완성된 모습

시작하기를 클릭하면 고양이가 잔상처럼 움직이면서 가운데에 놓인 축구공을 찹니다. 축구공은 골대로 날아가고 골키퍼가 공을 막기 위해 움직입니다.

완성된 파일은 **바다공부방 카페**(cafe.naver.com/eduinshight)에서 다운로드할 수 있습니다.

프로젝트 맵

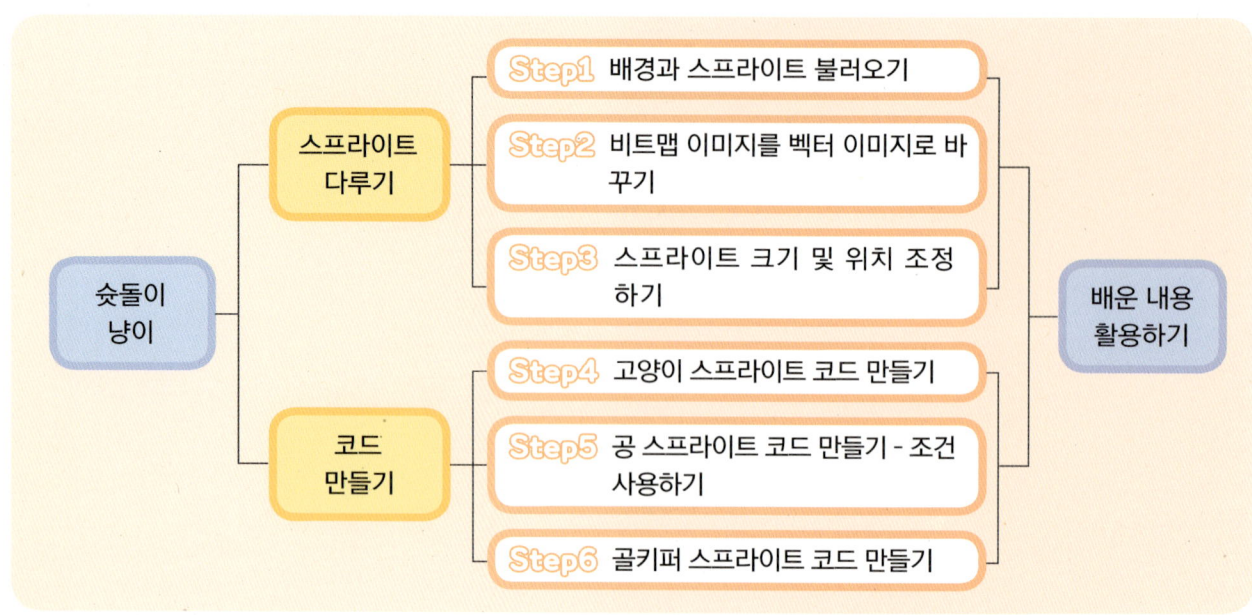

Step1 배경과 스프라이트 불러오기

프로젝트에 사용될 기본 배경과 스프라이트를 무대로 불러옵니다.

01 먼저 배경을 불러옵니다. 스크래치 만들기 화면에서 **배경 고르기**를 클릭한 후, **배경 고르기** 화면에서 Soccer2를 찾아서 클릭합니다.

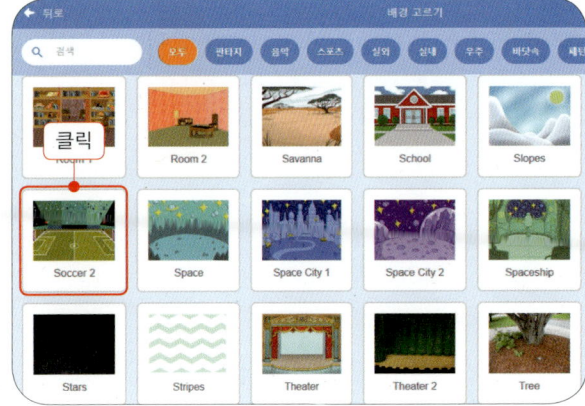

02 축구공과 골키퍼 스프라이트를 불러오기 위해 **스프라이트 고르기**를 클릭한 후, **스프라이트 고르기** 화면에서 Dan과 Soccer Ball을 각각 선택합니다.

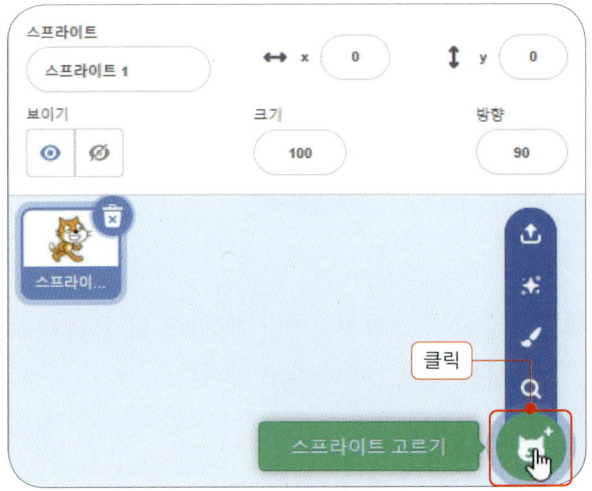
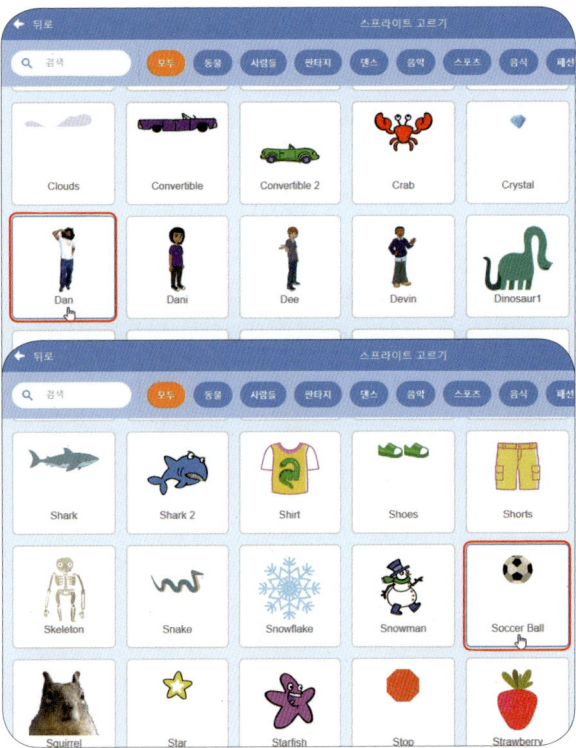

Step2 비트맵 이미지를 벡터 이미지로 바꾸기

불러온 스프라이트 중 비트맵 이미지를 벡터 이미지로 바꿔줍니다.

01 Dan 스프라이트를 선택한 후, **모양** 탭을 클릭해서 모양 화면을 엽니다.

02 **벡터로 바꾸기**를 클릭해서 스프라이트를 비트맵에서 벡터로 바꿔줍니다.

> **잠깐!** 컴퓨터가 이미지를 표현하는 방법 가운데 비트맵과 벡터가 있습니다. 스크래치 스프라이트들도 벡터와 비트맵이 있고 서로 바꿀 수 있습니다. Dan 스프라이트는 비트맵으로 설정되어 있습니다. 그런데 스프라이트를 수정하려면 벡터가 편리하기 때문에 벡터로 바꿔줍니다.

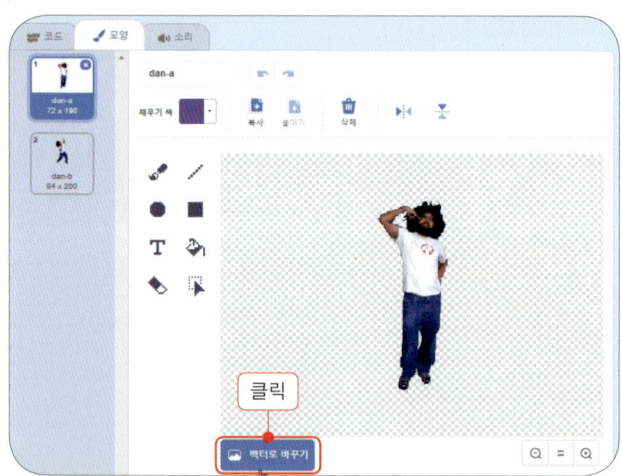

NOTE

비트맵은 하나하나의 픽셀(화소)로 이루어져 있어서 확대하면 ❶번 그림처럼 번져 보이게 됩니다. 이와 달리 이미지를 크게 확대해도 ❷번 그림처럼 번지지 않는 파일 형식을 벡터 이미지라고 합니다.
벡터 이미지는 픽셀이 아닌 수학 수식을 사용해서 이미지를 표현하기 때문에 확대해도 이미지가 번지지 않습니다. 하지만 벡터 이미지는 수학적 계산이 복잡해서 컴퓨터가 처리하기 어렵다는 단점이 있습니다.

❶ 비트맵 이미지 확대

비트맵 이미지 확대

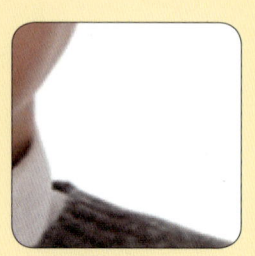
❷ 벡터 이미지 확대

Step3 스프라이트 크기 및 위치 조정하기

스프라이트들이 배경과 잘 어울릴 수 있도록 크기와 위치를 적절히 조정합니다.

01 모양 아이콘을 클릭 한 후, Dan 스프라이트의 크기를 골대 크기에 맞게 줄입니다.

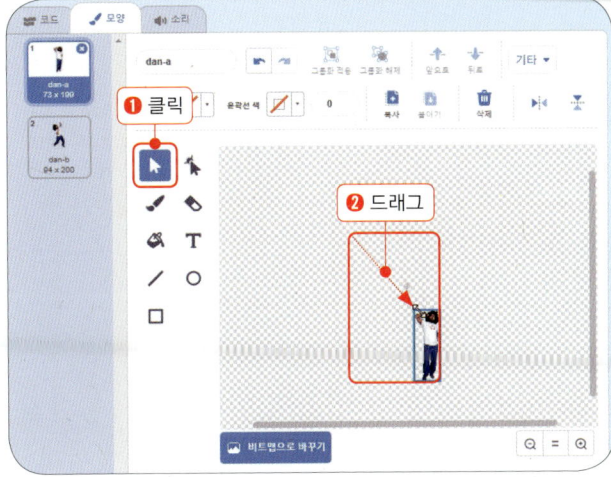

02 두 번째 모양인 **dan-b**를 선택하고 **벡터로 바꾸기**를 클릭하여 벡터 이미지로 바꿉니다.

03 아이콘을 선택하고, 스프라이트의 크기를 줄입니다.

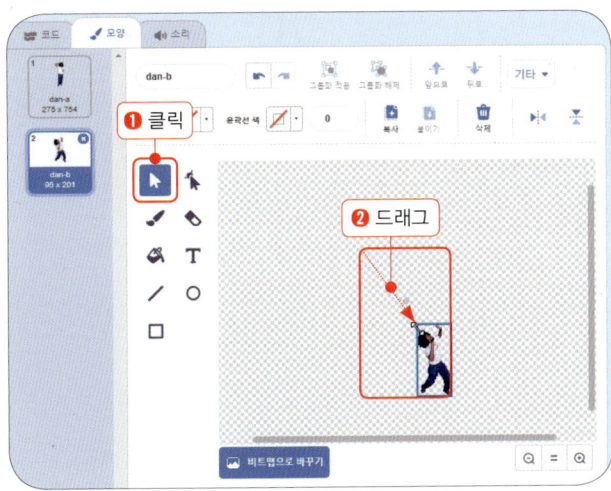

04 무대 화면으로 가서 크기를 줄인 스프라이트를 드래그하여 골대 앞으로 이동시킵니다.

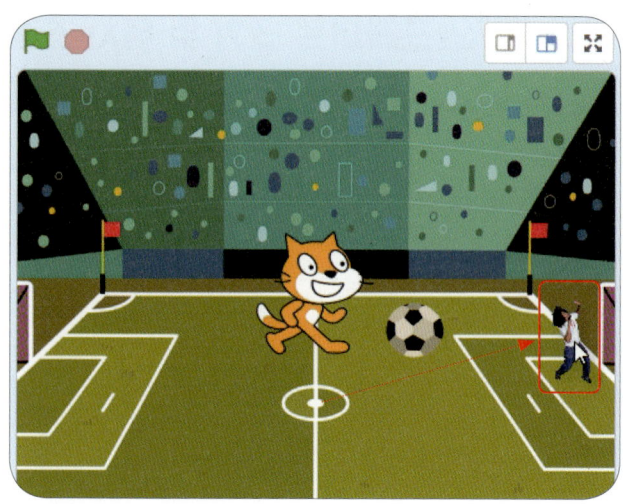

05 이번에는 고양이 스프라이트를 불러와서, 고양이 전체를 마우스로 드래그하여 선택합니다.

> **잠깐!** 고양이는 이미 벡터 이미지이기 때문에 벡터로 바꿀 필요가 없습니다. 그런데, 고양이는 Dan과 달리 클릭하면 여러 부분으로 나누어져 나타나는 것을 볼 수 있습니다. 이런 경우는 마우스로 고양이 전체를 둘러싸서 선택하도록 합니다.

06 고양이 스프라이트의 크기를 적당히 줄입니다.

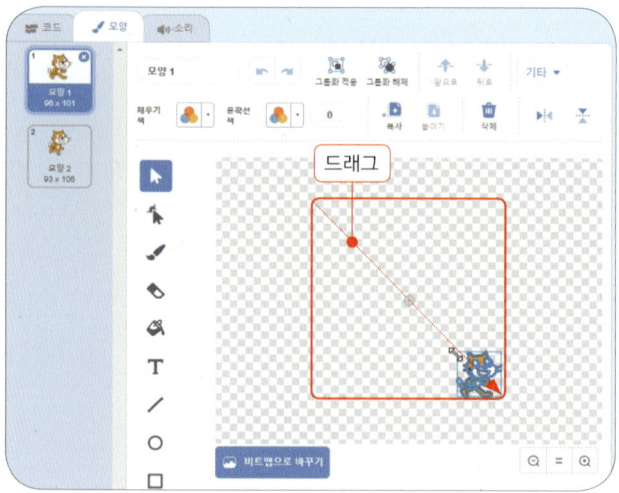

07 같은 방법으로 고양이 **모양2**도 적당히 크기를 줄입니다.

> **잠깐!** 모양 화면 왼쪽을 보면 고양이 모양이 1과 2가 있습니다. 스프라이트에 따라 모양이 하나뿐인 스프라이트도 있고 여러 개인 스프라이트도 있습니다.

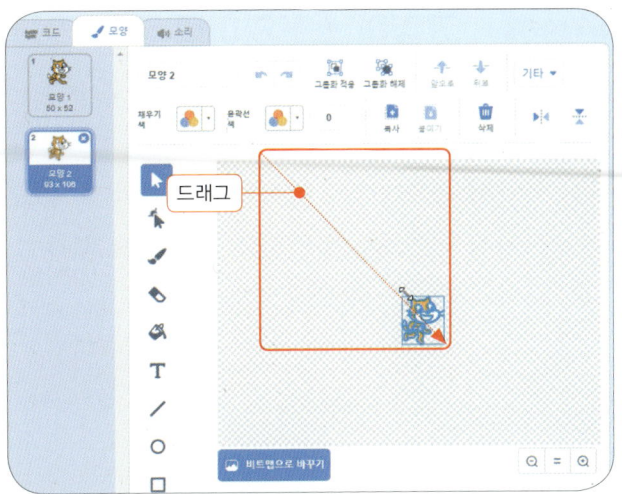

08 고양이 스프라이트를 반대편 골대의 적당한 곳으로 이동시킵니다.

09 축구공 역시 같은 방법으로 적당한 크기로 줄인 다음, 운동장 가운데 놓습니다.

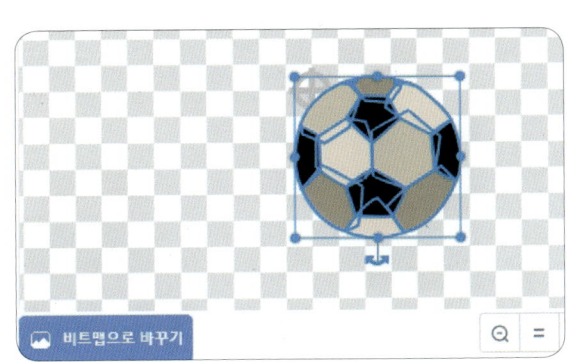

Step 4 고양이 스프라이트 코드 만들기

Space Bar 키를 눌렀을 때 고양이가 공을 차도록 코드를 만들어봅니다.

01 고양이 스프라이트 아이콘을 클릭한 후, **코드** 탭에서 **이벤트**를 선택하고, **클릭했을 때**를 스크립트 화면으로 드래그합니다.

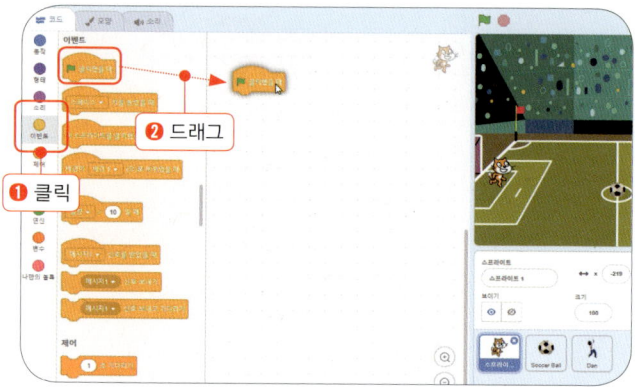

02 **확장 기능 추가하기**를 클릭하여 **펜** 기능을 추가합니다.

> **잠깐!** 고양이 스프라이트가 여러 가지 색깔로 변하면서 그 흔적을 남기는 효과를 나타내려고 하는데 이때 사용되는 기능들이 **펜**에 있습니다.

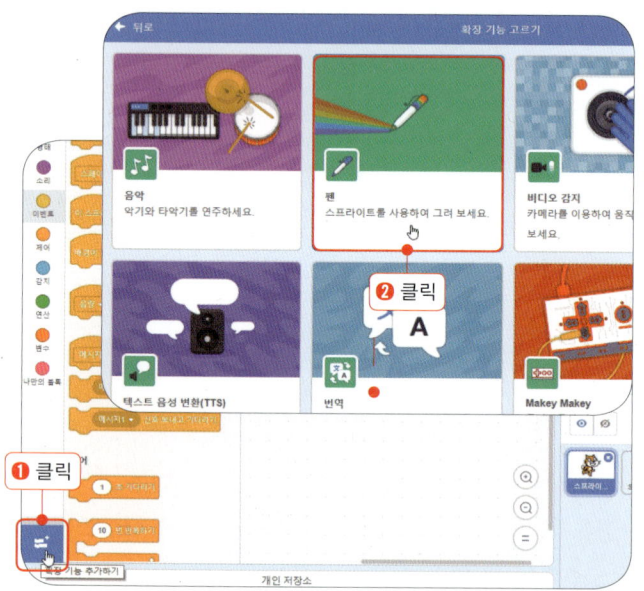

03 펜 블록 모음에서 **모두 지우기**를 드래그하여 클릭했을 때 아래에 붙입니다.

> **잠깐!** 고양이 스프라이트가 움직이면서 남긴 흔적이 다시 시작할 때도 남아 있으면 보기 좋지 않겠죠. 이때 **펜**에 있는 **모두 지우기** 블록을 사용하면 새로 시작할 때 흔적을 지우고 시작하게 해줍니다.

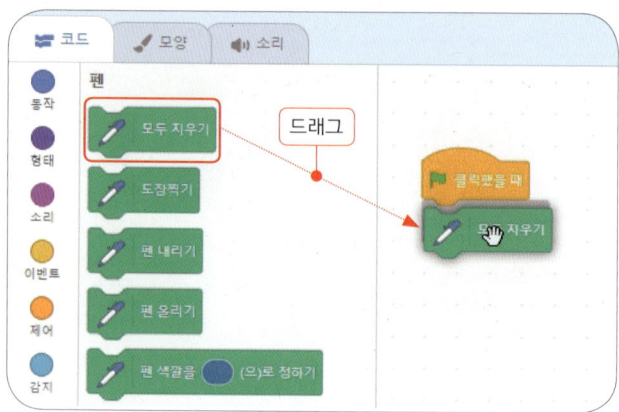

04 **동작**을 선택한 후, x, y(으)로 이동하기와 **90도 방향 보기**를 차례로 드래그하여 붙입니다.

> 잠깐! 고양이 스프라이트가 처음 나타나는 위치와 바라보는 방향을 정하는 것입니다.

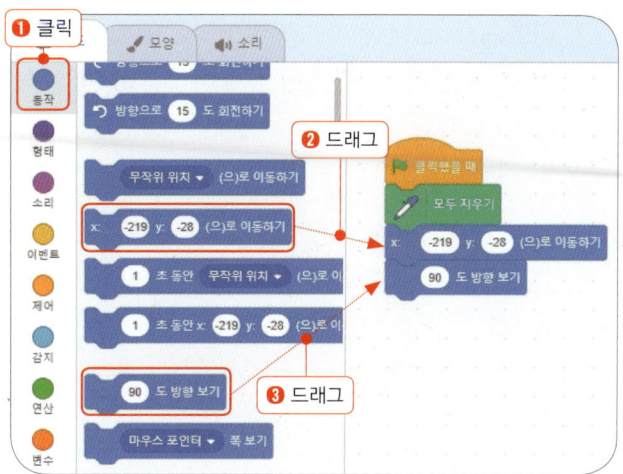

05 고양이 스프라이트가 골문 앞의 정확한 위치로 오도록 마우스로 끌어 옮긴 후, 무대 아래 있는 x와 y의 숫자를 보고 **x, y (으)로 이동하기**에서 x와 y의 숫자를 고칩니다. 여기서는 x 숫자는 **-190**으로, y의 숫자는 **-40**으로 고쳐졌습니다.

> 잠깐! 이 숫자들은 나중에 각자 만든 스프라이트 크기와 공의 위치에 맞게 바꿀 수 있습니다.

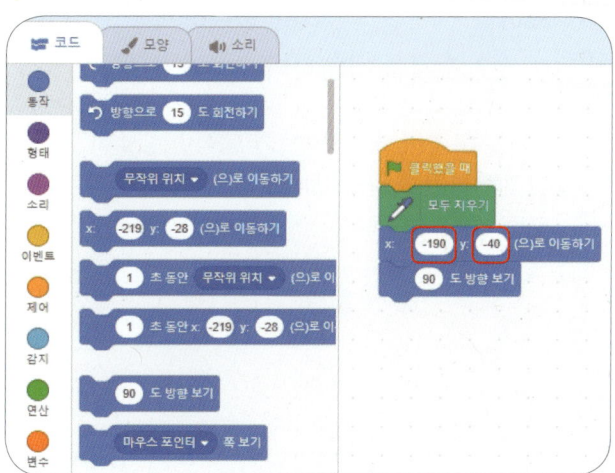

06 **형태**를 선택한 후, **모양1로 바꾸기**를 드래그하여 맨 아래 블록에 붙입니다. 그런 다음 **모양1** 글자를 클릭한 후 나오는 메뉴에서 **모양2**를 선택합니다

> 잠깐! 모양1과 모양2를 번갈아 나타나게 하면 마치 고양이가 움직이는 것과 같은 효과를 볼 수 있습니다.

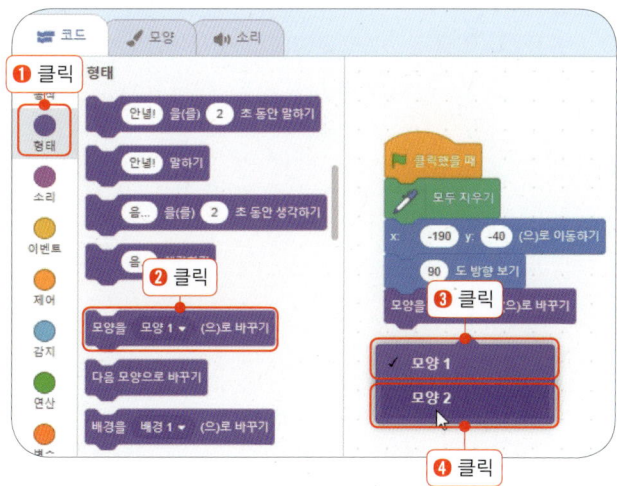

07 이벤트를 선택한 후, **스페이스 키를 눌렀을 때**를 드래그하여 스크립트 화면의 빈 공간에 놓습니다.

> 잠깐! **스페이스 키를 눌렀을 때** 블록을 사용하면 시작하기를 클릭해도 스프라이트가 움직이지 않고, Space Bar 키를 눌렀을 때만 스프라이트가 움직이게 됩니다. 그리고 이벤트에 있는 블록들은 각 명령의 시작이기 때문에 우리가 처음에 가져온 **클릭했을 때** 블록에 붙이지 않고 다른 곳에 둡니다.

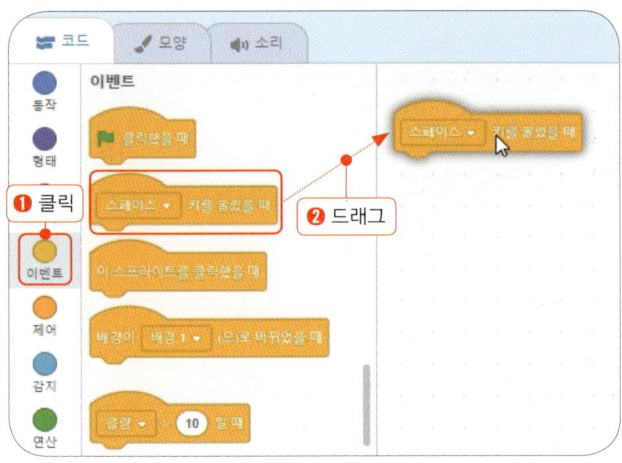

08 제어를 선택한 후, **10번 반복하기**를 드래그하여 **5**로 숫자를 바꿉니다.

> 잠깐! 고양이 스프라이트가 움직이는 효과를 내려면 **반복하기**가 필요한데 우리가 필요한 반복 횟수는 5번입니다.

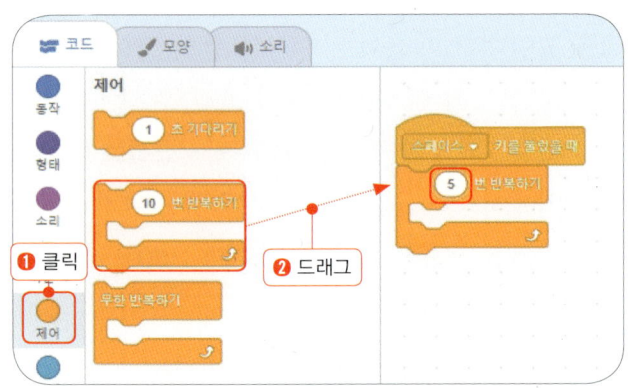

09 펜을 선택한 후, **도장찍기**를 드래그하여 **5번 반복하기** 안에 넣습니다.

> 잠깐! 이렇게 하면 고양이의 숏 동작을 슬로우 모션처럼 볼 수 있습니다.

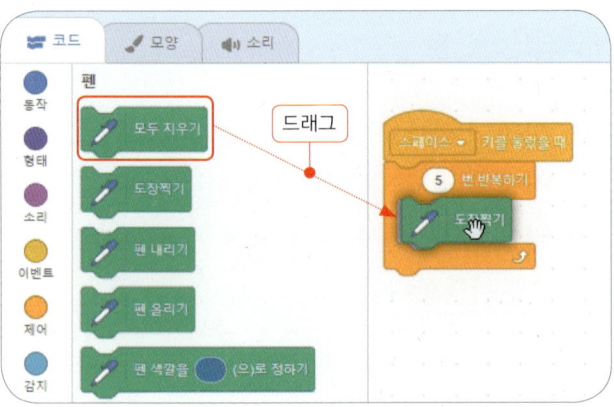

10 제어를 선택한 후, **1초 기다리기**를 드래그하여 붙이고 **0.2**로 고칩니다.

> **잠깐!** 기다리기 기능을 사용하지 않으면 고양이 스프라이트가 너무 빨리 움직여서 움직이는 효과나 흔적 효과를 볼 수 없습니다. 그런데, 1초는 너무 길기 때문에 0.2초로 바꿉니다.

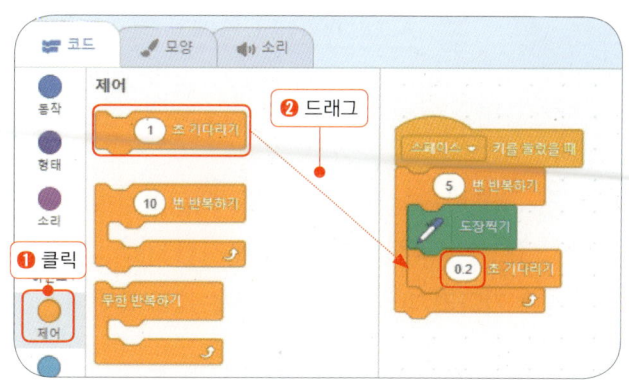

11 동작을 선택한 후, **10 만큼 움직이기**를 드래그하여 붙인 다음 숫자를 **30**으로 바꿉니다.

> **잠깐!** 움직이기는 고양이 스프라이트가 공을 향해 앞으로 달려 나가는 모습을 나타냅니다. 10은 움직임이 작아서 30으로 고칩니다.

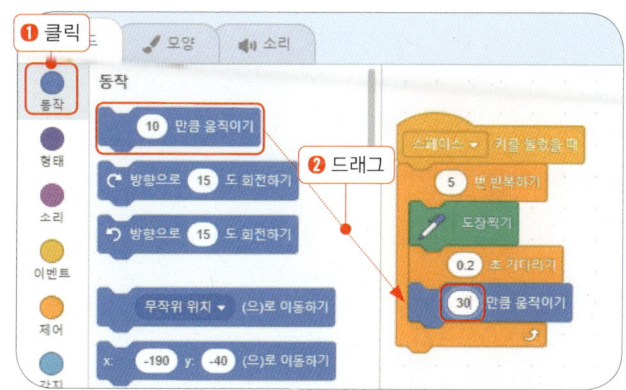

12 형태를 선택한 후, **다음 모양으로 바꾸기**와 **색깔 효과를 25만큼 바꾸기**를 드래그하여 차례대로 아래에 붙입니다. 고양이 스프라이트 코드가 완성되었습니다. 시작하기를 클릭한 다음 Space Bar 키를 누르면 고양이가 색이 변하면서 슛 동작을 하는 것을 볼 수 있습니다.

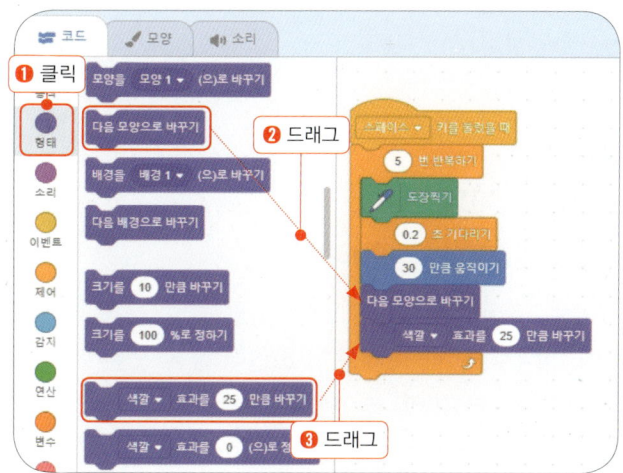

Step 5 공 스프라이트 코드 만들기 - 조건 사용하기

고양이가 공을 찼을 때 공이 골대에 들어가도록 만들어봅니다.

01 공 스프라이트를 선택한 후, 오른쪽과 같이 코드를 가져와서 차례대로 배치합니다. 그리고 **1초 기다리기**에서 **1초**를 **0.5초**로 고칩니다.

잠깐! 0.5초로 수정해주어야 공이 혼자 날아가지 않고, 고양이가 공을 찼을 때 날아갑니다.

02 **제어**를 선택한 후, **만약 ~(이)라면**을 드래그하여 **무한 반복하기** 안에 넣습니다.

잠깐! 만약 ~(이)라면 블록은 만약 글자 다음에 있는 6각형 모양에 어떤 물음이 들어가면 그에 관련된 명령을 따르게 됩니다. **만약 ~(이)라면**을 **조건**이라고 하며 코딩에서 중요한 요소 중의 하나입니다.

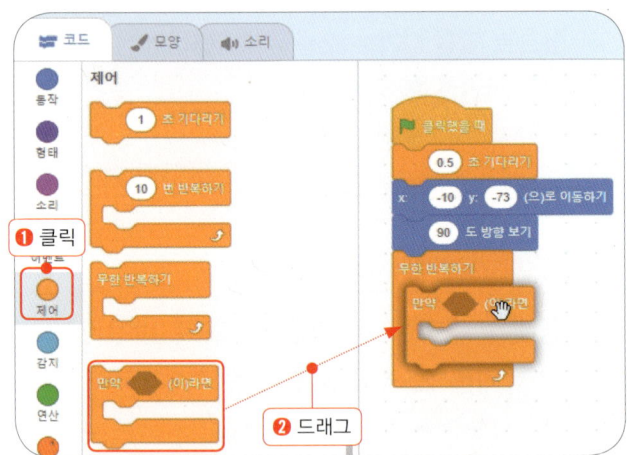

조건이란? '만약 ~(이)라면'

우리는 일상에서 조건이 붙는 말을 종종 듣곤 하는데. 예를 들어 부모님이 우리에게 **숙제를 다 하면 놀 수 있**다고 말씀하실 때 **숙제를 다 하면**이 **놀 수 있는** 조건에 해당합니다.

이렇게 조건은 **만일 무엇을 하면 무엇을 할 수 있다 / 무엇이 된다**와 같이 사용됩니다. 반대로 **만일 무엇을 하지 않으면 무엇을 할 수 없다 / 무엇이 안 된다** 처럼 쓰이기도 합니다. 그럼 다음 예문에서 조건에 해당하는 부분을 찾아 표시해보세요.

❶ 동생과 싸우지 않으면 상을 주겠다.
❷ 이번 주말에 비가 오지 않으면 놀이동산에 가겠다.
❸ 게임을 하려면 로그인부터 해야 한다.

❶은 **싸우지 않으면**, ❷는 **비가 오지 않으면**, ❸은 **게임을 하려면**이 각각의 조건에 해당한다고 볼 수 있습니다.

프로그램 코딩에서도 어떤 특정한 조건을 만족시켜야만 어떤 행동이나 상황이 발생하도록 만들어야 할 때가 자주 있습니다. 이런 경우 **제어**의 **만약 ~(이)라면**이나 **만약 ~(이)라면 / 아니면** 이라는 코드를 이용하여 조건을 지정해 줄 수 있습니다.

03 **감지**를 선택한 후, 맨 처음에 있는 **마우스 포인터에 닿았는가?**를 드래그하여 **만약 ~(이)라면**의 육각형 틀 안에 넣습니다.

> **잠깐!** 육각형 틀에 넣을 때 넣을 블록을 틀에 가까이 가져가면 틀의 테두리가 하얀색으로 변합니다. 이때 마우스 클릭 버튼을 놓으면 자석이 붙듯이 블록이 틀 안으로 들어가서 결합됩니다.

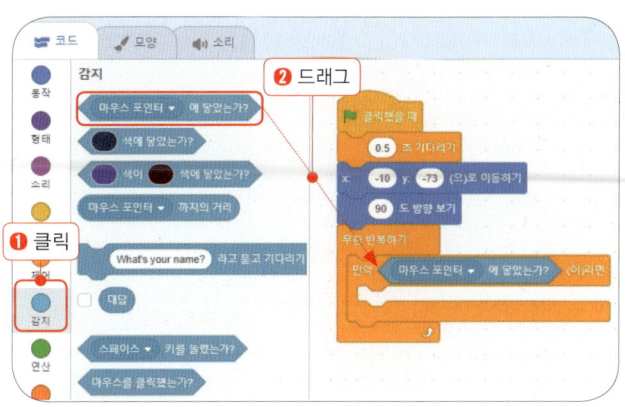

04 **마우스 포인터**라는 글자를 마우스로 클릭하면 메뉴가 나타납니다. 고양이를 가리키는 **스프라이트1**을 클릭해서 바꿉니다.

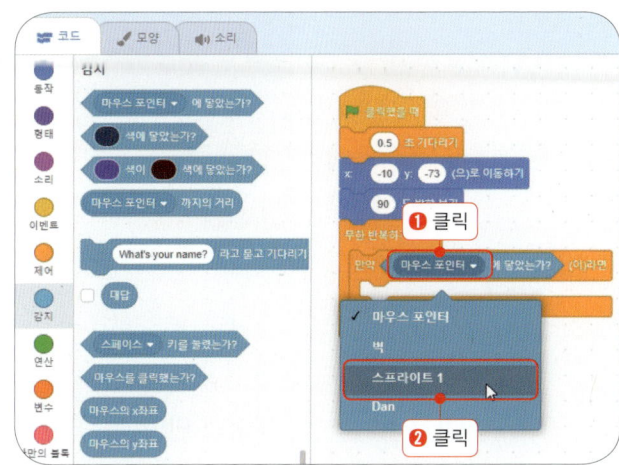

05 공을 마우스로 드래그하여 그림과 같이 골대 적당한 곳에 둡니다. **동작**을 선택한 후, **1초 동안 x, y (으)로 이동하기**를 드래그하여 '만약 ~(이)라면' 안에 넣습니다. 공 스프라이트 코드가 완성되었습니다.

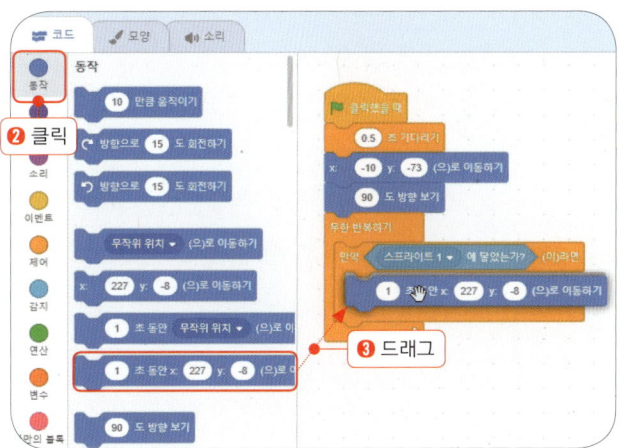

Step 6 골키퍼 스프라이트 코드 만들기

날아오는 공을 막기 위해 골기퍼가 움직이는 모습을 만들어봅니다.

01 먼저 골키퍼 스프라이트를 마우스로 끌어서 골대 앞의 적당한 곳에 놓습니다. 그런 다음 아래와 같이 코드를 순서대로 드래그하여 배치합니다.

02 공이 골키퍼에 닿으면 골키퍼 모양이 바뀌도록 다음과 같이 코드를 실행합니다.
- ❶ 무한 반복하기 안에 **제어**의 **만약 ~(이)라면**을 드래그하여 넣습니다.
- ❷ **감지**의 **마우스 포인터에 닿았는가?**를 육각형 틀 안에 넣습니다.

03 **마우스 포인터** 글자를 클릭해서 메뉴가 나타나면 Soccer Ball로 바꿉니다.

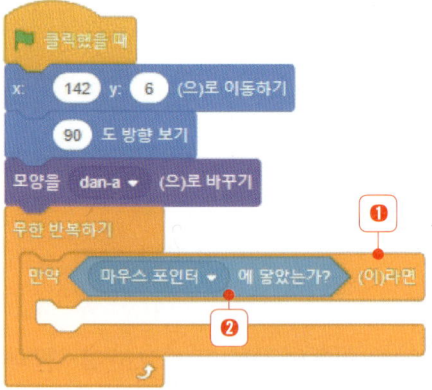

04 형태에서 **모양을 dan-a로 바꾸기**를 드래그하여 **만약 ~(이)라면** 안에 넣습니다. 그런 다음 **dan-a**라는 글자를 마우스로 클릭해서 메뉴가 나타나면 **dan-b**로 바꿉니다.

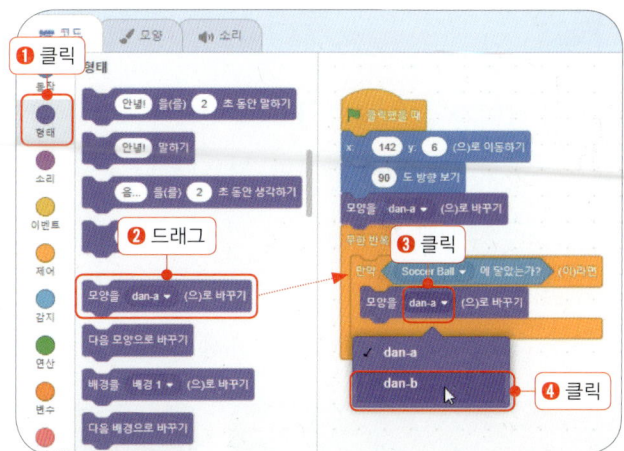

05 숫돌이 냥이 프로젝트가 완성되었습니다. **시작하기**를 클릭하고 컴퓨터의 Space Bar 키를 눌러서 고양이가 어떻게 공을 차고, 공과 골키퍼가 어떻게 움직이는지 봅니다.

모양 바꾸기와 애니메이션

애니메이션의 기본 원리는 정지된 여러 이미지를 연속해서 보여주면 마치 움직이는 것처럼 보이는데서 출발합니다. **형태**에 있는 모양 바꾸기 블록들을 이용하면 이런 애니메이션 효과를 쉽게 연출할 수 있습니다. 스프라이트에서 Batter 스프라이트를 불러온 후 그림과 같이 블록들을 결합합니다. Batter 스프라이트는 4개의 모양으로 구성되어 있는데 **시작하기**를 클릭하면 0.1초 간격으로 스프라이트 모양이 반복해서 바뀌면서 마치 배트를 휘두르는 것처럼 보입니다.

배운 내용 활용하기 — 슛돌이 냥이 골 세레모니 만들기

슛돌이 냥이가 골을 넣고 좋아하며 세레모니를 하는 모습을 만들어 보겠습니다. 여기에서는 도장찍기와 회전 각도를 활용해야 합니다. 냥이가 축구 경기장 곳곳에 자신의 흔적을 남기며 축하 세레모니를 하게 하려면 어떻게 해야 할까요?

미리보기

고양이 스프라이트가 골을 넣고 나서 **야호!**를 말하면서 색이 변하는 흔적을 남기며 축구장을 돌아다닙니다.

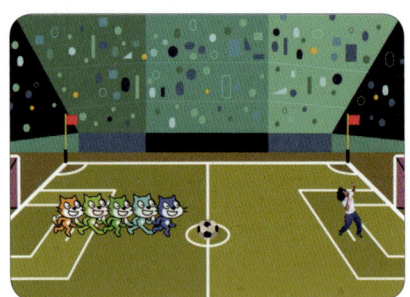 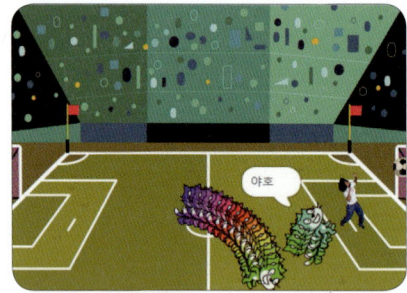 

∴ 완성된 파일은 바다공부방 카페(cafe.naver.com/eduinshight)에서 다운로드할 수 있습니다.

완성된 코드

앞에서 만든 고양이 스프라이트 코드를 불러와서 아래와 같이 코드를 완성합니다.

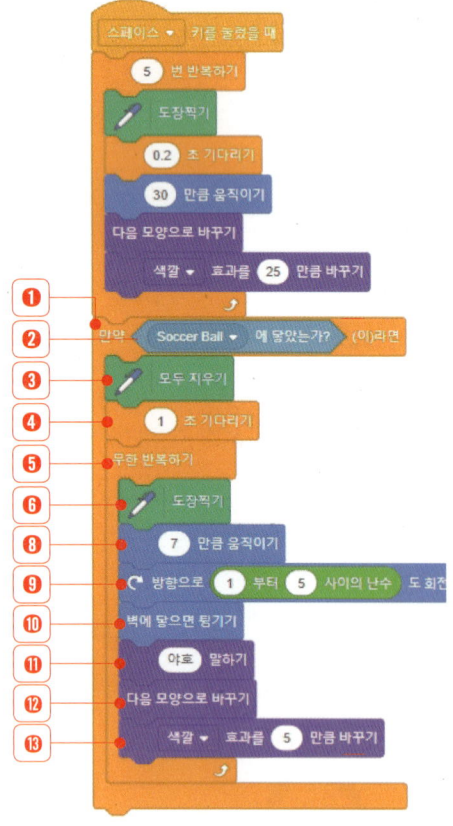

① 제어의 만약 ~(이)라면 드래그
② 육각형 틀 안에 감지의 마우스 포인터에 닿았는가?를 넣고, Soccer Ball로 바꿈
③ 펜의 모두 지우기 드래그
④ 제어의 1초 기다리기 드래그
⑤ 제어의 무한 반복하기 드래그
⑥ 펜의 도장 찍기 드래그
⑦ 동작의 10만큼 움직이기 드래그 숫자는 7로
⑧ 동작의 오른쪽 방향으로 15도 회전하기 드래그
⑨ 연산의 1부터 10사이의 난수 드래그하여 ↻ 방향으로 15도 회전하기 원 안에 넣기, 숫자는 5로
⑩ 동작의 벽에 닿으면 튕기기 드래그
⑪ 형태의 안녕! 말하기 드래그, 안녕은 야호로
⑫ 형태의 다음 모양 바꾸기를 드래그합니다.
⑬ 형태의 색깔 효과를 25만큼 바꾸기 드래그, 25는 5로

더 알아보기 — 스크래치와 조건

앞에서 살펴본 것처럼 스크래치에서 조건을 나타내는 블록은 다음과 같이 두 가지가 있습니다.

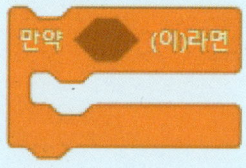

여러분이 나중에 블록 코딩을 모두 익히고 글자로 입력하는 텍스트 코딩을 하게 된다면 이 두개의 조건 블록은 다음과 같은 방법으로 나타낼 수 있습니다.

만약 ~ (이)라면	만약 ~ (이)라면/아니면

if 조건 then
결과
	if 조건 then
	결과1
	else
	결과2

아래와 같이 **만약 ~(이)라면** 블록을 사용하여 코드 블록을 만들어봅니다. 코드 블록을 만든 후 고양이 스프라이트를 클릭하면 클릭할 때마다 고양이 색깔이 바뀌는 걸 볼 수 있습니다.

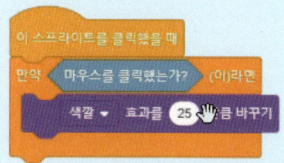

만약 ~(이)라면/아니면 블록도 만들어봅니다. 2+3=5인 경우에는 결과가 참이므로 **맞았어!**라는 말풍선이 나옵니다. 반대로 2+3=6인 경우에는 결과가 거짓이므로 **틀렸어!** 라는 말풍선이 나옵니다.

07 나만의 그림판 1

컴퓨터나 스마트폰 앱에 있는 그림판을 직접 만들어 봅니다.

학습목표

① 스프라이트의 색깔을 바꿀 수 있습니다.

② 선의 굵기와 색을 지정해 그림을 그릴 수 있습니다.

완성된 모습

시작하기를 클릭한 다음, 연필을 드래그하여 왼쪽의 과일을 클릭하면 과일의 색과 같은 색으로 선을 그릴 수 있습니다.

완성된 파일은 **바다공부방 카페**(cafe.naver.com/eduinshight)에서 다운로드할 수 있습니다.

프로젝트 맵

74 I'm 스크래치 3.0

Step1 스프라이트 불러오기

이번 프로젝트는 하얀 도화지 같은 그림판을 만드는 것으로 배경을 사용하지 않습니다. 그러나, 배경을 사용하고 싶을 경우 배경 고르기에서 원하는 배경을 선택하여 사용해도 됩니다.

01 고양이 스프라이트를 삭제하고, **스프라이트 고르기**를 클릭합니다.

02 Apple 스프라이트를 클릭합니다.

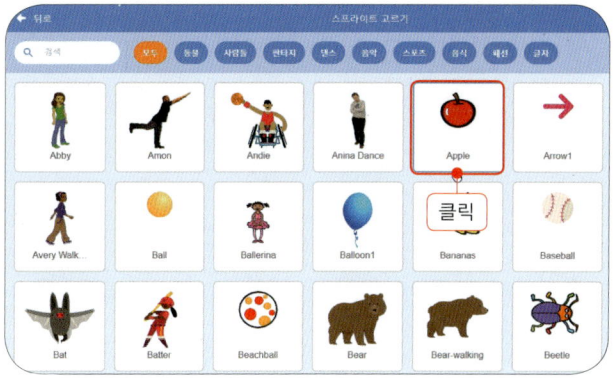

03 무대 아래 Apple 스프라이트를 마우스 오른쪽 클릭한 후, **복사**를 클릭해서 Apple 스프라이트를 복사합니다.

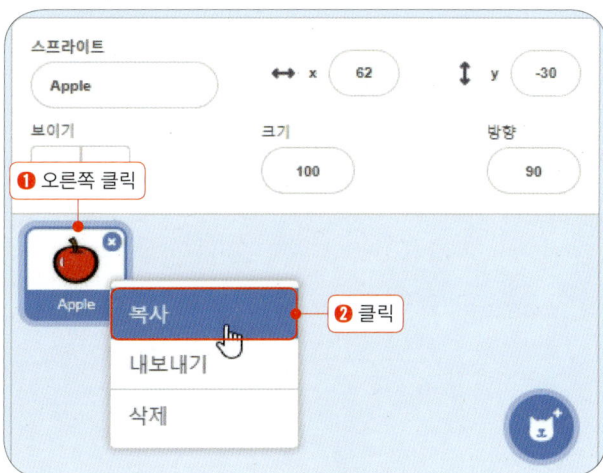

PART3 나만의 그림판 1   75

04 Apple2라는 이름으로 똑같은 스프라이트가 나타납니다. 같은 방법으로 Bananas 스프라이트를 불러와서 복사합니다.

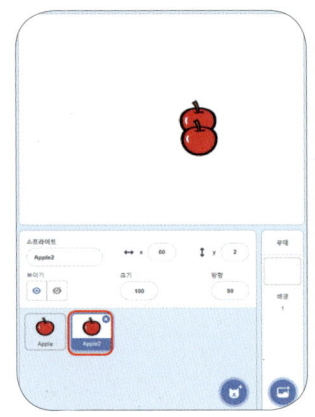

05 4개의 스프라이트를 만든 후, 그림과 같이 Apple, Apple2, Bananas, Bananas2의 순서대로 마우스로 드래그하여 무대 왼쪽에 차례로 놓습니다.

06 계속해서 Pencil 스프라이트를 선택하여 추가합니다.

Step2 스프라이트 크기 줄이기

스프라이트들의 크기를 적당한 크기로 줄여서 배치합니다.

01 Apple 스프라이트 아이콘을 클릭한 후, **모양** 탭과 아이콘을 차례로 클릭합니다.

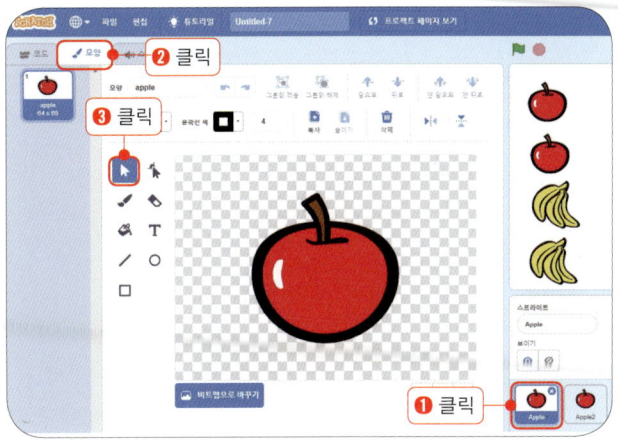

02 Apple 스프라이트 전체를 마우스로 감싸듯이 선택한 후, 대각선 방향으로 드래그하여 적당한 크기로 줄입니다.

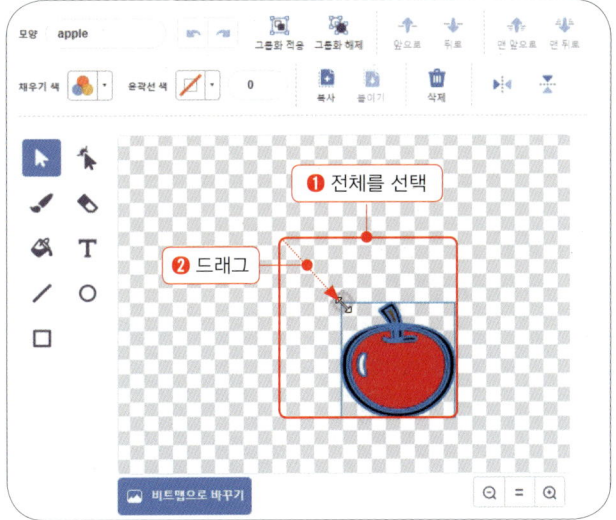

03 같은 방법으로 다른 스프라이트들의 크기도 줄입니다. 그리고 과일 스프라이트들은 화면과 같이 위치를 정리합니다.

Step3　스프라이트 색깔 바꾸기

색상, 채도, 명도를 조절하여 스프라이트들의 색깔을 바꿉니다.

01 Apple 스프라이트를 선택한 후, **채우기 색** 메뉴를 클릭하고, 색 메뉴 아래에 있는 스포이드 모양의 아이콘을 클릭합니다.

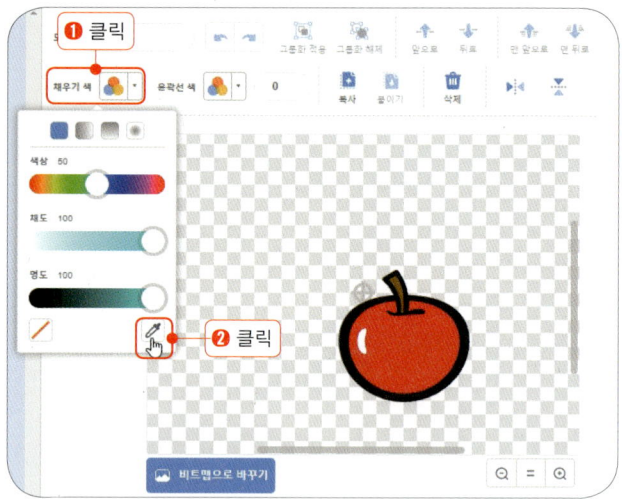

02 마우스가 돋보기 모양으로 바뀝니다. Apple 스프라이트의 빨간 부분에 갖다 대고 마우스를 클릭하면 색 메뉴의 숫자들이 Apple 스프라이트의 빨간색에 해당하는 숫자로 바뀝니다.

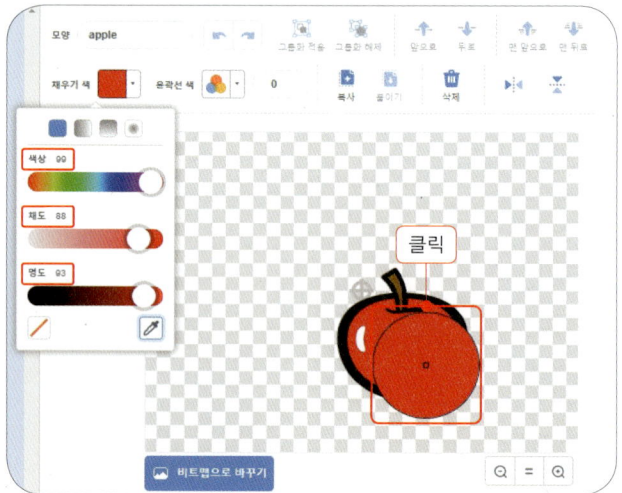

색상, 채도, 명도

색상, 채도, 명도라는 말을 들어 본 적이 있나요? 색을 표현할 때 쓰이는 이 세 가지 특성은 우리가 색을 좀 더 정확하게 말할 수 있게 해줍니다.

- 색상은 빨강, 노랑, 초록, 파랑 등 색의 이름으로서 하나의 색을 다른 색과 구별해 주는 역할을 합니다.
- 채도는 색이 선명하게 보이는 정도로 채도가 높을수록 선명하다고 하고, 낮으면 탁하다고 합니다.
- 명도는 색의 밝고 어두운 정도를 말하는 것으로 색이 **어둡다, 밝다**와 같이 나타냅니다. 명도가 높을수록 밝게 보입니다.

03 모양 왼쪽에 있는 모양 편집 아이콘들 중에서 (채우기 색)을 클릭합니다. 그런 다음 마우스를 Apple 스프라이트의 까만 테두리에 가져갑니다. 테두리의 검은색이 빨간색으로 변하는 것을 볼 수 있습니다. 마우스를 클릭하면 빨간색으로 변합니다.

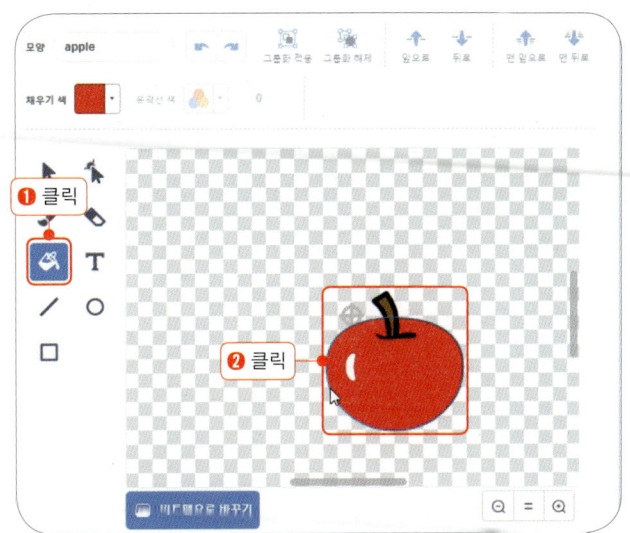

04 Apple2 스프라이트는 파란색으로 색을 바꿔 보겠습니다. Apple2 스프라이트를 선택하고, **채우기 색** 메뉴를 클릭합니다. 그런 다음 하얀색 원을 좌우로 드래그하여 색상은 **70**, 채도와 명도는 **100**으로 설정합니다.

잠깐! 하얀 색 원을 마우스로 클릭해서 좌우로 움직이면 색상과, 채도, 명도가 1씩 변합니다.

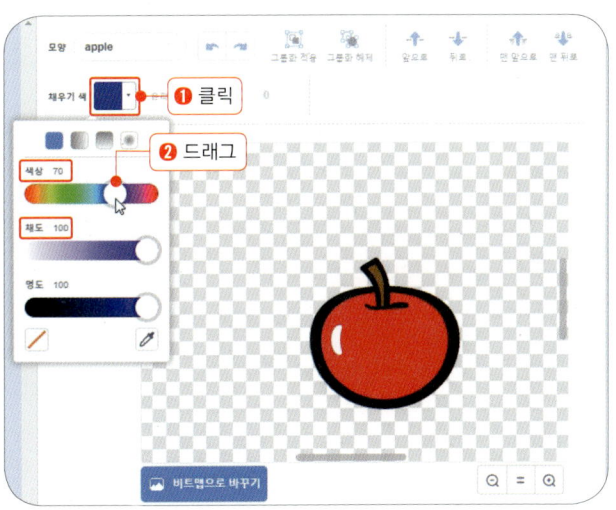

05 마우스를 Apple2 스프라이트에 가져가서 클릭하면 파란색으로 변하는 모습을 볼 수 있습니다. 테두리도 클릭하여 같은 파란색으로 바꿉니다.

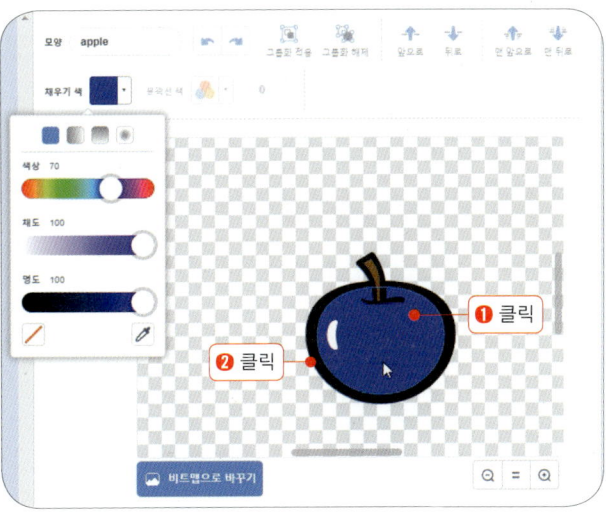

PART3 나만의 그림판 1

06 Bananas 스프라이트는 초록색으로 바꿉니다. Bananas 스프라이트를 선택하고, **채우기 색** 메뉴를 클릭합니다. 그런 다음 하얀색 원을 좌우로 드래그하여 색상은 **35**, 채도와 명도는 **100**으로 설정합니다.

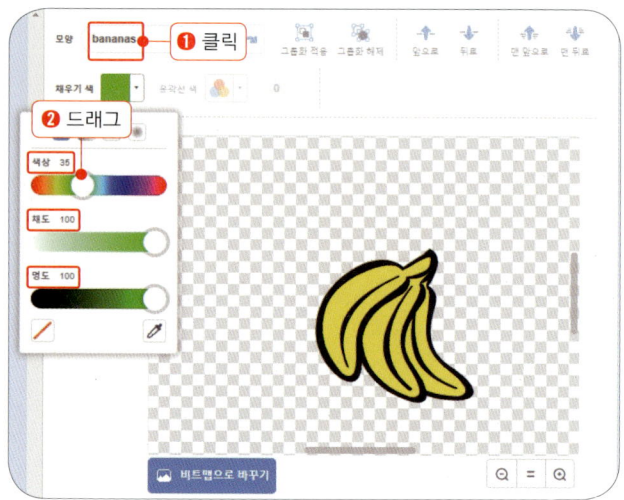

07 앞에서 Apple2 스프라이트처럼 마우스를 Bananas 스프라이트에 가져가 클릭해서 초록색 바나나로 만듭니다.

> **잠깐!** 마우스를 클릭해도 전체가 초록색으로 바뀌지 않습니다. 바뀌지 않은 부분은 따로 클릭해주어야 합니다.

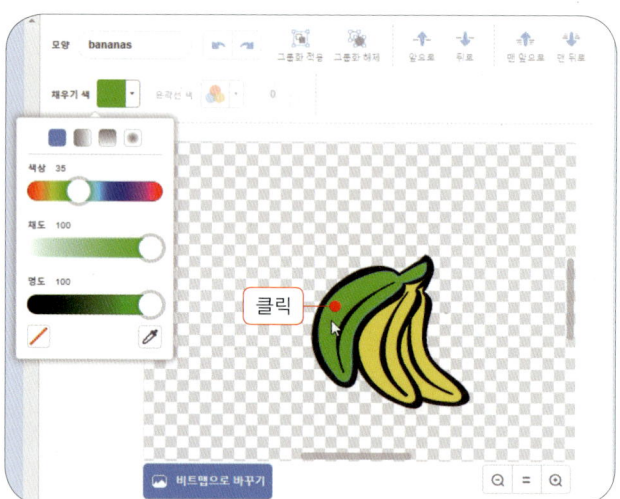

08 마지막 남은 Bananas2 스프라이트는 노란색으로 사용할 예정이어서 색을 바꾸지 않고 그대로 둡니다.

과일 스프라이트들의 크기와 색을 바꿔 주는 것이 모두 끝났습니다.

09 이제 Pencil 스프라이트의 연필심이 모양 화면의 중심점에 오도록 설정합니다. Pencil 스프라이트를 선택한 후, ▶을 클릭하고 Pencil 스프라이트 전체를 선택합니다.

잠깐! 스프라이트 끝을 중심점에 위치시키는 것은 이후 코딩 작업을 통해 스프라이트 끝에서 색이 나오도록 만들기 위해서입니다. 만약 이렇게 위치시키지 않으면 스프라이트 몸통에서 색이 나옵니다.

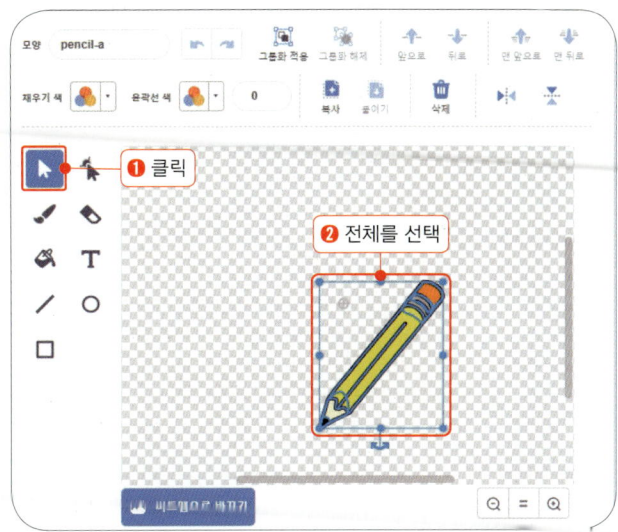

10 Pencil 스프라이트를 드래그하여 스프라이트 끝이 중심점에 오도록 합니다.

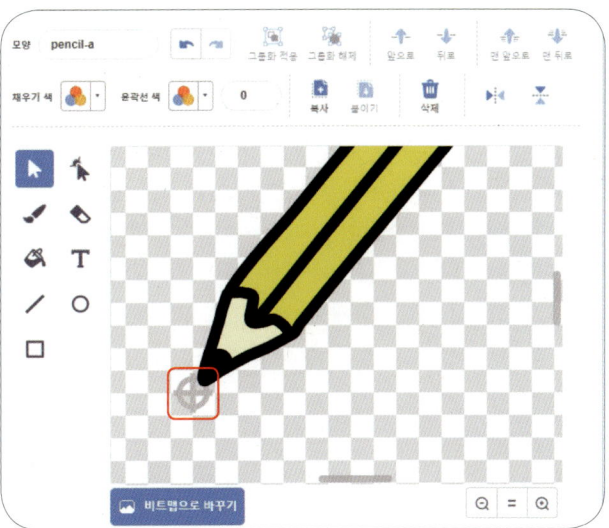

Step4 Pencil 스프라이트 코드 만들기

그림판 프로젝트에서는 펜 코드가 중요합니다. 이번에는 펜 코드를 이용하여 선을 그리기 위한 Pencil 스프라이트 동작과 선의 굵기를 코딩합니다.

01 먼저 **코드** 탭의 **확장 기능 추가하기**를 클릭해서 **펜** 기능을 불러옵니다.

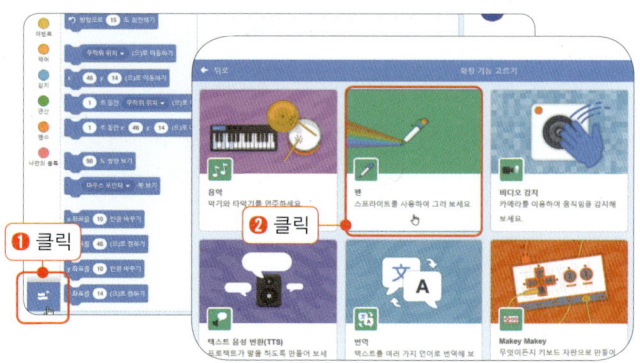

02 **이벤트**의 **클릭했을 때**와 **펜**의 **모두 지우기**, 그리고 **펜 올리기**를 드래그합니다.

> **잠깐!** **모두 지우기**를 해야 시작하기를 클릭했을 때 앞에서 그린 그림이 남아있지 않게 됩니다.
> **펜 올리기**를 사용하는 것은 우리가 그림 그리기를 시작하지 않았을 때 그림이 그려지지 않도록 하기 위한 것입니다.

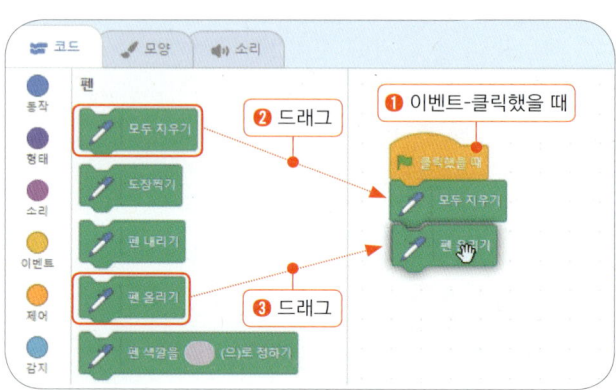

03 **펜 굵기를 1로 정하기**를 드래그하여 놓습니다.

> **잠깐!** **펜 굵기를 정하기**는 그려지는 선의 굵기를 일정한 굵기로 정하는 블록입니다. 위에 있는 **펜 굵기를 바꾸기**와 바뀌지 않도록 주의합니다.
> **펜 굵기를 정하기**를 사용해야 그림을 그릴 때 펜의 굵기가 일정하게 나옵니다.

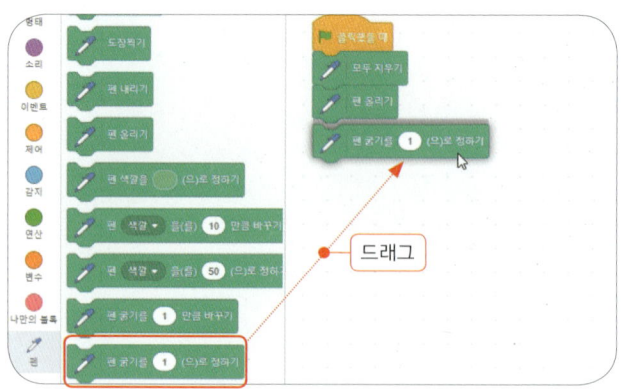

> **NOTE**
>
> **'펜 내리기'와 '펜 올리기'**
>
> 펜 내리기는 그리기를 시작한다는 뜻이고, 펜 올리기는 그리기를 멈춘다는 뜻입니다. 헷갈리지 않으려면 그림을 그리기 위해 종이 위에 **펜을 내리고**, 그림을 그린 후에는 종이 위에서 **펜을 올린다**라고 이해하면 됩니다.

04 **동작**의 **x, y (으)로 이동하기**를 드래그하여 아래에 붙여주고, x와 y의 숫자를 모두 **0**으로 고쳐 줍니다. 그런 다음 **90도 방향 보기**를 드래그하여 붙입니다.

> 잠깐! 숫자를 모두 0으로 고치면 프로젝트를 시작했을 때 무대의 정 가운데에 Pencil 스프라이트가 오게 됩니다.

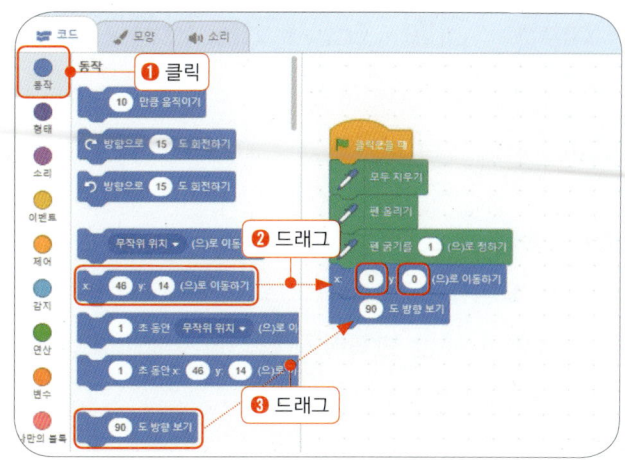

05 **형태**의 **모양을 pencil-a로 바꾸기**를 드래그하여 **pencil-a** 글자를 클릭한 후 나오는 메뉴에서 **pencil-b**를 클릭해서 선택합니다.

> 잠깐! 이것은 그림판을 시작할 때 pencil-b 모양에서 시작하라는 뜻입니다.

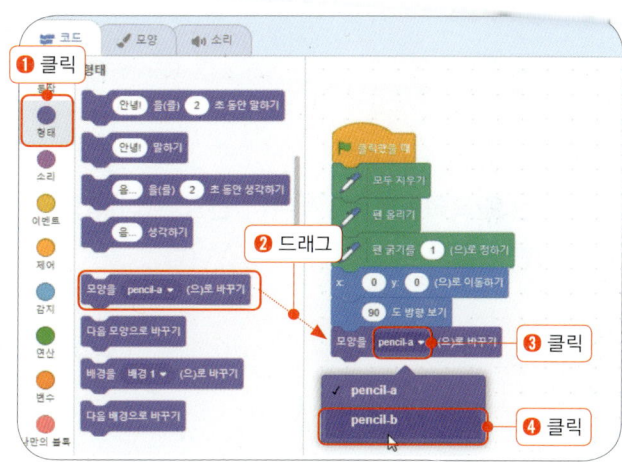

06 **형태**의 **맨 앞 쪽으로 순서 바꾸기**를 드래그하여 붙입니다.

> 잠깐! 다른 스프라이트나 그림 보다 Pencil 스프라이트가 앞으로 나오게 합니다.

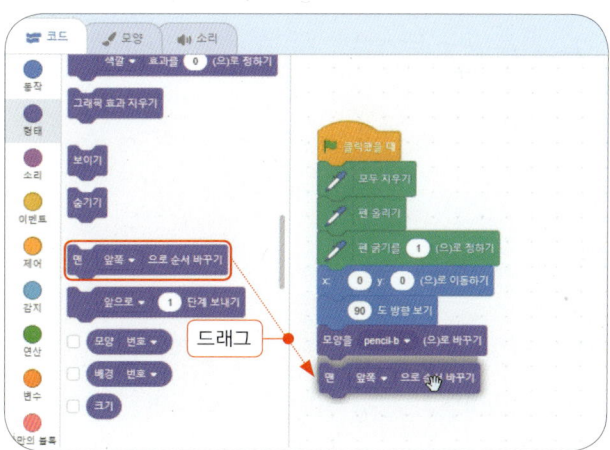

PART3 나만의 그림판 1

Step5 그림 그리기 코드 만들기

프로젝트를 시작하면 바로 그림이 그려지는 것이 아니라 컴퓨터의 스페이스 키를 눌렀을 때 연필의 모양이 바뀌면서 그림이 그려지도록 만듭니다.

01 이벤트의 **스페이스키를 눌렀을 때**(❶)와 형태의 **모양을 pencil-a (으)로 바꾸기**(❷), 그리고 제어의 **무한 반복하기**(❸)를 차례로 드래그하여 놓습니다.

> **잠깐!** Space Bar 키를 눌렀을 때 Pencil 스프라이트의 모양이 b에서 a로 바뀌면서 그림이 그려집니다.

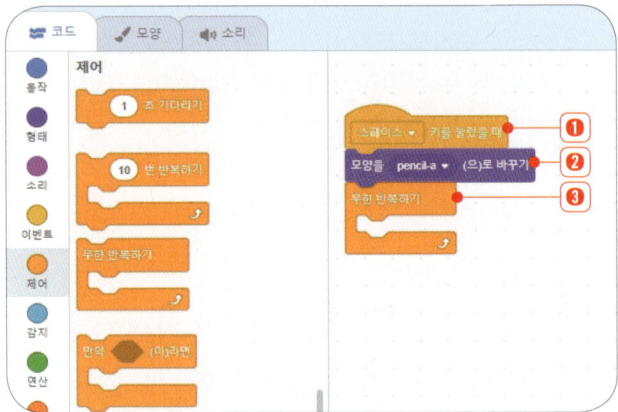

02 무한 반복하기 안에 제어의 **만약 ~(이)라면/아니면** 블록을 드래그하여 넣습니다.

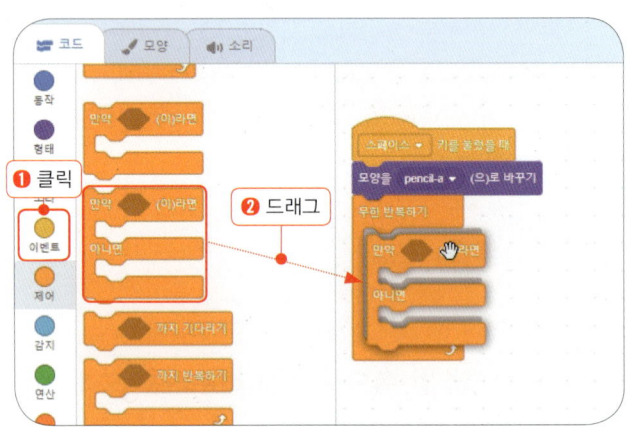

NOTE

'만약 ~(이)라면' 과 '만약 ~(이)라면/아니면'

만약 ~(이)라면과 만약 ~(이)라면/아니면은 어떤 차이가 있을까요? 스크래치 프로젝트를 만들다 보면 이것을 혼동하거나 바꿔 쓰는 경우도 있습니다.

- **만약 ~(이)라면** : 조건에 해당하는 내용이 맞으면 지시한 명령대로 실행합니다.
- **만약 ~(이)라면/아니면** : 만약 ~(이)라면에 해당하는 조건에 맞으면 바로 아래 있는 코드를 실행하고, 그렇지 않다면 **아니면**에 있는 코드를 실행합니다.

예를 들어 10점이 넘으면 다음 단계로 넘어가고, 그렇지 않으면 게임을 계속하라는 내용으로 코딩을 하고 싶다면, 오른쪽 블록과 같이 만들 수 있습니다.

03 **만약 ~(이)라면**의 육각형 안에 **감지**의 **마우스를 클릭했는가?**를 드래그하여 넣습니다.

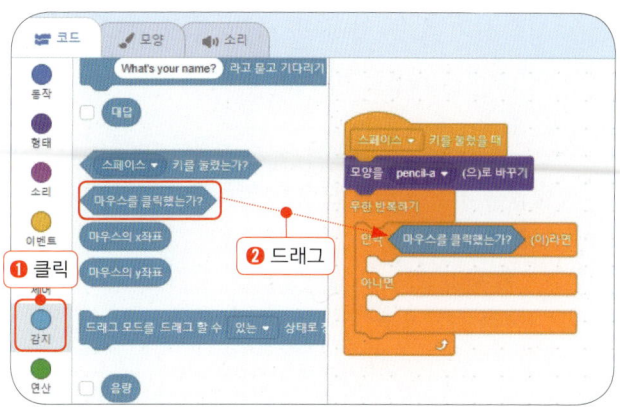

04 그 아래에 **동작**의 **무작위 위치로 이동하기**를 드래그한 다음 **무작위 위치** 글자를 클릭해서 그림과 같이 **마우스 포인터**를 선택합니다.

잠깐! 이렇게 하면 Space Bar 키를 누르고, 마우스를 클릭하면 Pencil 스프라이트가 마우스를 따라 다니게 됩니다.

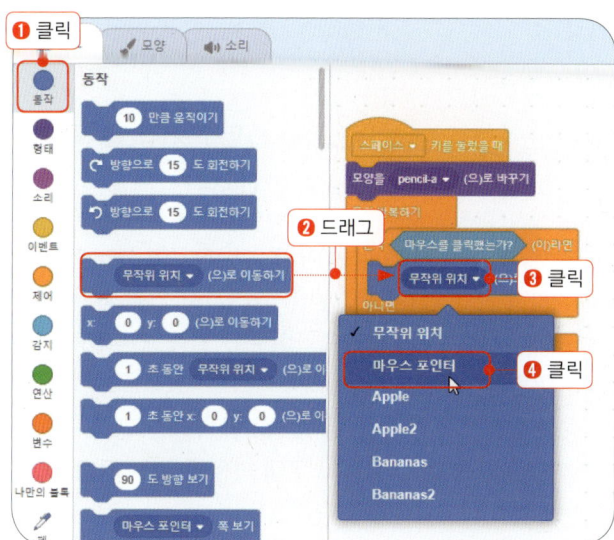

05 **펜**의 **펜 내리기**를 그 아래에 붙이고, **아니면** 안에는 **펜 올리기**를 넣습니다.

잠깐! 이렇게 하면 마우스를 클릭했을 때 펜이 마우스를 따라 다니면서 그림을 그리게 되고, 마우스를 클릭하지 않으면 그림이 그려지지 않게 됩니다.

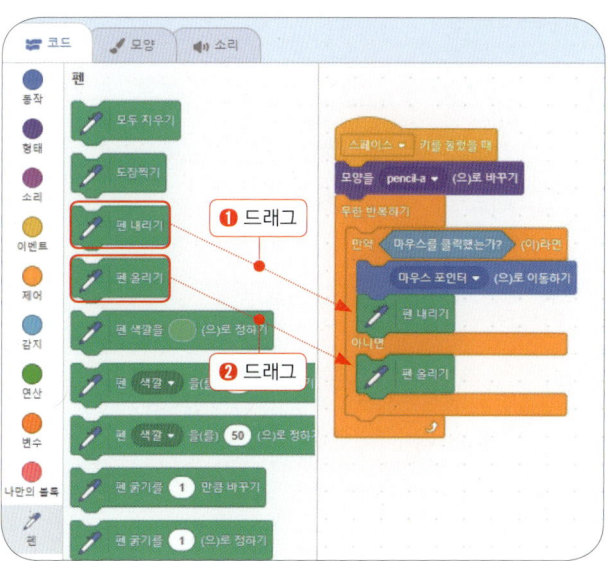

06 **시작하기**를 클릭하면 Pencil 스프라이트의 모양이 **pen-b**로 바뀌어 나타납니다.

> **잠깐!** pen-b의 모양에 대한 조정은 앞에서 다루지 않았습니다. 적당한 모양과 위치를 여러분이 지정해 보세요.

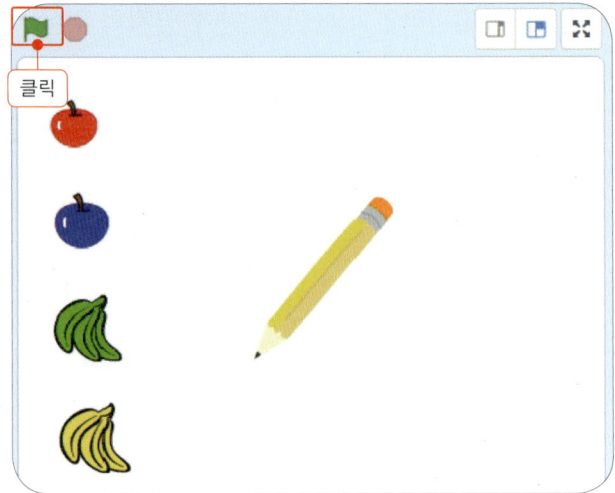

07 이어서 Space Bar 키를 누르면 Pencil 스프라이트의 모양이 **pen-a**로 변합니다.

> **잠깐!** 마우스와 펜의 거리가 떨어지면 그림이 그려지지 않게 됩니다. 그림이 그려지지 않을 때는 다시 마우스로 Pencil 스프라이트를 클릭해서 움직이면 그림이 그려집니다.
> 그림을 그리다가 시작하기를 클릭하면 그린 그림이 모두 지워지고, 연필이 무대 가운데 오는 것을 볼 수 있습니다.

08 마우스로 Pencil 스프라이트를 움직여서 Pencil 스프라이트가 마우스를 따라 그림을 그리는지 확인합니다.

 **더 알아보기**

스크래치의 순서, 차례

스크래치로 코드를 만들고 실행할 때 단순하지만 중요한 것 중의 하나가 순서와 차례 입니다. 프로젝트를 만들 때 어떤 학생들은 순서대로 하지 않고 뒤에 나올 블록을 미리 가져오기도 합니다. 또 순서대로 실행이 된다는 것을 잊고 프로젝트가 제대로 작동하지 않는다고 말하기도 합니다.
스크래치는 우리가 만든 코드와 블록의 순서대로 실행이 됩니다.

순서대로 실행

이처럼 먼저 만든 블록부터 실행되는 것을 코딩에서는 **큐**라는 용어를 사용합니다. 우리가 은행이나 놀이공원에서 먼저 온 사람이 먼저 들어가게 되는 줄서기와 비슷하지요.
먼저 만든 블록이 먼저 실행되는 것을 영어로 **FIFO**(First In First Out) 또는 **LILO**(Last In Last Out)라고 합니다. 이것은 **먼저 들어간 것이 먼저 나온다** 또는 **나중에 들어 간 것이 나중에 나온다**는 뜻입니다.

그렇다면 이와 반대로 코딩에서는 먼저 온 것이 나중에 나가게 되는 것도 있는데, 이것을 **스택**이라고 부릅니다. 우리 주변에서는 마트에 가면 볼 수 있는 카트들이 그 예입니다. 가장 나중에 들어온 카트가 가장 먼저 사용되지요.

08 나만의 그림판 2

소리와 신호 기능을 추가하여 그림판을 완성합니다.

학습목표

① 스프라이트를 클릭하면 소리가 재생되도록 할 수 있습니다.
② 신호 기능을 이용하여 여러 색깔의 선으로 그릴 수 있습니다.

완성된 모습

소리가 추가되어 과일을 클릭할 때마다 소리가 납니다. 그리고 신호 기능을 이용하여 색깔마다 다른 굵기로 선을 그릴 수 있습니다.

완성된 파일은 **바다공부방 카페(cafe.naver.com/eduinshight)** 에서 다운로드할 수 있습니다.

프로젝트 맵

Step1 소리 사용하기

이번에는 과일 스프라이트들을 클릭하면 소리가 나도록 만들어봅니다. 먼저 빨간색 Apple 스프라이트부터 시작합니다.

01 빨간색 Apple 스프라이트를 선택하고, 오른쪽 그림처럼 코드 블록들을 차례대로 드래그하여 결합합니다.

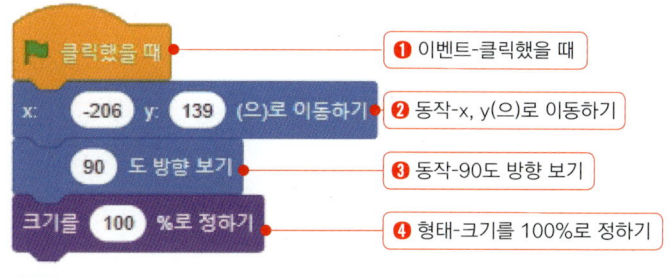

잠깐! **크기를 100%로 정하기**는 Apple 스프라이트의 크기가 프로젝트 실행 중에 변하더라도 시작할 때는 원래 크기로 시작하라는 뜻입니다.

02 과일 스프라이트를 클릭하면 소리가 나도록 하기 위해, **이벤트**의 **이 스프라이트를 클릭했을 때**를 빈 공간에 드래그하여 놓습니다.

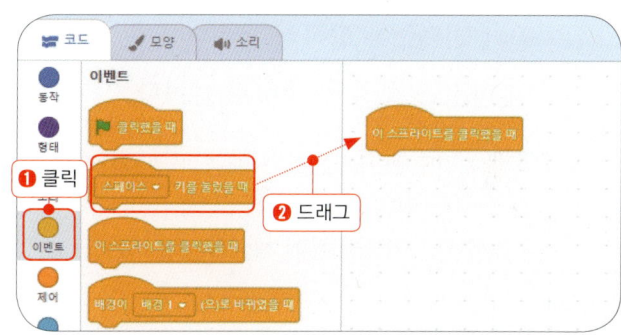

03 **소리**의 **Chomp 재생하기**를 드래그하여 **이 스프라이트를 클릭했을 때** 아래에 붙여 줍니다. 컴퓨터의 볼륨을 켠 상태에서 Apple 스프라이트를 마우스로 클릭해 봅니다. Chomp는 **쩝쩝 먹다**라는 뜻인데 이런 소리가 들리나요?

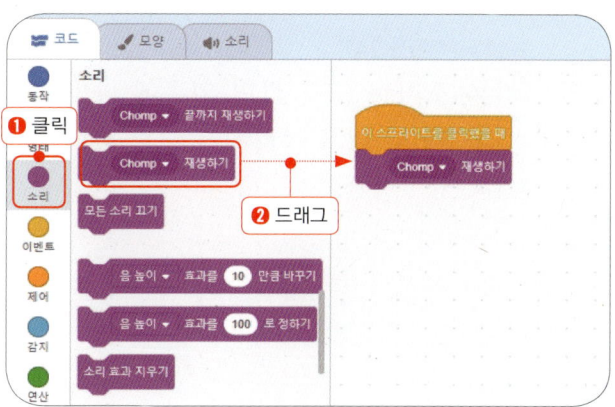

04 다른 소리로 고치려면 **소리** 탭을 클릭해서 소리 화면으로 갑니다.

화면 왼쪽 아래에 있는 스피커 모양 아이콘에 마우스를 가져가서 **소리 고르기**를 클릭합니다.

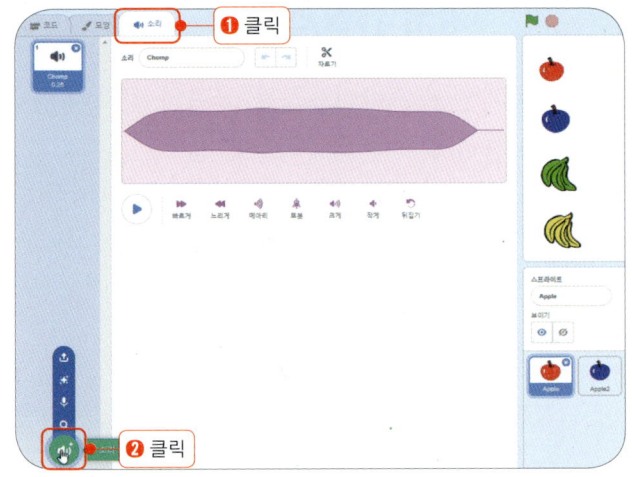

05 **소리 고르기** 화면이 나타납니다. 여러 소리 가운데서 Pop을 찾아서 불러옵니다. 작은 풍선이 터지는 것 같은 소리가 납니다.

> **잠깐!** 소리도 스프라이트나 배경과 마찬가지로 알파벳 순서로 되어 있습니다. 각각의 소리 아이콘에 마우스를 올리면 아이콘에 해당하는 소리가 납니다.

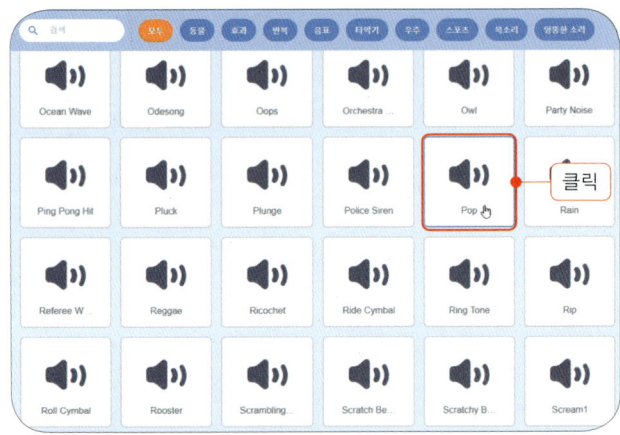

06 불러온 소리는 소리 화면 왼쪽에 나타납니다. 다시 **코드** 탭을 클릭해서 코드 화면으로 갑니다.

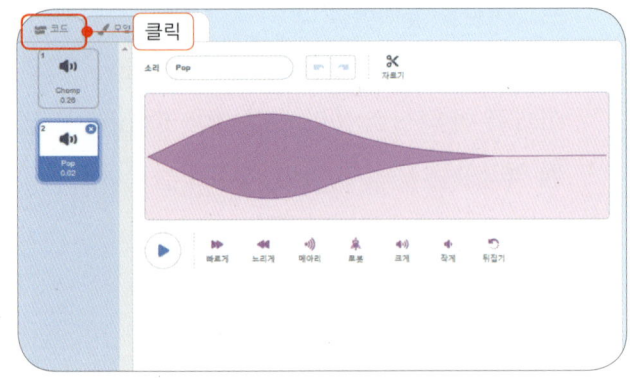

N O T E

소리를 불러오는 여러 가지 방법
❶ **소리 업로드하기**: 컴퓨터 안에 저장된 소리 파일을 불러오는 기능
❷ **서프라이즈**: 스크래치에 있는 소리 모음에서 무작위로 소리 불러오기
❸ **녹음하기**: 화면에서 마이크를 이용해 직접 소리 녹음하기
❹ **소리 고르기**: 스크래치 소리 모음에서 소리 선택하기

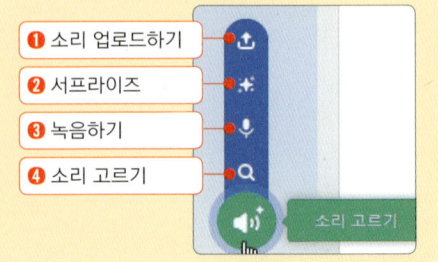

90 I'm 스크래치 3.0

07 Chomp 재생하기에서 Chomp을 클릭한 후 나오는 메뉴에서 Pop을 클릭해서 선택합니다. Apple 스프라이트를 클릭하면 작은 풍선이 터지는 것 같은 소리가 들릴 것입니다.

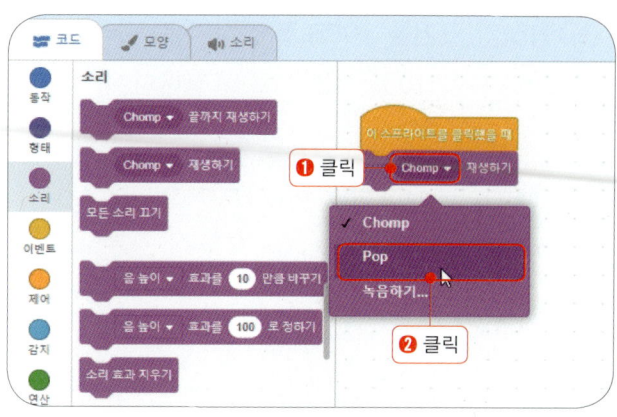

 NOTE

수업을 하다 보면 **재생하기**와 **끝까지 재생하기**의 차이에 대해 물어올 때가 많습니다. 쉽게 이야기하면 **재생하기**는 소리를 한번만 내고 끝낼 때 사용하고, **끝까지 재생하기**는 소리를 여러 번 반복할 때 사용하는 블록이라고 할 수 있습니다.

이 스프라이트를 클릭했을 때 아래에 **재생하기**와 **끝까지 재생하기** 어느 것을 붙여도 소리에는 차이가 없습니다. 그러나, **10번 반복하기**나 **무한 반복하기** 안에 이 블록들을 넣으면 차이가 나는 것을 볼 수 있습니다.

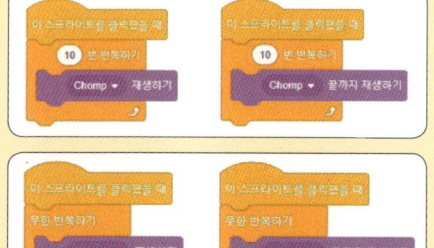

10번 반복하기 안에 **재생하기**를 넣고 실행하면 한 번 밖에 소리가 안납니다.
10번 반복하기 안에 **끝까지 재생하기**를 넣고 실행하면 10번 소리가 납니다.

10번 반복하기 안에 **재생하기**를 넣고 실행하면 소리가 깨져서 납니다.
10번 반복하기 안에 **끝까지 재생하기**를 넣고 실행하면 계속해서 소리가 납니다.

소리를 반복해서 사용해야 할 때는 **끝까지 재생하기** 블록을 사용해야 합니다.
여기서는 한 번 클릭할 때마다 한 번의 소리만 나게 하면 되기 때문에 **재생하기**를 사용했습니다.

08 **형태**의 **크기를 100%로 정하기**를 드래그하여 붙인 다음 100을 120으로 고칩니다.

> 잠깐! 이렇게 하면 클릭을 했을 때 스프라이트의 크기가 원래보다 20% 만큼 커지게 됩니다.

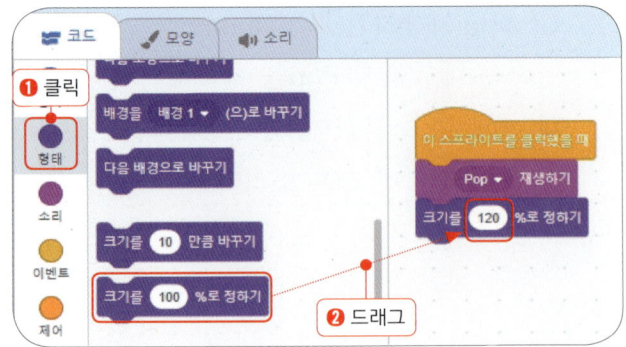

09 **제어**의 **1초 기다리기**를 드래그하여 붙이고, 0.2초로 고칩니다.

> 잠깐! 크기가 커졌다가 잠시 후에 다시 원래 크기로 돌아가는 시간을 설정하는 것입니다.

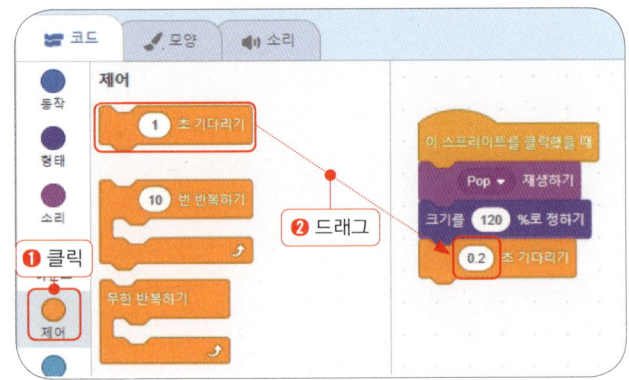

10 다시 원래 크기로 돌아가도록 하기 위해 **형태**의 **크기를 100%로 정하기**를 드래그하여 붙입니다.

Apple 스프라이트를 클릭하면 Pop 소리가 나면서 크기가 커졌다가 원래대로 돌아가는 모습을 볼 수 있습니다.

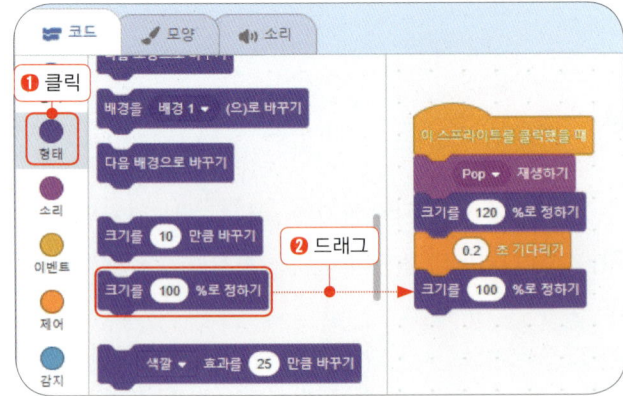

Step2 빨간색이 그려지는 코드 만들기 - 신호 사용하기

이번에는 빨간색 Apple 스프라이트를 클릭하면 그림을 그리는 색의 색깔이 빨간색으로 변하게 하려고 합니다. 여기서는 **신호**라는 기능이 사용됩니다.

01 Apple 스프라이트를 선택한 상태에서 **이벤트**의 **메시지1 신호 보내기**를 드래그하여 붙입니다.

> **잠깐!** Apple 스프라이트를 클릭하면 빨간색으로 선이 색깔을 바꾸라는 신호를 보내고, 이 신호를 받으면 선의 색이 바뀌도록 만듭니다.

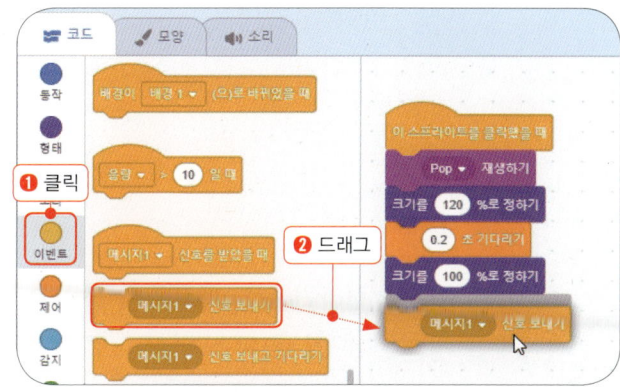

02 **메시지1** 글자를 클릭하고 **새로운 메시지**를 클릭합니다. 새로운 메시지를 입력하는 창이 뜹니다. 여기에 자신이 넣고 싶은 글자나 단어를 적으면 되는데, 우리는 빨간색인 Apple 스프라이트를 클릭하면 빨간색이 그려지게 하려고 하기 때문에 Red의 첫 글자 R을 적고 **확인**을 클릭합니다.

03 **메시지1**이 R로 바뀐 것을 볼 수 있습니다.

PART3 나만의 그림판 2 93

04 Pencil 스프라이트를 선택하고 **이벤트**의 **R 신호를 받았을 때**를 빈 곳으로 드래그합니다.

> 잠깐! Apple 스프라이트는 빨간색을 그리라는 신호를 보내고, 그 신호를 받았을 때 Pencil 스프라이트는 빨간색을 그리게 됩니다.

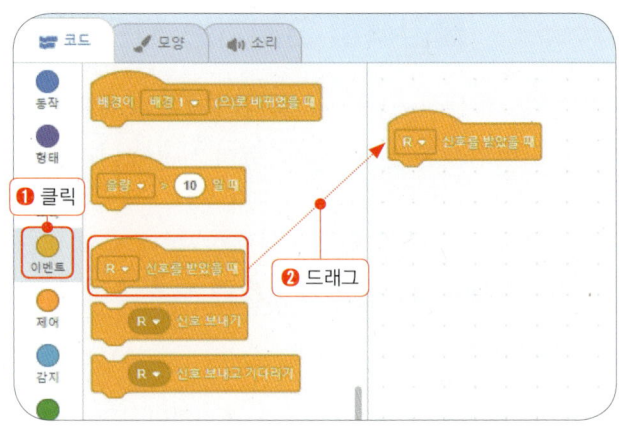

05 펜의 **펜 색깔을 정하기**를 드래그하여 붙이고, 펜 색깔 정하기에 있는 색을 마우스로 클릭합니다. 색상표가 나타나는데 아래 이미지 모양 아이콘을 클릭합니다.

> 잠깐! **펜 색깔 정하기**에 있는 색을 Apple 스프라이트에 있는 빨간색으로 바꿀 것입니다.

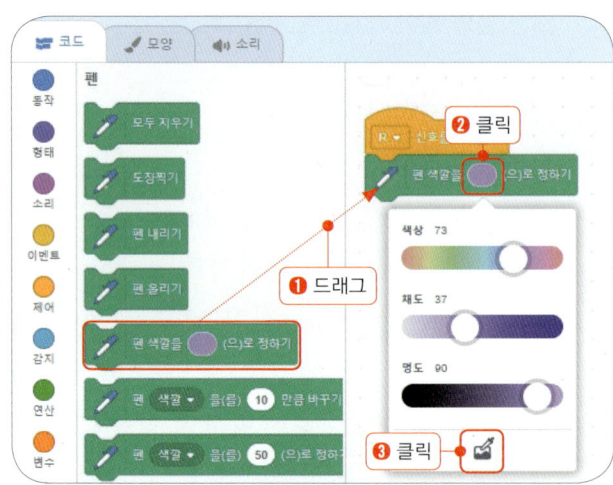

06 마우스를 무대에 있는 Apple 스프라이트에 가져가면 돋보기 효과가 나타나는 것을 볼 수 있습니다. Apple 스프라이트의 빨간색에 돋보기의 가운데 있는 중심점 모양(□)이 오게 한 후 클릭합니다.

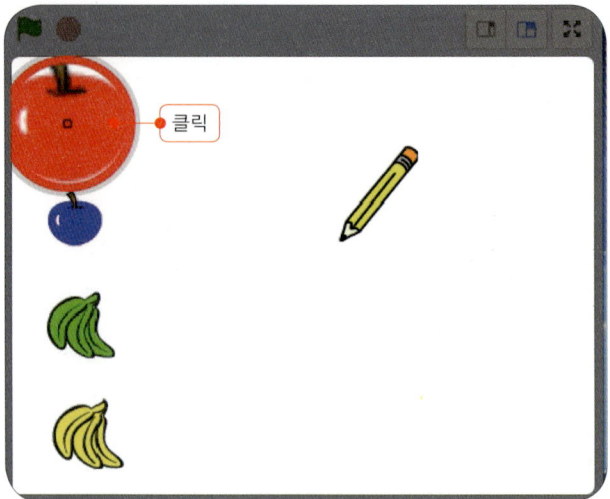

07 **펜 색깔 정하기**의 색이 Apple 스프라이트의 색과 같은 색으로 바뀝니다.

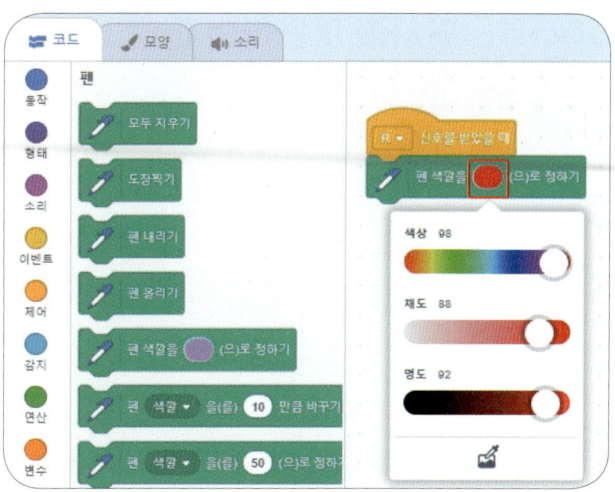

08 이제 시작하기를 클릭하고, Space Bar 키를 누른 다음 Pencil 스프라이트를 마우스로 클릭해서 그림을 그리다가 Apple 스프라이트를 클릭해서 그림을 그리면 선의 색이 변하는지 확인합니다.

신호 보내기와 신호를 받았을 때

신호는 **신호 보내기** 블록과 **신호를 받았을 때** 블록이 쌍으로 사용됩니다. **신호 보내기**를 통해 메시지를 전달하면 **신호를 받았을 때** 블록으로 시작하는 스크립트를 가진 스프라이트에서만 그 메시지에 반응합니다.

다음과 같이 코드를 만든 다음 실행하면 스프라이트를 클릭했을 때 메시지1이라는 신호를 보내고, **안녕 말하기**를 실행하게 됩니다.

Step 3 복사를 이용하여 다른 색 코드 만들기

나머지 파란색과 초록색, 노란색이 그려지는 코드를 만들어 봅니다. 이들 코드는 모두 Apple 스프라이트의 코드와 비슷합니다. 그래서 Apple 스프라이트에서 이미 만들어 둔 코드를 복사해서 사용하는 것이 더 편리합니다.

01 Apple 스프라이트 코드 화면에서 **클릭했을 때** 블록을 선택한 후, Apple2 아이콘 위로 드래그합니다.

> 잠깐! 제일 위의 **클릭했을 때** 블록만 선택하여 드래그해도 아래의 블록들 모두가 함께 드래그됩니다.

02 그림과 같이 스프라이트들과 주변의 색이 파란색으로 변합니다. 마우스의 클릭 상태에서 손을 떼면 코드가 복사됩니다.

> 잠깐! 만약 복사가 안됐다면 다시 Apple 스프라이트 코드를 드래그하여 놓아 보세요.

03 Apple2 아이콘을 클릭하면 복사된 코드를 볼 수 있습니다. **x와 y(으)로 이동하기** 블록의 숫자를 무대 아래에 있는 x와 y의 숫자를 보고 그대로 고칩니다.

> 잠깐! 코드를 복사한 다음에는 곧바로 시작하기를 클릭하면 안됩니다. 코드가 그대로 복사되었기 때문에 x와 y의 숫자도 복사해 온 스프라이트와 똑같아서 시작하기를 클릭하게 되면 코드를 가져온 스프라이트와 복사한 스프라이트의 위치가 겹쳐지게 됩니다. 따라서, 시작하기를 클릭하기 전에 x와 y의 숫자를 고쳐 주어야 합니다.

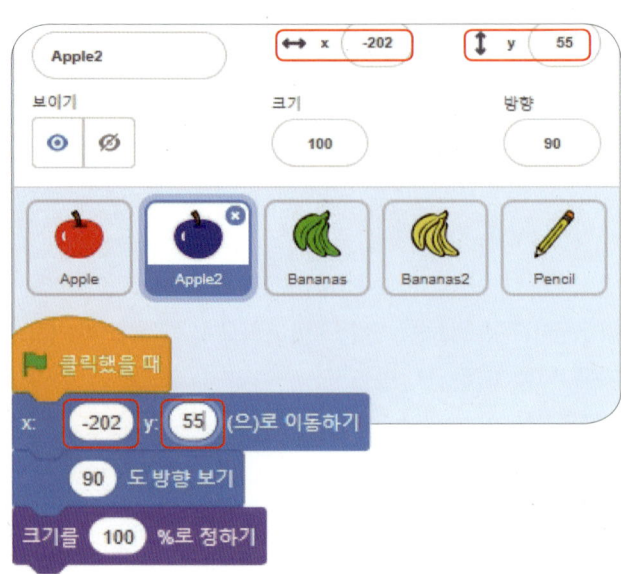

04 같은 방법으로 Apple 스프라이트의 **이 스프라이트를 클릭했을 때** 코드를 마우스로 끌어서 Apple2 스프라이트에 복사합니다.

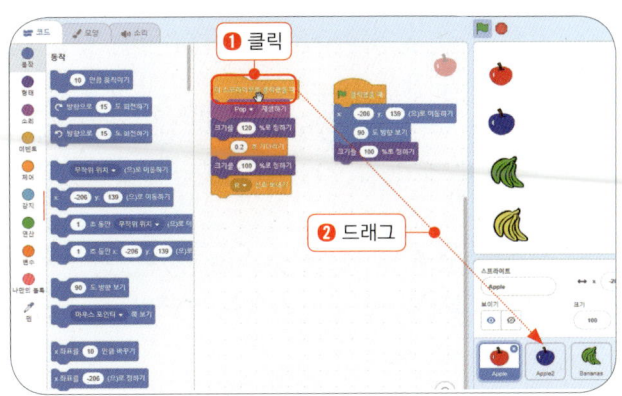

05 코드가 복사되면 R 글자를 클릭하고 **새로운 메시지**를 클릭합니다. 새로운 메시지 창이 뜨면 Apple2 스프라이트가 파란색이어서 Blue의 B를 입력하고 확인을 클릭합니다.

> **잠깐!** R 신호 보내기 블록은 Apple 스프라이트를 클릭할 때만 적용되는 것이어서 Apple2 스프라이트는 이 부분을 바꿔 주어야 합니다.

06 R이 B로 바뀐 것을 볼 수 있습니다. 시작하기를 클릭하고, Space Bar 키를 누른 다음 Pencil 스프라이트를 마우스로 클릭해서 그림을 그리다가 Apple 스프라이트와 Apple2 스프라이트를 번갈아 클릭하여 그림을 그린 다음 선의 색이 변하는지 봅니다.

> **잠깐!** 그런데 Apple2 스프라이트를 클릭해도 선의 색이 바뀌지 않을 것입니다. 신호 보내기를 통해 색깔을 정해주지 않았기 때문입니다. 이 부분은 99쪽에서 진행합니다.

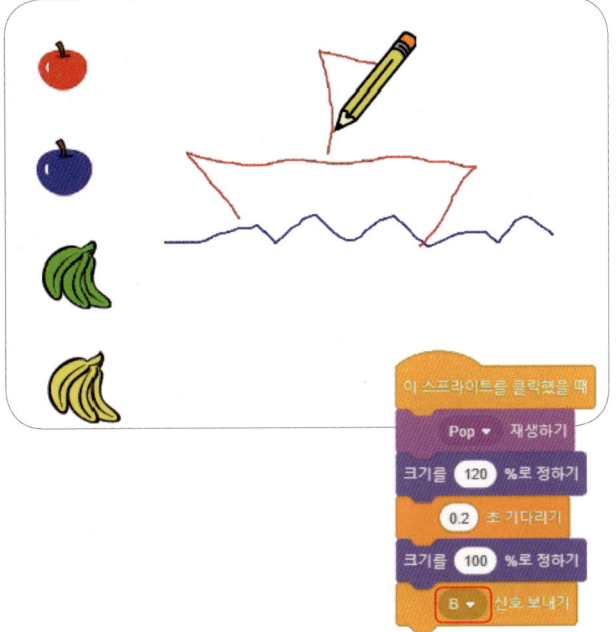

07 이제 같은 방식으로 초록색 Bananas 스프라이트와 노란색 Bananas2 스프라이트의 코드를 만들고 실행해 봅니다. 완성된 Bananas 스프라이트 코드는 그림과 같습니다.

> **잠깐!** 코드를 복사한 후 **x와 y의 숫자** 그리고 **신호 보내기 글자**를 바꿔주는 거 잊지마세요.

08 Bananas2 스프라이트 코드는 그림과 같이 완성합니다.

'재생하기' 블록 고치기

마지막으로 고쳐주어야 할 항목이 하나 더 있습니다. 바로 **재생하기** 블록입니다.

우리는 Apple 스프라이트에서 Pop 이라는 소리를 불러와서 재생하기에 사용했습니다. 그런데 코드를 복사하고 다른 스프라이트들을 클릭하면 소리가 나지 않습니다. 왜일까요? 바로 Pop 소리는 Apple 스프라이트에서만 불러왔기 때문입니다. 따라서 다른 스프라이트들에서 Pop가 나게 하려면 소리 고르기에서 Pop 소리를 불러와야 합니다. 여기서는 각 스프라이트들이 갖고 있는 소리를 사용하겠습니다. Apple2 스프라이트는 **Chomp** 소리를, Bananas와 Bananas2는 **Bite** 소리를 사용합니다. 다른 소리를 사용하고자 할 경우 앞에서 배운 것처럼 소리 고르기에서 원하는 소리를 선택해 사용해도 됩니다.

Apple2 스프라이트

Bananas 스프라이트
Bananas2 스프라이트

Step4 Pencil 스프라이트 코드 완성하기

모두 과일 스프라이트들의 코드를 잘 완성했나요? 그러면 이제 마지막으로 Pencil 스프라이트의 코드를 완성해 보겠습니다. Pencil 스프라이트 코드 화면으로 갑니다.

01 **R 신호를 받았을 때** 블록을 마우스 오른쪽 클릭한 후, **복사하기**를 클릭합니다.

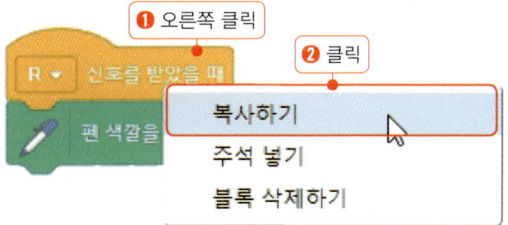

02 같은 방법으로 2번 더 코드를 복사하여 그림과 같이 4개의 같은 코드를 만듭니다.

> **잠깐!** 이렇게 4개의 신호받기 코드가 필요한 이유는 앞에서 만든 4개의 신호 보내기에 해당하는 신호받기를 만들어야 하기 때문입니다.

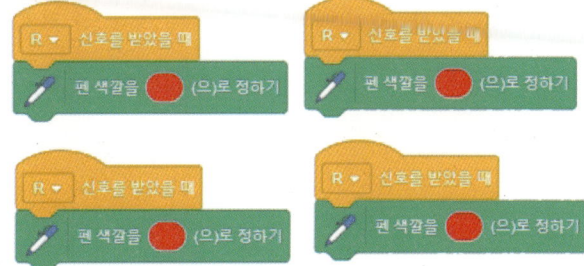

03 이제 복사된 코드들의 신호와 색을 바꿔줄 차례입니다. 먼저 신호부터 바꿉니다. 그림처럼 차례로 신호를 B(파랑), G(초록), Y(노랑)으로 바꿉니다.

> **잠깐!** R 글자를 클릭하면 신호의 종류를 선택할 수 있습니다.

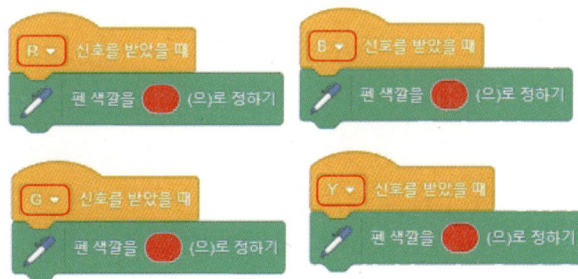

04 펜 색깔도 신호에 맞게 바꿉니다.

> **잠깐!** 펜 색깔을 바꾸는 방법은 94쪽을 참고하세요.

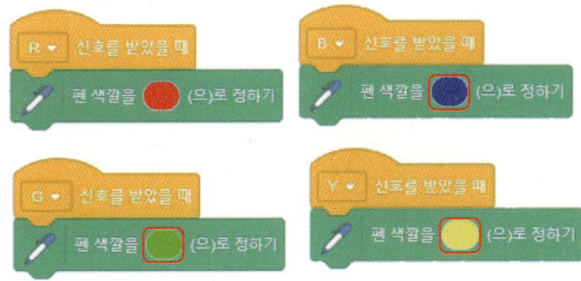

05 이어서 펜의 **펜 굵기를 1로 정하기**를 드래그 하여 각 색깔의 아래에 붙입니다.

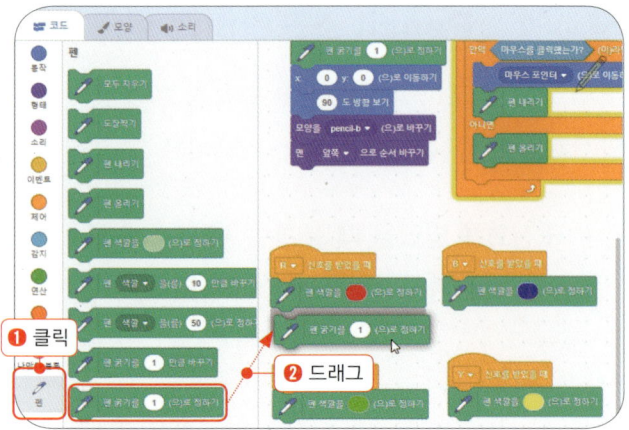

06 빨간색은 펜 굵기를 2로, 파란색은 3, 초록색 은 4, 노란색은 5로 각각 숫자를 고칩니다.

07 그림판 만들기 프로젝트가 완성되었습니다. **시작하기 클릭 → 스페이스 키 누르기 → 색깔 별 과일 스프라이트 클릭하기** 순서로 그림을 그려봅니다.

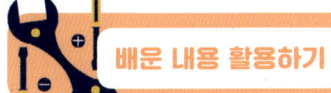

그림판에 지우개 추가하기

우리가 만든 그림판은 그림은 잘 그릴 수 있지만 지우기를 하려면 다시 **시작하기**를 클릭해야 합니다. 그러면 다시 처음부터 Space Bar 키를 눌러야 하는 단계를 거쳐야 합니다.

미리보기

모두 지우기를 클릭하면 전체, 부분 지우기를 클릭하면 선택한 부분을 지웁니다.

∴ 완성된 파일은 바다공부방 카페(cafe.naver.com/eduinshight)에서 다운로드할 수 있습니다.

완성된 코드

- **모두 지우기** : Ball 스프라이트를 불러와서 무대의 아래쪽에 두고 다음과 같이 코드를 만듭니다.

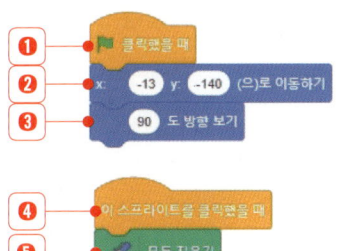

❶ 이벤트의 클릭했을 때 드래그
❷ 동작의 x, y (으)로 이동하기 드래그
❸ 동작의 90도 방향 보기 드래그
❹ 이벤트의 이 스프라이트를 클릭했을 때 드래그
❺ 펜의 모두 지우기 드래그

- **부분 지우기** : Button 스프라이트를 불러와서 무대의 아래쪽에 두고 다음과 같이 코드를 만듭니다.

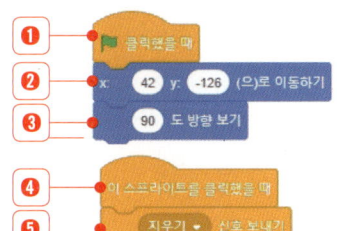

❶ 이벤트의 클릭했을 때 드래그
❷ 동작의 x, y (으)로 이동하기 드래그
❸ 동작의 90도 방향 보기 드래그
❹ 이벤트의 이 스프라이트를 클릭했을 때 드래그
❺ 이벤트의 신호 보내기 메시지를 지우기로

- **Pencil 스프라이트 코드 추가하기**

❶ 신호를 받았을 때를 드래그한 다음 지우기로 이름 바꿈
❷ 펜의 펜 색깔을 정하기 드래그, 하얀색으로
❸ 펜의 펜 굵기를 1로 정하기 드래그, 1을 20으로

09 크리스마스 카드

여러 가지 색의 눈송이들이 떨어지는 크리스마스 카드를 만듭니다.

학습목표

① 이미지 업로드 기능을 알 수 있습니다.
② 제어의 복제 기능을 이해하고 사용할 수 있습니다.

완성된 모습

시작하기를 클릭하면 1초 뒤부터 무대의 위쪽으로부터 여러 가지 색의 눈송이들이 골고루 끊임없이 떨어집니다. 그리고 눈송이들은 바닥에 차곡차곡 쌓입니다.

완성된 파일은 **바다공부방 카페**(cafe.naver.com/eduinshight)에서 다운로드할 수 있습니다.

프로젝트 맵

102 I'm 스크래치 3.0

Step1 인터넷에서 배경 이미지 찾아 저장하기

크리스마스 카드를 만들기 위해서는 크리스마스 배경이 필요합니다. 그런데 스크래치에는 크리스마스를 잘 나타내는 배경이 없습니다. 그래서 인터넷에서 적당한 이미지를 찾아서 사용하려고 합니다.

01 구글 크롬 홈페이지(www.google.com)로 가서 **크리스마스**를 입력하고 Enter 키를 누릅니다.

> 잠깐! 한국어가 아닌 경우에는 구글 메인 화면 하단에 있는 **한국어**를 클릭하면 이후부터 한국어로 된 메뉴가 나옵니다.

02 **이미지**를 클릭한 후, **도구**를 클릭하면 새로운 메뉴들이 나타나는데, 여기서 **사용 권한**을 선택하고 **수정 후 재사용 가능**을 클릭합니다.

> 잠깐! 여기에 있는 이미지들 중에서 하나를 골라 수정해서 사용해야 하기 때문에 **수정 후 재사용 가능**을 선택합니다. 수정 후 재사용 가능한 이미지들은 무료이므로 저작권으로부터 자유롭습니다.

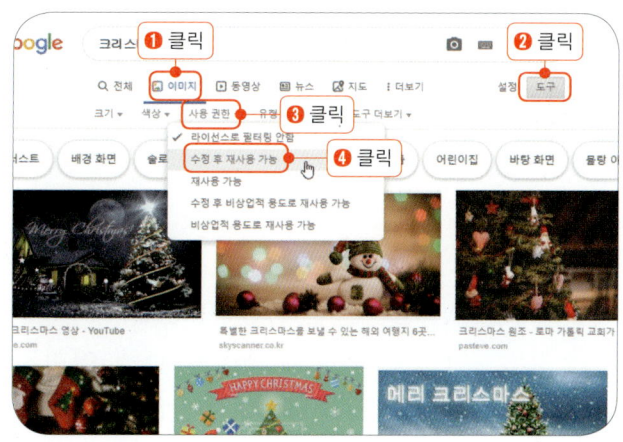

03 원하는 이미지를 찾아서 클릭합니다.

04 이미지를 마우스 오른쪽으로 클릭한 후, **이미지를 다른 이름으로 저장하기**를 클릭합니다.

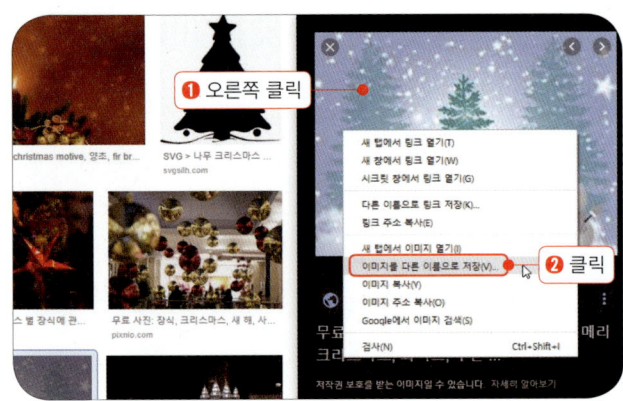

05 저장하는 이미지를 찾기 쉽도록 저장 위치는 **바탕 화면**으로 하고, 파일 이름은 **크리스마스**라고 입력합니다. 마지막으로 **저장**을 클릭해서 저장합니다.

> **잠깐!** 특별한 파일 형식을 지정하지 않으면 저장할 이미지는 그림 이미지 압축 파일인 JPEG로 자동으로 저장됩니다.

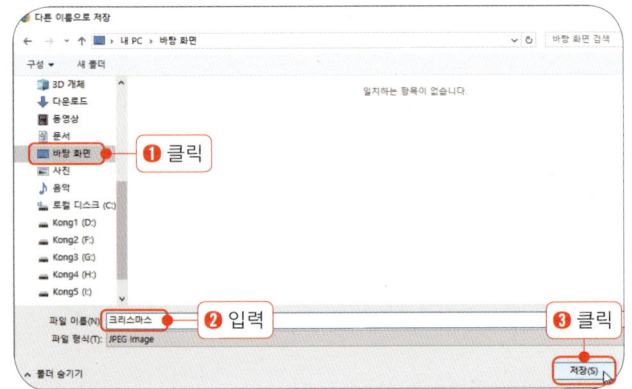

06 바탕화면으로 가면 저장된 이미지가 보일 것입니다. 프로젝트에 사용할 배경 이미지가 준비되었습니다. 이제 스크래치 만들기 화면으로 이동합니다.

Step2 배경 업로드 하기

컴퓨터 바탕 화면에 저장한 크리스마스 이미지를 무대 배경 화면으로 사용하기 위해 불러옵니다.

01 만들기 화면으로 가서 고양이 스프라이트를 삭제합니다.

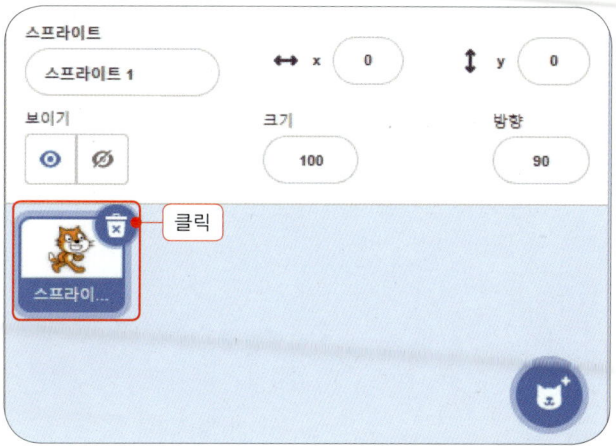

02 배경 고르기에서 **배경 업로드하기**를 클릭합니다.

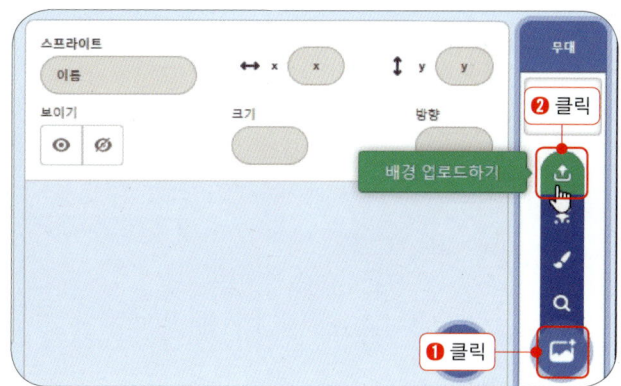

03 바탕화면의 크리스마스 이미지 파일을 선택하고 **열기**를 클릭합니다.

PART3 크리스마스 카드 **105**

04 무대의 배경 화면에 컴퓨터 바탕화면에 저장한 크리스마스 이미지가 나타납니다. 이미지가 비트맵이므로 **벡터로 바꾸기**를 클릭합니다.

> **잠깐!** 배경 이미지도 스프라이트처럼 벡터와 비트맵 두 가지로 나타납니다. 이미지를 수정하기 쉽게 하기 위해 가져온 이미지가 비트맵인 경우 **벡터로 바꾸기**를 클릭해서 벡터로 바꿔 줍니다.

05 이미지가 무대에 꽉 차게 하기 위해 크기를 늘려줍니다. ▶ 아이콘과 이미지를 차례로 클릭하여 파란색 테두리가 나오게 합니다.

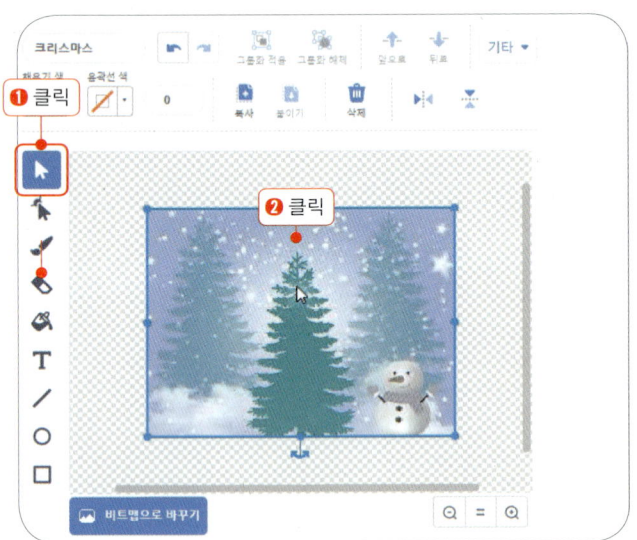

06 파란색 테두리의 점을 마우스로 드래그하여 크기를 조절해서 배경 이미지가 무대에 꽉 차도록 만듭니다. 배경 업로드가 마무리 되었습니다.

Step3 Snowflake 스프라이트 모양 편집하기

이제 크리스마스 카드 만들기에서 주인공과 같은 역할을 하는 눈송이 스프라이트를 만듭니다.

01 **스프라이트 고르기**를 불러와서 Snowflake를 선택해서 가져옵니다.

02 Snowflake 스프라이트가 크기 때문에 크기를 줄여주어야 합니다. **모양** 탭으로 가서 선택 아이콘과 Snowflake 스프라이트를 차례로 클릭합니다.

03 파란색 테두리의 점을 마우스로 드래그하여 크기를 작게 만듭니다.

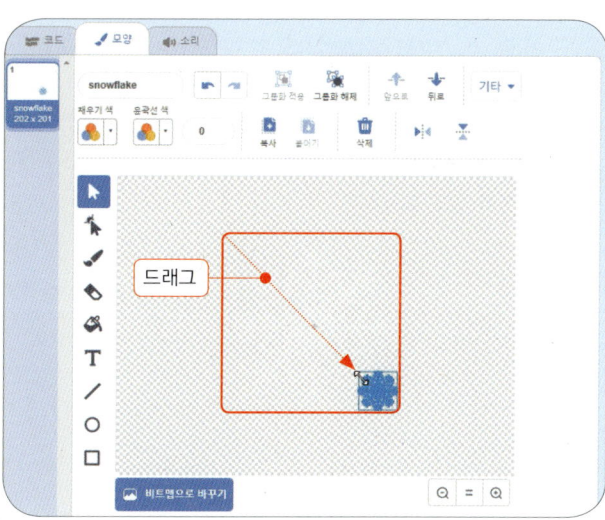

Step4 Snowflake 스프라이트 코드 만들기 1 - 숨기기와 보이기

이어서 Snowflake 스프라이트의 코드를 만듭니다. 먼저 눈송이가 처음엔 숨어있다가 1초 후 나타나도록 하는 코드를 만듭니다.

01 Snowflake 스프라이트의 **코드** 화면으로 가서 **이벤트**의 **클릭했을 때**를 드래그하여 가져옵니다.

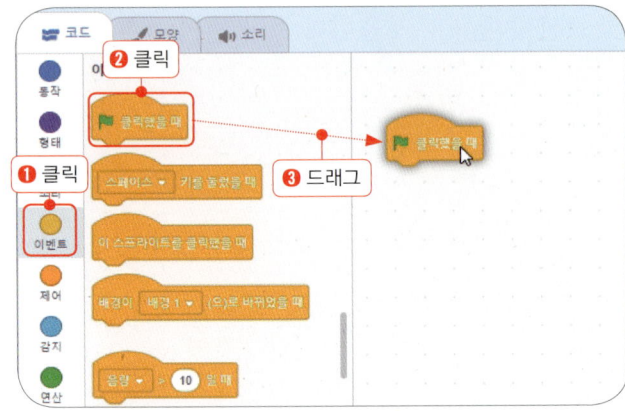

02 클릭했을 때 바로 눈이 내리지 않고 조금 있다가 눈이 내리도록 하기 위해 **형태**의 **숨기기**를 드래그하여 붙입니다.

> 잠깐! **숨기기**를 사용하면 시작할 때는 보이지 않다가 **보이기** 명령을 내려야 보여지게 됩니다.

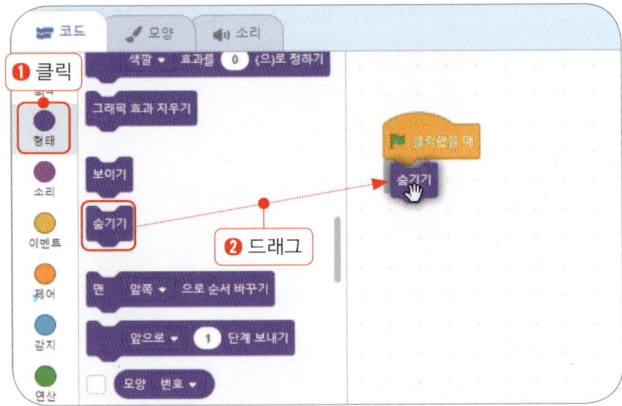

03 **확장 기능 추가하기**를 클릭하여 **펜** 코드를 불러온 후, **모두 지우기**를 드래그하여 붙입니다.

> 잠깐! **시작하기**를 클릭하면 앞에서 내린 눈송이들을 모두 지우고 새로 시작해야 하기 때문에 **모두 지우기**가 필요합니다.

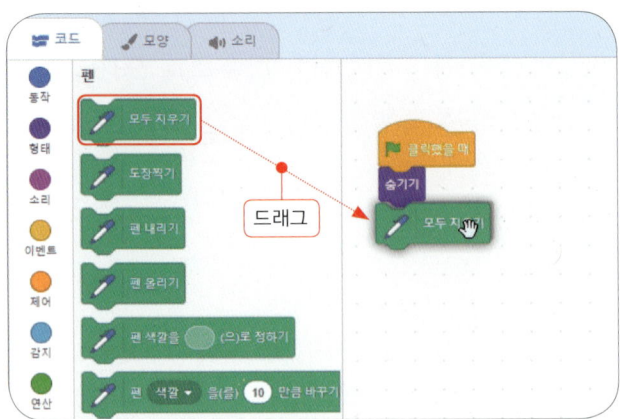

04 동작의 **x, y (으)로 이동하기**를 드래그하여 붙입니다. 그리고 y는 **180**으로 고칩니다. 이렇게 하면 눈송이가 무대 맨 위에 있게 됩니다.

잠깐! **시작하기**를 클릭하면 Snowflake 스프라이트가 무대에서 사라져 보이지 않게 됩니다. 이때 Snowflake 스프라이트는 삭제된 것이 아니라 우리가 정한 x, y의 위치에 숨어 있습니다.

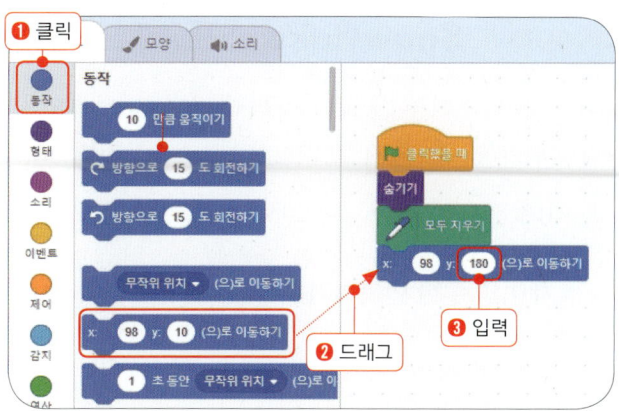

05 처음 시작할 때는 Snowflake 스프라이트가 보이지 않았다가 1초 후 보이게 하기 위해 **제어**의 **1초 기다리기**를 드래그하여 붙입니다.

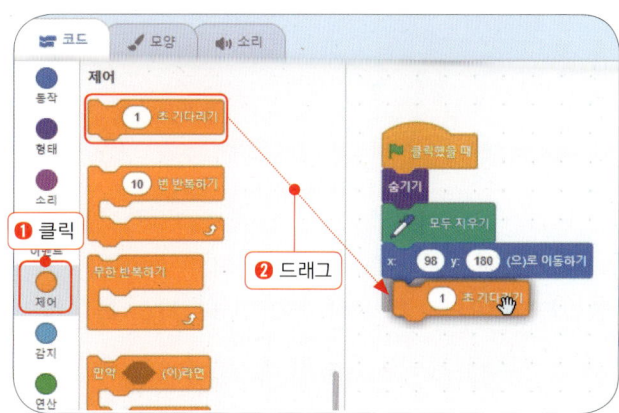

06 숨겨져 있던 Snowflake 스프라이트가 나타나도록 하기 위해 **형태**의 **보이기**를 드래그하여 붙입니다.

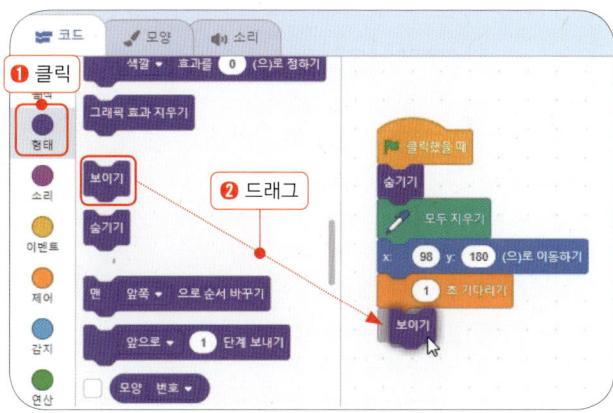

Step5 Snowflake 스프라이트 코드 만들기 2 - 복제하기

눈이 펄펄 내리는 모습을 나타내려면 Snowflake 스프라이트 하나만으로는 안되겠죠. 그렇게 하려면 Snowflake 스프라이트가 수십, 수백 개 필요한데, 스프라이트를 복사해서 사용하는 것은 너무 복잡합니다. 이때 필요한 것이 무한 반복과 복제하기 기능입니다.

01 제어의 **무한 반복하기**를 드래그하여 붙입니다.

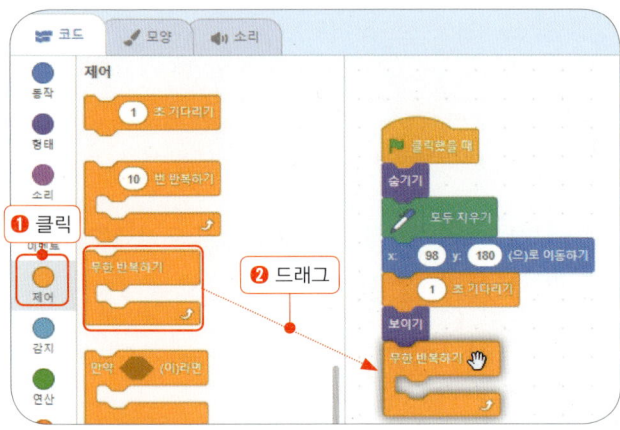

02 **무한 반복하기** 안에 제어의 **나 자신 복제하기**를 드래그하여 넣습니다.

> 잠깐! 이렇게 하면 Snowflake 스프라이트를 무한히 복제할 수 있습니다.

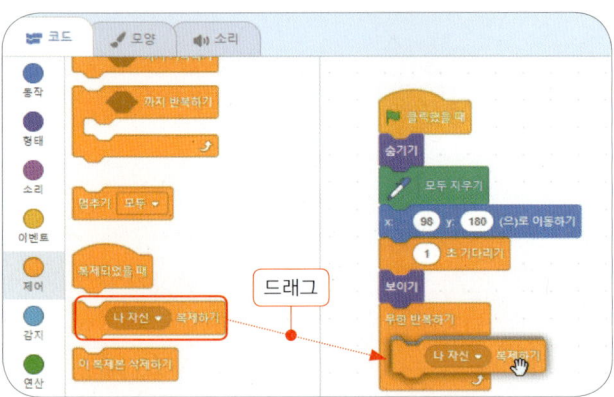

03 **복제하기** 아래에 동작의 **x 좌표를 10 만큼 바꾸기**를 드래그하여 붙입니다.

> 잠깐! x 좌표를 10 만큼 바꾸기를 하면 화면 오른쪽으로 스프라이트가 움직이고, -10 만큼 바꾸기를 하면 화면 왼쪽으로 스프라이트가 움직이게 됩니다.

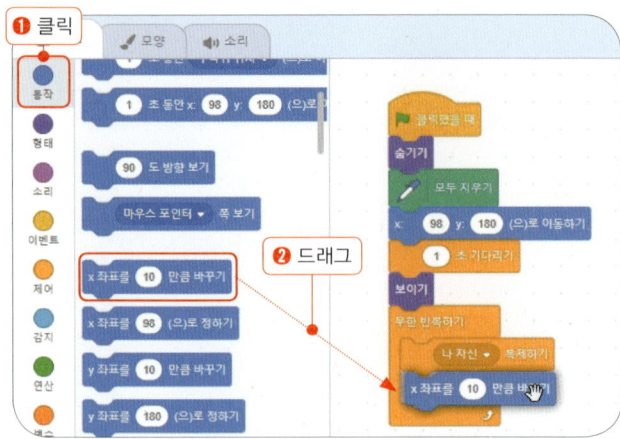

04 눈이 내릴 때 한 곳에서만 내리지 않죠. 여기 저기서 눈이 내리도록 해봅니다. **연산**의 **1부터 10 사이의 난수**를 드래그하여 **x 좌표를 10만큼 바꾸기**의 10 숫자 칸에 넣고, 1은 -200으로 10은 200으로 숫자를 고칩니다.

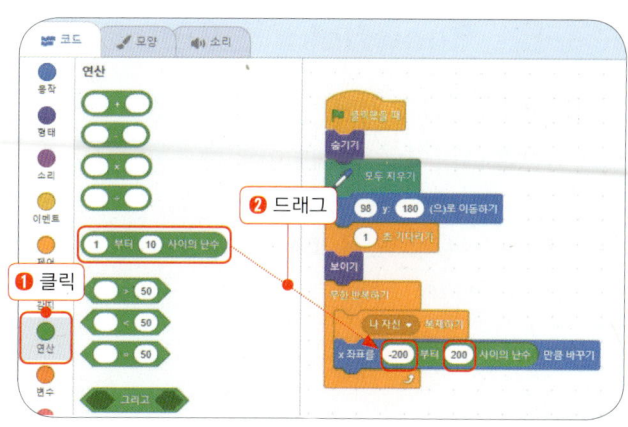

잠깐! 이렇게 하면 Snowflake 스프라이트가 x좌표의 -200에서 200 사이에서 무작위로 움직이고, 여기저기에서 눈이 내리게 됩니다.

05 하얀 눈이 아니라 여러 가지 색의 눈송이가 내리도록 만듭니다. **형태**의 **색깔 효과를 25 만큼 바꾸기**를 드래그하여 붙입니다.

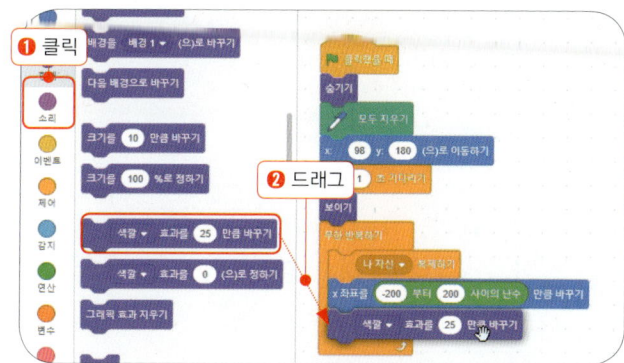

06 **시작하기**를 클릭하면 눈송이들이 색깔이 변하면서 나타나는 걸 볼 수 있습니다.

복사하기와 복제하기

스프라이트를 복사하는 방법에는 두 가지가 있습니다. 하나는 앞에서 배운 것처럼 스프라이트 아이콘을 클릭하여 복사하는 방법입니다. 스프라이트의 개수가 많이 필요하지 않을 때나 스프라이트 각각의 움직임이 다를 때 사용합니다.

다른 하나는 이번에 사용하는 복제하기입니다. 복사와 복제가 이름이 비슷하고, 모두 스프라이트를 여러 개 만든다는 것이 같지만 복제하기는 펄펄 눈 내리기처럼 복사하기보다 더 많은 스프라이트가 필요하고, 복제된 스프라이트들이 같은 움직임을 보일 때 사용하면 좋습니다.

Step6 Snowflake 스프라이트 코드 만들기 3 - 복제되었을 때

나 자신 복제하기를 사용하면 짝이나 쌍둥이처럼 꼭 같이 다니는 블록이 있습니다. 무엇일까요? 바로 **복제되었을 때**입니다. 복제되었을 때를 반드시 사용해야 프로젝트가 완성될 수 있습니다.

01 제어의 **복제되었을 때**를 드래그하여 빈곳에 놓습니다.

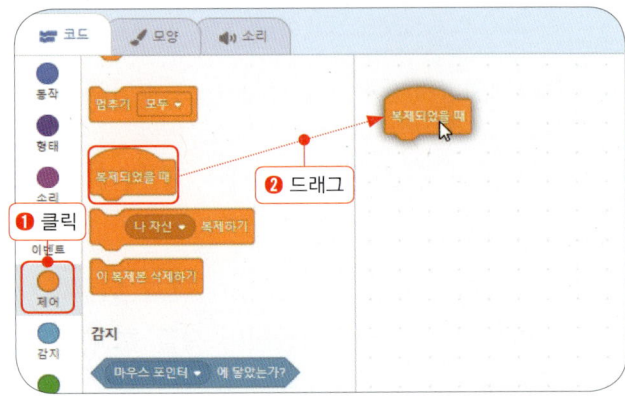

02 눈이 내리는 효과를 주기 위하여 **동작**의 **1초 동안 x, y (으)로 이동하기**를 드래그하여 붙입니다.

잠깐! 그냥 x, y (으)로 이동하기를 하면 Snowflake 스프라이트가 한 곳에서만 움직이게 됩니다.

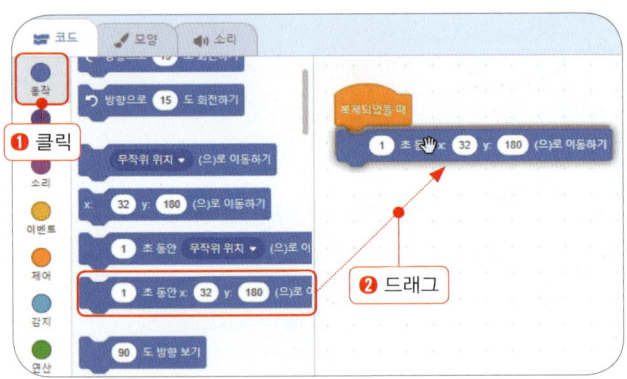

03 **연산**의 **1부터 10 사이의 난수**를 가져와서 x의 숫자에 넣어주고, 앞에는 -200을 뒤에는 200이라고 적습니다. y의 숫자는 -180으로 고칩니다.

잠깐! 이렇게 하면 Snowflake 스프라이트들이 골고루 뿌려지면서 x좌표 -200에서 200 사이의 바닥에 떨어집니다.

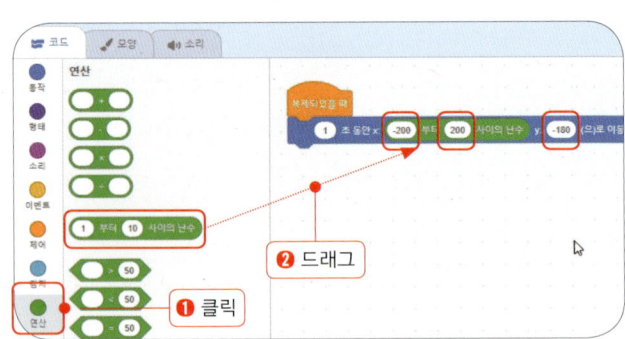

04 그런데 **1초 동안 x, y (으)로 이동하기**를 하면 눈이 너무 빠르게 내립니다. **1초**의 숫자를 바꿔 가면서 눈이 내리는 속도가 어떻게 바뀌는지 봅니다.

눈이 무대 중간에서 내려오는 경우 바로 잡기

코드를 완성하고 시작하기를 클릭했을 때 다음 그림과 같이 Snowflake 스프라이트들이 무대 맨 위가 아니라 중간에서 내려오는 경우가 있습니다.

이럴 때는 Snowflake 스프라이트의 **모양** 탭으로 갑니다. Snowflake 스프라이트를 마우스로 선택한 후 중심점을 찾아 Snowflake 스프라이트를 마우스로 끌어 중심점에 갖다 놓습니다.

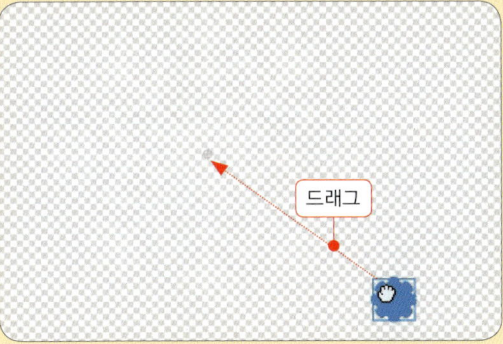 

시작하기를 클릭하면 그림처럼 Snowflake 스프라이트가 무대 위에서 내려옵니다.

05 **시작하기**를 클릭한 후 어느 정도 시간이 지나면 눈이 그치고 Snowflake 스프라이트들이 바닥에 쌓여있는 것을 볼 수 있습니다.

잠깐! 이것은 Snowflake 스프라이트들이 모두 복제되어 사용되었기 때문에 더 이상 Snowflake 스프라이트들이 나타나지 않게 된 것입니다.

06 **제어**의 **이 복제본 삭제하기**를 드래그하여 붙입니다.

잠깐! 복제된 Snowflake 스프라이트들을 삭제해 주어야 계속해서 Snowflake 스프라이트들이 나타날 수 있습니다.

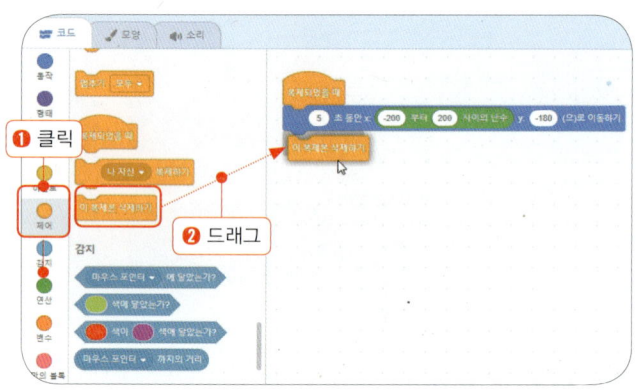

07 그런데 **복제본 삭제하기**를 사용하면 바닥에 눈이 쌓이지 않는 문제가 생깁니다. **펜**의 **도장찍기**를 드래그하여 가져와서 **0초 동안 x, y(으)로 이동하기**와 **이 복제본 삭제하기** 사이에 넣습니다.

시작하기를 클릭하면 눈이 바닥에 쌓이면서도 끊이지 않고 내리는 모습을 볼 수 있습니다. 프로젝트가 완성되었습니다. 파일을 저장합니다.

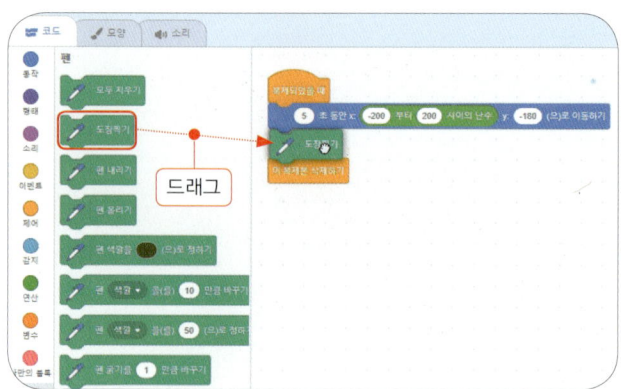

스프라이트 그림자 없애기

프로젝트를 실행하면 Snowflake 스프라이트가 하늘에서 내려올 때 하얀색 그림자 모양이 보입니다. 다른 스프라이트들에서는 볼 수 없는 현상입니다.

이것을 삭제하려면 Snowflake 스프라이트 **모양** 탭으로 갑니다. **모양** 탭에서 Snowflake 스프라이트 주변에 마우스를 가져가면 그림과 같이 파란색 테두리가 나타나는 것을 볼 수 있습니다.

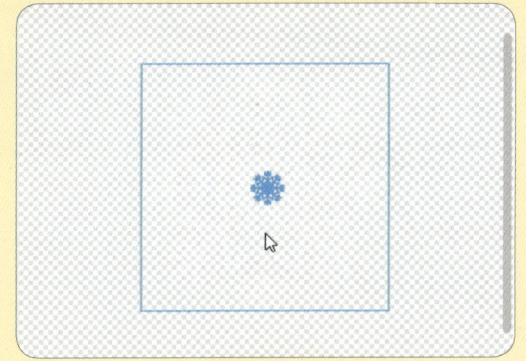

이 때 마우스를 파란색 테두리 안에 넣고 오른쪽을 클릭하면 다음과 같이 Snowflake 스프라이트 모양이 또하나 나타납니다. 이것이 바로 Snowflake 스프라이트 그림자의 정체였습니다. 그런데 이 모양은 마우스로 다른 곳을 클릭하면 사라져서 보이지 않습니다. 보이지 않다가 프로젝트를 실행하면 그림자처럼 나타나는 것입니다. 마우스로 선택한 상태에서 Delete 키를 누르면 삭제됩니다.

다시 시작하기를 클릭하면 Snowflake 스프라이트 그림자가 사라진 것을 볼 수 있습니다.

| 배운 내용 활용하기 | **크리스마스 카드에 인사말과 음악 넣기** |

크리스마스 카드를 만들었는데 뭔가 허전합니다. 인사말과 음악을 넣어서 좀 더 멋진 크리스마스 카드를 만들어봅니다.

미리보기

프로젝트를 시작하면 배경음악이 나옵니다. 그리고 5초 후 **행복한 성탄절 되세요**라는 말풍선이 나타납니다.

∴ 완성된 파일은 바다공부방 카페(cafe.naver.com/eduinshight)에서 다운로드할 수 있습니다.

완성된 코드

- 인사말 만들기

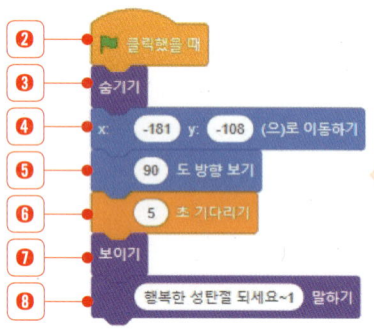

❶ 자신이 원하는 스프라이트를 하나 불러와서 무대의 적당한 위치에 놓습니다.
❷ 이벤트의 클릭했을 때 드래그
❸ 형태의 숨기기 드래그
❹ 동작, x, y (으)로 이동하기를 드래그
❺ 동작의 '90도 방향 보기'를 드래그
❻ 제어의 '1초 기다리기'를 드래그하고 5초로 바꿈
❼ 형태의 '보이기'를 드래그하여 붙입니다.
❽ 형태의 안녕! 말하기를 드래그하고 행복한 성탄절 되세요~!로 바꿈

- 음악 넣기

❶ 이벤트의 클릭했을 때 드래그
❷ 제어의 무한 반복하기를 드래그하여 붙입니다.
❸ 소리 탭으로 가서 **소리 고르기** 클릭
❹ 소리 고르기에서 xylo3을 선택합니다.
❺ 소리 코드의 맨 위에 있는 **끝까지 재생하기**를 드래그, xylo3으로 바꿈

더 알아보기: 스크래치의 연산

덧셈, 뺄셈, 곱셈, 나눗셈과 같은 연산을 사칙 연산(+, −, ×, ÷)이라고 하는 것은 모두 잘 알고 있지요. 스크래치에서는 연산 코드에서 사칙연산을 쉽게 찾을 수 있습니다.

덧셈　　　뺄셈　　　곱셈　　　나눗셈

예를 들어 (2+3)×4와 2+(3×4)를 계산한다면 둘 다 덧셈 블록과 곱셈 블록을 사용하게 되는데, 결합하는 위치와 계산 결과는 다음과 같습니다.

- (2+3)×4의 경우

 →  →  →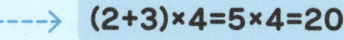

▲ 덧셈 블록을 곱셈 블록 앞 칸에 넣기　　▲ (○+○)×○ 형식이 되어 덧셈을 먼저하고 곱셈을 함

- 2+(3×4)의 경우

 →  →  →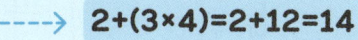

▲ 곱셈 블록을 덧셈 블록 뒤 칸에 넣기　　▲ ○+(○×○) 형식이 되어 곱셈을 먼저하고 덧셈을 함

연산 블록 결합에 대해 이해했다면 위의 경우보다 약간 더 복잡한 수식을 연산 블록을 이용하여 만들어볼까요.

- 4+(5×(6-3))

 →  →

❶ 뺄셈 블록을 곱셈 블록 뒤 칸에 넣기　　❷ 결합한 블록을 덧셈 블록 뒤 칸에 넣기　　❸ 뺄셈, 곱셈, 덧셈 순으로 계산됨

지금까지 연산 블록들을 결합하는 걸 보면 결합하기 위해 위에 올라온 블록이 먼저 계산되는 걸 알 수 있습니다. 이를 잘 이해하면 아무리 복잡한 수식도 연산 블록을 결합하여 어렵지 않게 만들 수 있습니다.

피아노 연주하기

피아노 건반을 그리고 직접 연주할 수 있도록 만들어봅니다.

학습목표

① 스프라이트를 그릴 수 있습니다.

② 확장 기능 가운데 음악 기능을 사용할 수 있습니다.

완성된 모습

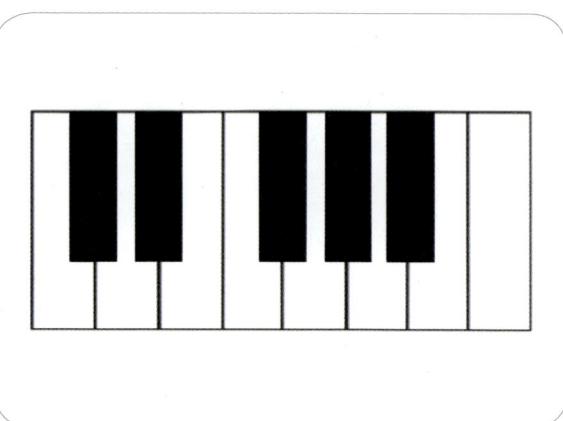

건반은 스프라이트 그리기를 이용해 만듭니다. **시작하기**를 클릭하고 건반을 클릭하면 건반이 눌리면서 각 음에 해당하는 소리가 납니다.

완성된 파일은 **바다공부방 카페**(cafe.naver.com/eduinshight)에서 다운로드할 수 있습니다.

프로젝트 맵

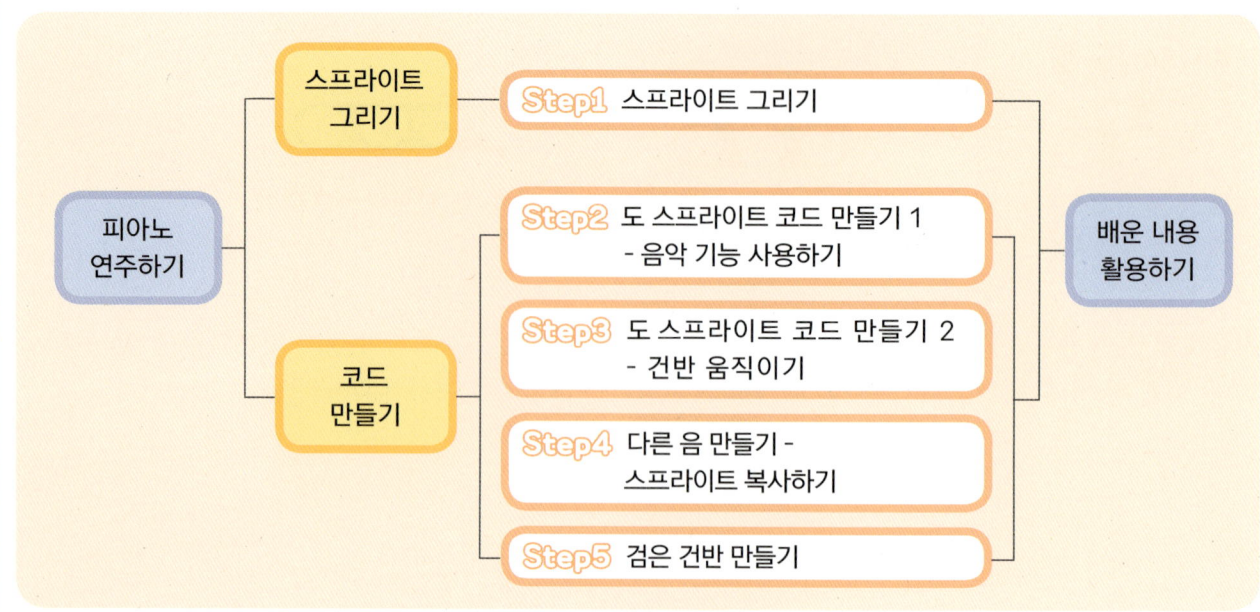

Step1 스프라이트 그리기

이번 프로젝트는 피아노 스프라이트가 필요합니다. 그런데 **스프라이트 고르기**에는 피아노가 없습니다. 그래서 이번에는 스프라이트를 직접 그려보도록 하겠습니다. 피아노 건반은 단순하기 때문에 그리기 어렵지 않습니다.

01 고양이 스프라이트를 삭제하고 **스프라이트 고르기**에서 **그리기**를 클릭합니다.

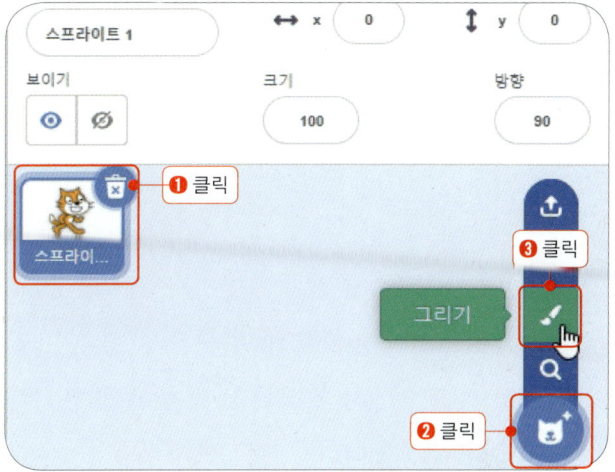

02 **모양** 화면으로 가서 직사각형 아이콘을 선택하고 피아노 건반이 될 직사각형을 그립니다.

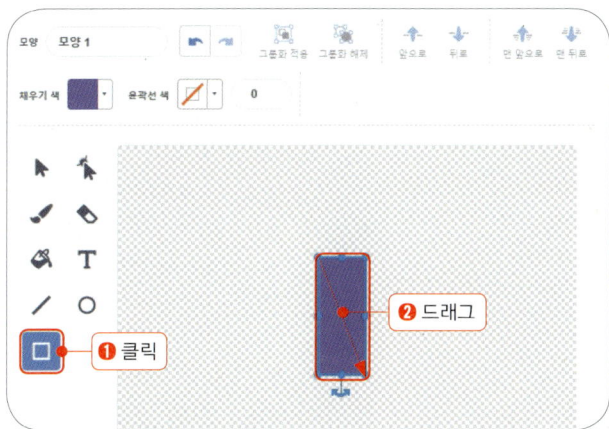

03 하얀색 피아노 건반을 만들기 위해 보라색을 하얀색으로 바꿉니다. **채우기 색**을 클릭해서 색 메뉴를 불러온 후, 채도만 0이 되게 합니다.

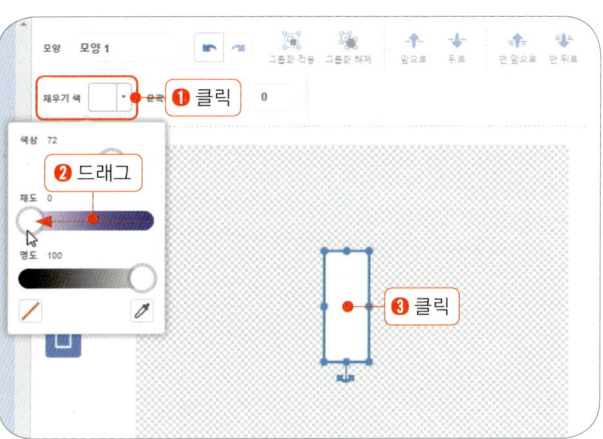

PART3 피아노 연주하기 119

04 이어서 직사각형의 선의 굵기를 정합니다. 윤곽선 색 옆의 숫자가 선의 굵기입니다. 4로 되어있던 선의 굵기를 3으로 고칩니다.

> **잠깐!** 숫자가 커질수록 선이 굵어지고, 반대로 숫자가 작아질수록 선이 가늘어집니다. 숫자 옆의 위아래 삼각형을 클릭해서 숫자를 크게 또는 작게 할 수 있습니다.

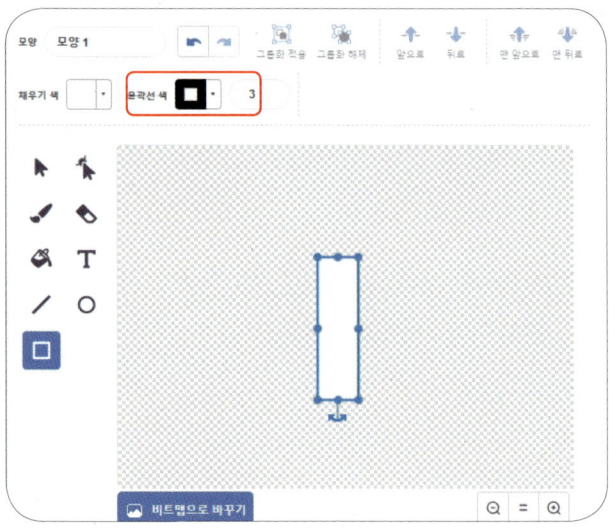

05 직사각형이 피아노 건반처럼 보이도록 마우스를 드래그하여 직사각형의 모양과 크기를 적당히 수정합니다.

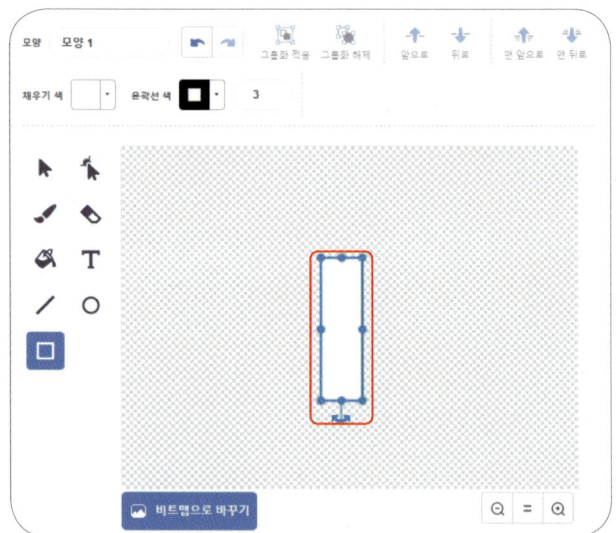

06 무대에 있는 직사각형을 드래그하여 무대 왼쪽의 적당한 곳에 놓습니다. 그리고 무대 아래 스프라이트칸에 **스프라이트1**로 되어 있는 이름을 **도**로 바꿉니다.

> **잠깐!** 이 스프라이트는 낮은 **도**로 사용될 예정입니다.

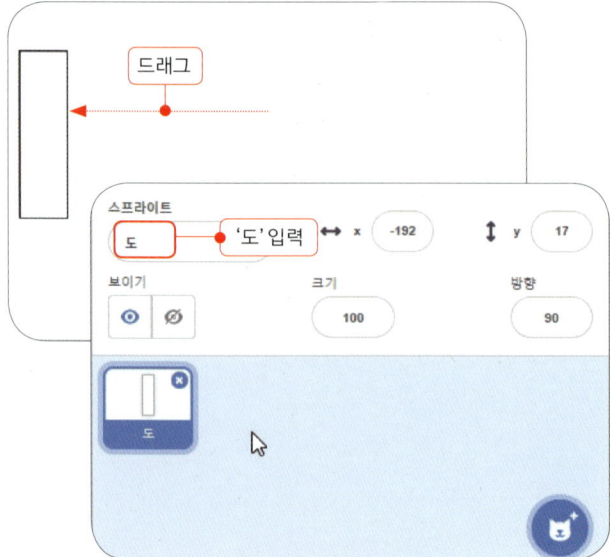

Step2 도 스프라이트 코드 만들기 1 - 음악 기능 사용하기

이제 나머지 **레미파솔라시도**와 까만 건반도 만들어 보겠습니다. 그런데, 스프라이트를 먼저 만들고 코드를 만드는 것보다 도 스프라이트의 코드를 만든 다음 복사하여 사용하는 것이 편리합니다. 스크래치 3.0의 확장 기능인 **음악** 기능을 사용하여 도 스프라이트 코드를 만듭니다.

01 **코드** 탭의 **확장 기능 고르기**를 클릭하고, **확장 기능 고르기**에서 **음악**을 클릭합니다.

02 코드 모음에 **음악**이 생겼습니다. 계속해서 그림처럼 코드 블록을 차례로 드래그하여 놓습니다.

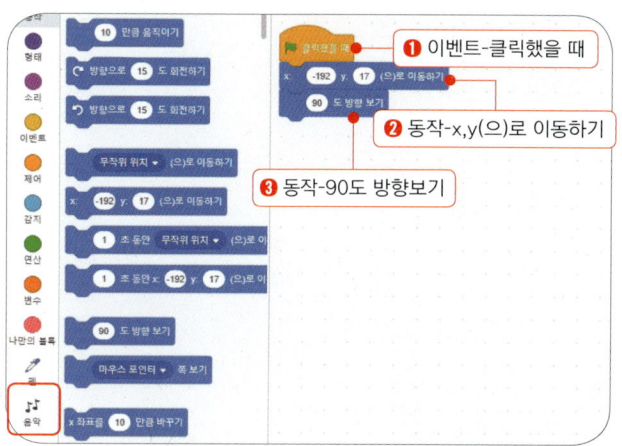

03 건반을 누를 때만 소리가 나도록 **이벤트**의 **이 스프라이트를 클릭했을 때**를 드래그하여 빈곳에 놓습니다.

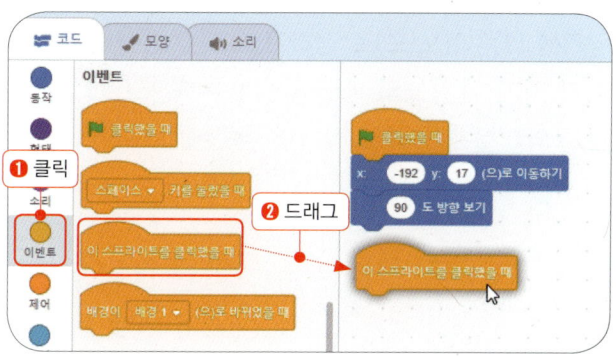

PART3 피아노 연주하기 121

04 음악의 악기를 (1)피아노(으)로 정하기 블록을 드래그하여 **이 스프라이트를 클릭했을 때** 아래에 붙입니다.

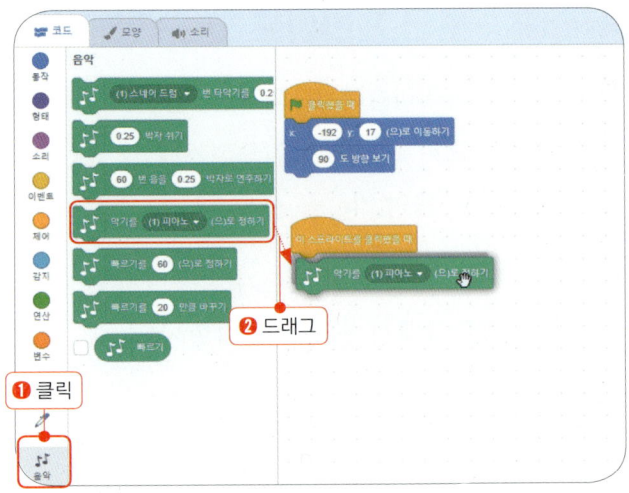

05 이 스프라이트를 도음으로 사용하기 위해 **음악의 60번 음을 0.25 박자로 연주하기**를 드래그하여 붙입니다.

잠깐! 스크래치는 음을 숫자로 나타내는데 낮은 도는 60으로 표시합니다.

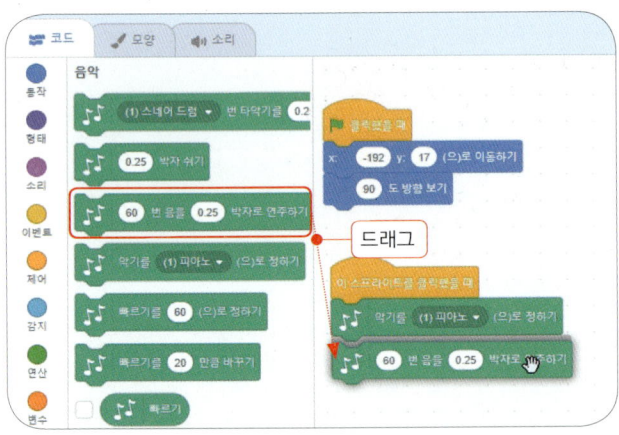

다양한 악기 선택하기

악기를 (1)피아노(으)로 정하기 코드 블록에서 **피아노** 글자를 클릭하면 다음과 같이 여러 가지 악기들의 메뉴가 나오는데 모두 21개의 악기가 있습니다. 피아노 외에 다른 악기를 사용하고 싶다면 이곳에서 자신이 원하는 악기를 선택하면 됩니다.

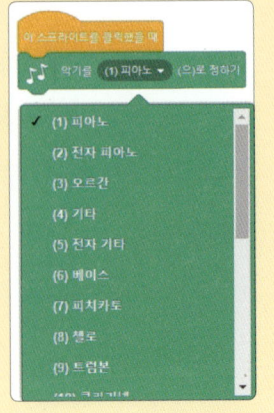

06 무대에서 도 스프라이트를 클릭하여 **도** 음이 제대로 나는지 확인합니다.

스크래치의 음 표현

스크래치는 음악 기능에서 음을 숫자로 나타냅니다. 낮은 도(C)는 60으로, 레(D)는 62, 미(E)는 64, 파(F) 65, 솔(G) 67, 라(A) 69, 시(B) 71, 높은 도(C)는 72로 나타냅니다. 짝수와 홀수가 섞여 있어서 사용할 때 주의합니다.

60번 음을 0.25 박자로 연주하기 코드 블록에서 숫자 60을 클릭하면 피아노 건반 모양이 나타나는데 영어 음 이름과 숫자가 나타납니다. 건반을 하나씩 눌러서 소리를 들어봅니다. 양 옆에 있는 화살표를 클릭하면 앞뒤의 음으로 이동할 수 있습니다.

음 옆에는 박자의 숫자도 나와 있는데 스크래치에서 박자는 영어로는 **beats**로 음이 나오는 시간 간격입니다. 이 숫자가 작을수록(시간 간격이 짧을수록) 음이 나오는 시간이 빨라지고, 숫자가 커질수록 음이 나오는 시간 간격이 길어지게 됩니다.

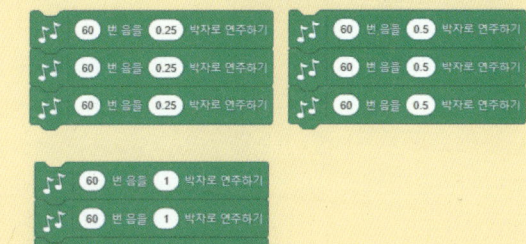

블록이 하나 있을 때는 그 차이를 잘 알 수 없지만 그림과 같이 같은 블록을 여러 개 놓고 실행해 보면 음이 나오는 간격의 차이를 알 수 있습니다. 아래 세가지 음 블록의 묶음 가운데 0.25가 가장 빠르고, 1이 가장 느린 것을 확인할 수 있습니다.

Step3 도 스프라이트 코드 만들기 2 - 건반 움직이기

건반을 누르면 건반이 마치 눌리는 것과 같이 크기가 작아졌다가 다시 원래 크기로 돌아오게 합니다.

01 형태의 **크기를 100 %로 정하기**를 드래그하여 **이 스프라이트를 클릭했을 때** 아래에 붙입니다.

> **잠깐!** 이렇게 해야 혹시 스프라이트의 크기가 변하더라도 클릭하면 원래 크기로 돌아와서 시작할 수 있습니다.

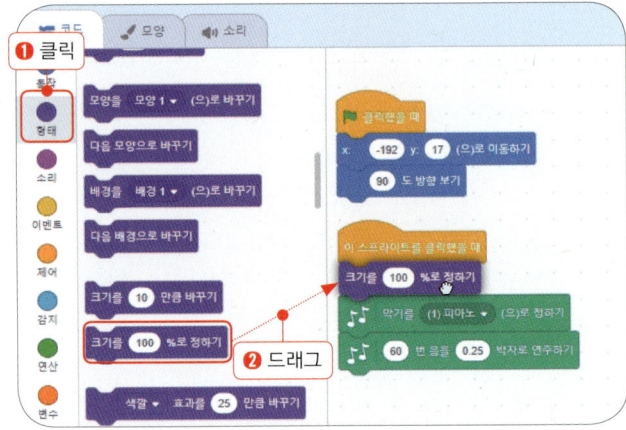

02 형태의 **크기를 10만큼 바꾸기**를 드래그하여 그림과 같이 두 블록 사이에 넣어주고 10을 -10으로 바꿉니다.

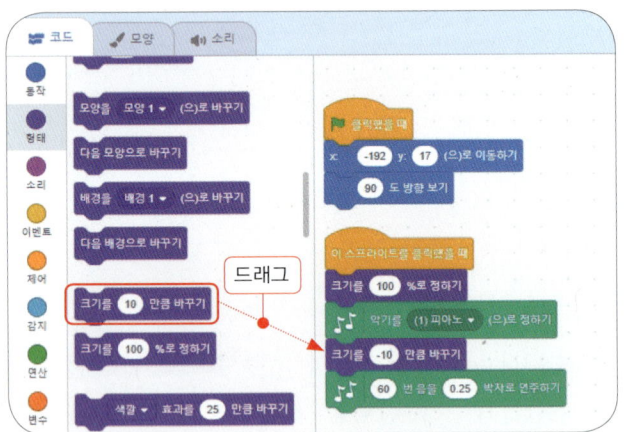

03 형태의 **크기를 10만큼 바꾸기**를 드래그하여 맨 아래에 붙입니다.

도 스프라이트를 클릭해서 건반이 움직이는 것과 비슷한 효과가 나는지 확인합니다.

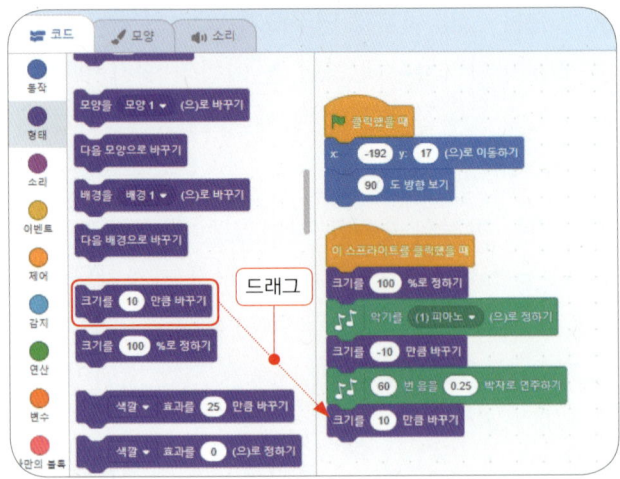

Step4 다른 음 만들기 - 스프라이트 복사하기

스프라이트 복사하기를 이용하여 도 음 이외에 다른 음들을 만들어봅니다.

01 도 스프라이트를 마우스 오른쪽 클릭한 후, **복사**를 클릭합니다.

02 도2 스프라이트가 만들어집니다. 도2 스프라이트 이름을 **레**로 바꿉니다.

03 레 스프라이트를 드래그하여 도 스프라이트 옆에 놓습니다.

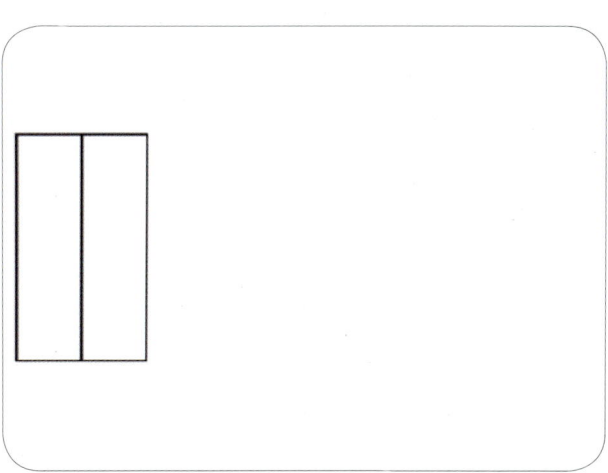

04 레 스프라이트의 x 숫자는 무대 아래에 있는 x의 숫자로 바꿔 주고, y의 숫자는 도 스프라이트의 y 숫자와 같도록 고칩니다.

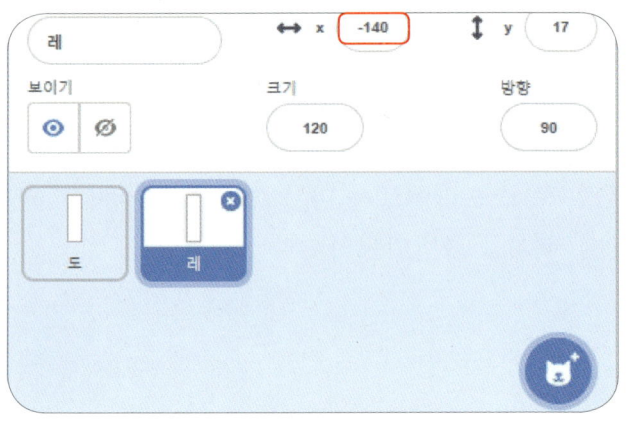

05 레 스프라이트가 레 음이 나오도록 만듭니다. 60을 클릭해서 피아노 건반이 나오면 레에 해당하는 건반을 클릭해서 레 음(D, 62)이 되도록 만듭니다.
레 스프라이트가 완성되었습니다. 같은 방법으로 미와 높은 도까지 스프라이트를 만듭니다.

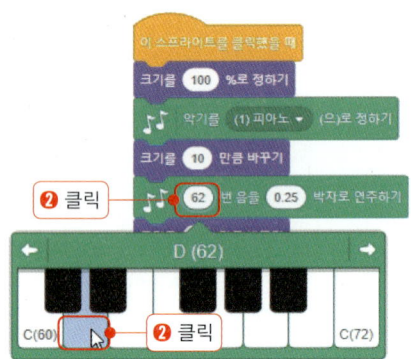

06 레 스프라이트를 복사한 후, 미 스프라이트를 만들고 그림과 같이 미 스프라이트 코드를 완성합니다.

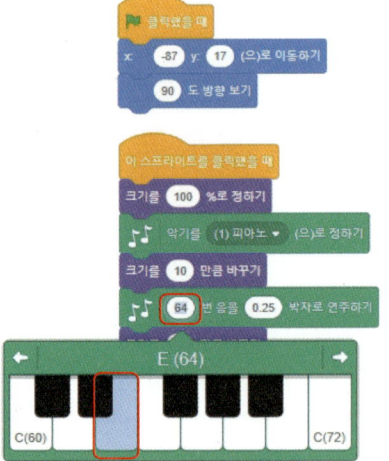

레 스프라이트 위치 설정하기

화면을 보면 코드 화면에 있는 x, y의 숫자와 무대 아래에 있는 x, y의 숫자가 다른 것을 볼 수 있습니다. 코드 화면에 있는 x, y의 숫자는 도 스프라이트에서 복사해 온 숫자 그대로입니다. 무대 아래에 있는 x, y의 숫자는 레 스프라이트의 실제 숫자입니다.
따라서 코드 화면의 x, y의 숫자를 무대 아래에 있는 x, y의 숫자로 고쳐 주어야 레 스프라이트가 제대로 된 위치를 잡을 수 있습니다. 그리고 도와 레의 높이가 같아야 하므로 레 스프라이트의 y 숫자는 도 스프라이트의 y 숫자와 같게 만들어 줍니다.

07 파 스프라이트부터 높은 도 스프라이트까지의 코드는 그림과 같습니다.

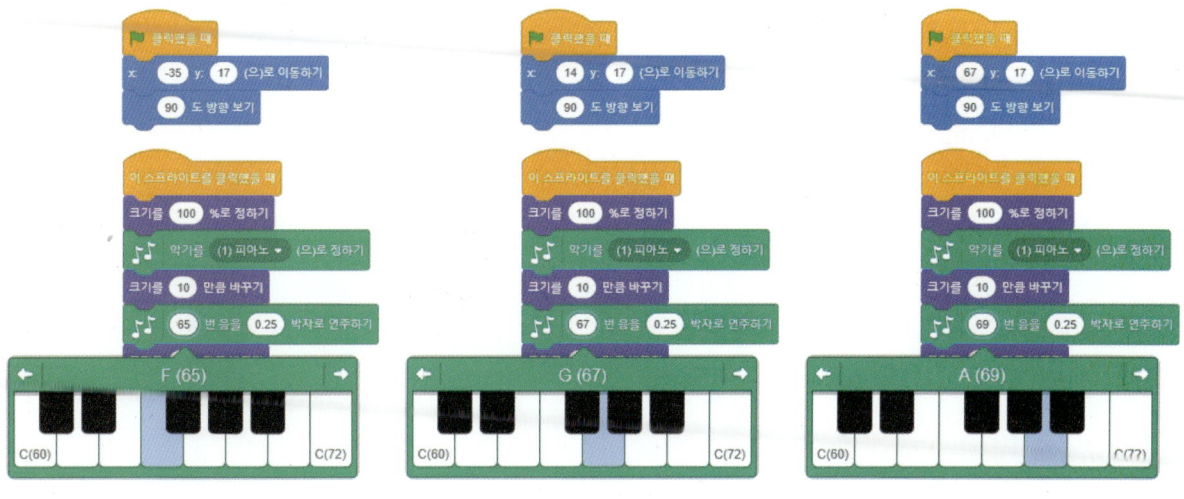

파 스프라이트 코드 솔 스프라이트 코드 라 스프라이트 코드

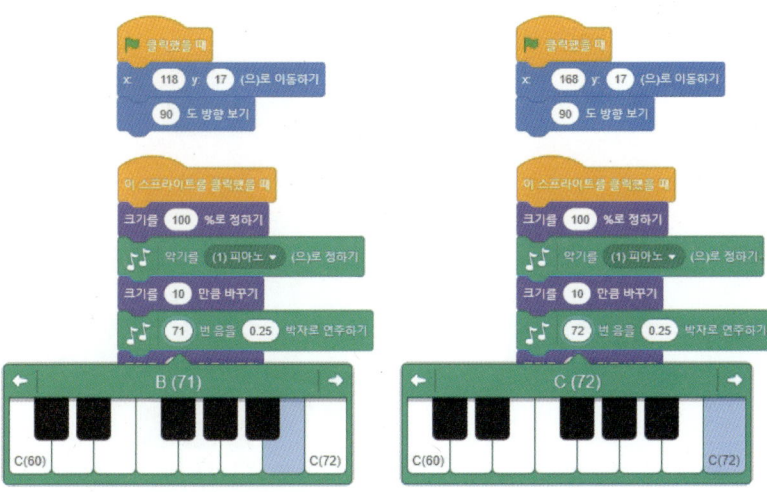

시 스프라이트 코드 도2 스프라이트 코드

08 건반이 완성되었습니다. 도부터 차례대로 눌러서 음이 제대로 나고 잘 움직이는지 확인합니다.

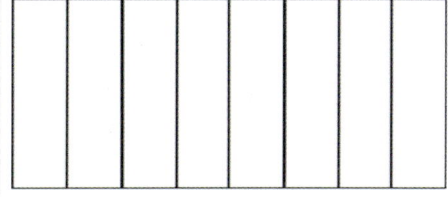

Step5 검은 건반 만들기

하얀색 건반을 만드는 것과 같은 방법으로 검은 건반을 만들어봅니다.

01 도 스프라이트를 복사합니다. 스프라이트 이름은 자신이 원하는 이름으로 바꿉니다. **모양** 탭으로 가서 **채우기 색**을 클릭하여 검은색을 설정한 후, 건반의 하얀색을 클릭합니다.

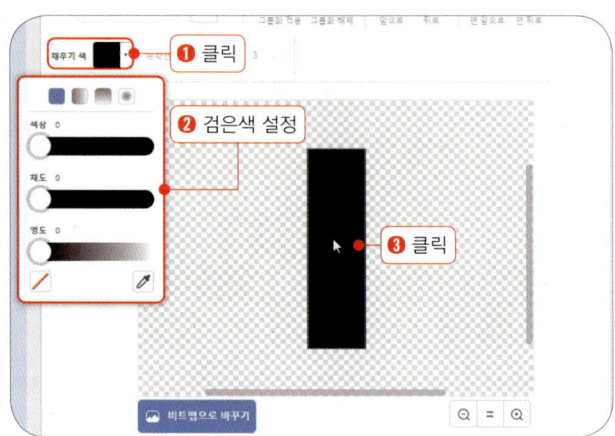

02 적당한 크기로 줄인 다음 도와 레 스프라이트 사이에 두고, **코드** 탭에서 x와 y의 숫자와 음 번호를 고칩니다.

03 나머지 까만 색 건반도 같은 방법으로 스프라이트를 만들어서 하얀색 건반 사이에 두고, 코드의 x와 y의 숫자와 음 번호 들을 각각 고칩니다.
피아노가 완성되었습니다. 파일로 저장합니다.

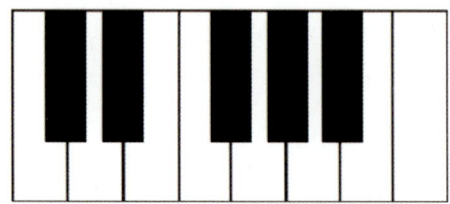

배운 내용 활용하기 — 자동 연주기 만들기

우리가 만든 피아노는 직접 연주를 하는 수동 방식입니다. 이번에는 오르골 같이 시작하기만 클릭하면 정해진 음악을 자동으로 연주하는 자동 연주기를 만들어봅니다. 연주할 노래는 생일 축하 노래입니다.

미리 듣기

∴ 완성된 파일은 바다공부방 카페(cafe.naver.com/eduinshight)에서 다운로드할 수 있습니다.

완성된 코드

01 민지 무대 아래에 있는 **무대** 글자를 클릭해서 무대의 코드 화면으로 갑니다.

02 무대의 **코드** 화면에서 아래와 같이 코드를 만듭니다.
생일축하 노래 계이름은 **레레 미레 솔솔 파#, 레레 미레 라라솔, 레레 (높은)레시 솔파# 미, (높은)도(높은)도 시솔 라라 솔**입니다.
여기서 주의할 것은 파가 **파#**이라는 것입니다. 우리가 만든 건반 중에서 세 번째 까만색 건반이 파#이며 번호로는 66번입니다. 코드를 만들 때 특히 음 번호와 반복에 주의하도록 합니다.

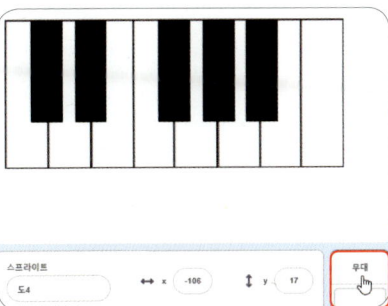

❶ 이벤트의 클릭했을 때 드래그
❷ 음악의 악기를 피아노로 정하기 드래그
❸ 제어의 10번 반복하기 드래그, 10을 2로
❹ 음악의 60번 음을 0.25 박자로 연주하기 드래그, 레에 해당하는 62번으로 바꿈
❺ 음악의 60번 음을 0.25 박자로 연주하기를 드래그, 미에 해당하는 64번으로 바꿈
❻ 음악의 60번 음을 0.25 박자로 연주하기를 드래그하고 레에 해당하는 62번으로 바꿈
❼ 제어의 10번 반복하기 드래그, 10을 2로
❽ 음악의 60번 음을 0.25 박자로 연주하기 드래그, 솔에 해당하는 67번으로 바꿈
❾ 음악의 60번 음을 0.25 박자로 연주하기 드래그, 파#에 해당하는 66번으로 바꿈
❿ 제어의 1초 기다리기를 드래그, 1을 0.5로
⓫ 제어의 10번 반복하기를 드래그, 10을 2로
⓬ 음악의 60번 음을 0.25 박자로 연주하기 드래그, 2번 반복하기 안에 넣고 레에 해당하는 62번으로 바꿈
⓭ 음악의 60번 음을 0.25 박자로 연주하기 드래그, 미에 해당하는 64번으로 바꿈
⓮ 음악의 60번 음을 0.25 박자로 연주하기 드래그, 레에 해당하는 62번으로 바꿈

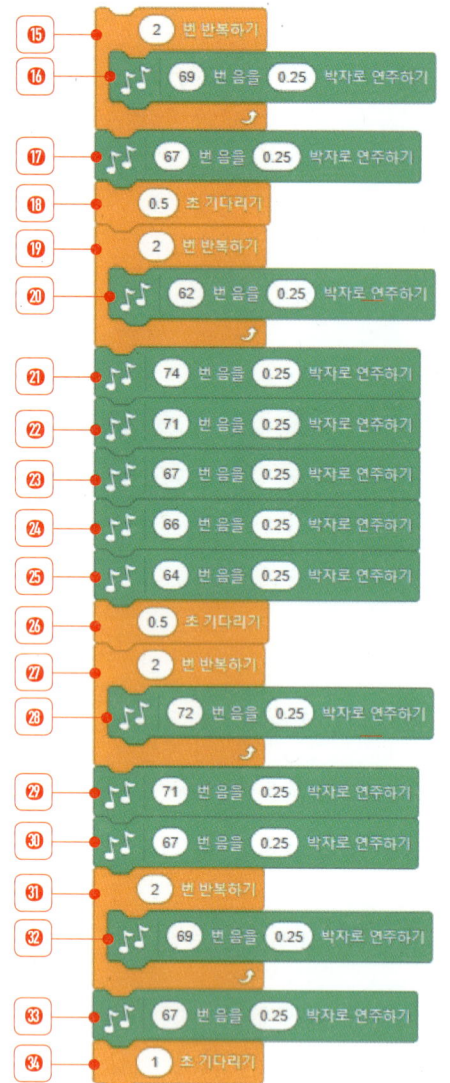

⑮ 제어의 10번 반복하기를 드래그, 10을 2로
⑯ 음악의 60번 음을 0.25 박자로 연주하기 드래그, 라에 해당하는 69번으로 바꿈
⑰ 음악의 60번 음을 0.25 박자로 연주하기 드래그, 솔에 해당하는 67번으로 바꿈
⑱ 제어의 1초 기다리기를 드래그하고 1을 0.5로
⑲ 제어의 10번 반복하기를 드래그하고 10을 2로
⑳ 음악의 60번 음을 0.25 박자로 연주하기 드래그, 레에 해당하는 62번으로 바꿈
㉑ 음악의 60번 음을 0.25 박자로 연주하기 드래그, 높은 레에 해당하는 74번으로 바꿈
㉒ 음악의 60번 음을 0.25 박자로 연주하기 드래그, 시에 해당하는 71번으로 바꿈
㉓ 음악의 60번 음을 0.25 박자로 연주하기 드래그, 솔에 해당하는 67번으로 바꿈
㉔ 음악의 60번 음을 0.25 박자로 연주하기 드래그, 파#에 해당하는 66번으로 바꿈
㉕ 음악의 60번 음을 0.25 박자로 연주하기 드래그, 미에 해당하는 64번으로 바꿈
㉖ 제어의 1초 기다리기를 드래그, 1을 0.5로
㉗ 제어의 10번 반복하기를 드래그, 10을 2로
㉘ 음악의 60번 음을 0.25 박자로 연주하기 드래그, 높은 도에 해당하는 72번으로 바꿈
㉙ 음악의 60번 음을 0.25 박자로 연주하기 드래그, 시에 해당하는 71번으로 바꿈
㉚ 음악에서 60번 음을 0.25 박자로 연주하기 드래그, 솔에 해당하는 67번으로 바꿈
㉛ 제어의 10번 반복하기를 드래그하고 10을 2로
㉜ 음악의 60번 음을 0.25 박자로 연주하기를 드래그, 라에 해당하는 69번으로 바꿈
㉝ 음악의 60번 음을 0.25 박자로 연주하기 드래그하고 솔에 해당하는 67번으로 바꿈
㉞ 제어의 1초 기다리기 드래그

03 코드를 완성하고 **시작하기**를 클릭해서 생일 축하 노래가 제대로 나오는지 들어봅니다. 음이 이상하거나, 반복이 안 되는 경우 코드를 자세히 살펴보고 틀린 부분이 있으면 책과 같이 고칩니다.

PART 4
스크래치로 GAME하기

벽돌 깨기 | 유령 잡기 | 우주 전쟁

벽돌 깨기

공으로 벽돌을 깰수록 점수가 올라가고, 공을 놓치면 생명이 줄어드는 벽돌 깨기 게임을 만들어봅니다.

학습목표

① 배경 편집 기능을 사용할 수 있습니다.

② 변수의 개념을 이해하고 사용법을 익힐 수 있습니다.

완성된 모습

시작하기를 클릭한 후, Space Bar 키를 누르면 게임이 시작됩니다. 화살표 키를 이용하여 막대를 움직여 공을 튕겨냅니다. 위의 벽돌에 공이 맞으면 점수가 올라가고 바닥에 떨어지면 생명이 깎입니다.

완성된 파일은 **바다공부방 카페**(cafe.naver.com/eduinshight) 에서 다운로드할 수 있습니다.

프로젝트 맵

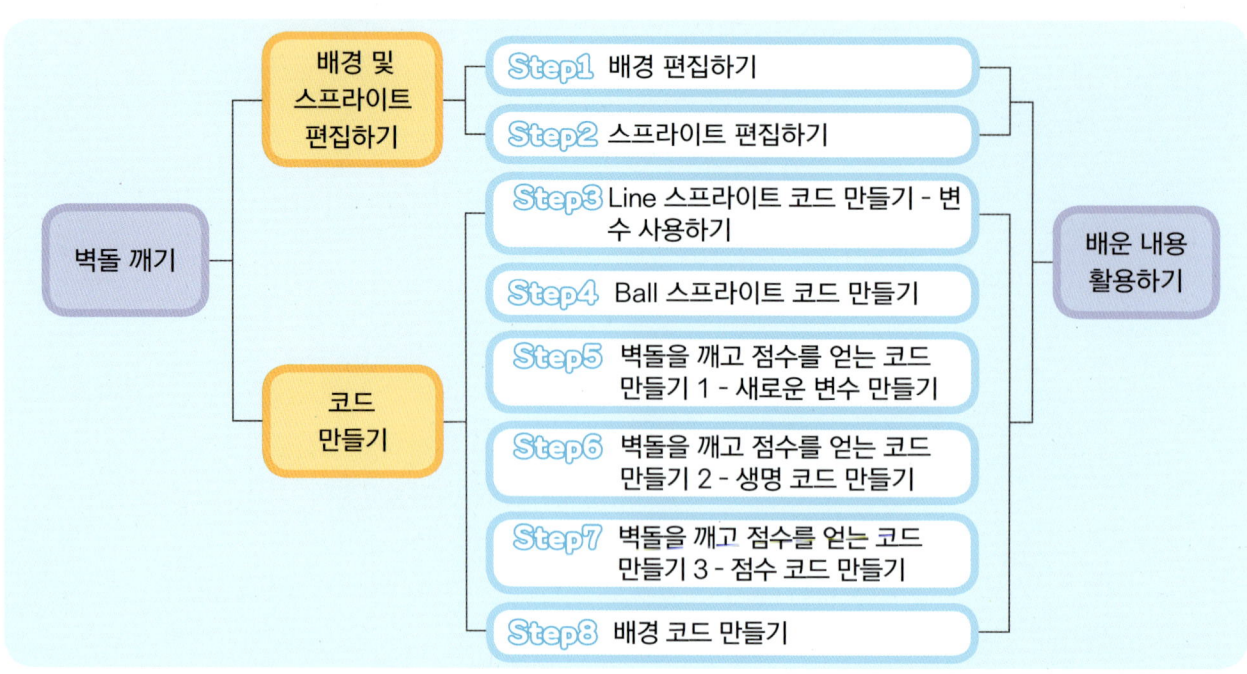

Step1 배경 편집하기

벽돌 깨기 게임은 크게 시작과 진행, 끝이 있고 각각에 해당하는 3가지 배경이 필요합니다. 이번에는 배경을 편집해서 3가지 배경을 만들어봅니다.

01 만들기 화면으로 가서 고양이 스프라이트를 삭제하고 **배경 고르기**를 클릭합니다.

02 **배경 고르기** 화면에서 Blue Sky를 선택합니다.

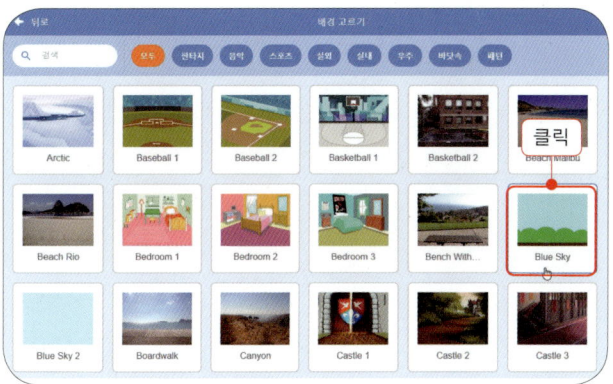

03 **배경** 탭을 선택하고 Blue Sky 배경 화면 아이콘을 마우스 오른쪽 클릭하고 **복사**를 클릭합니다.

잠깐! 배경 화면 아이콘을 복사하여 3가지 배경을 만들 것입니다.

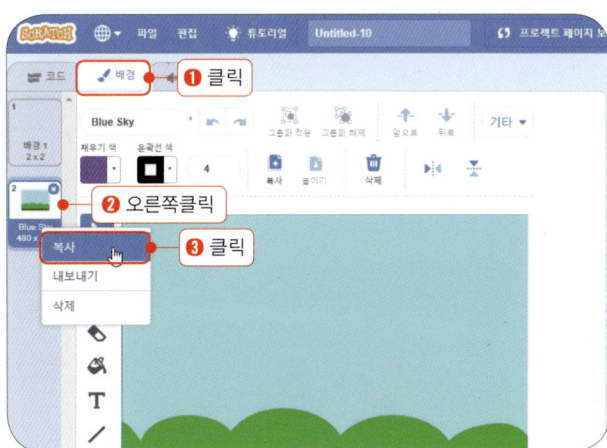

PART4 벽돌 깨기 **133**

04 Blue Sky2 배경 화면이 만들어집니다. 같은 방법으로 Blue Sky3 배경 화면도 만듭니다.

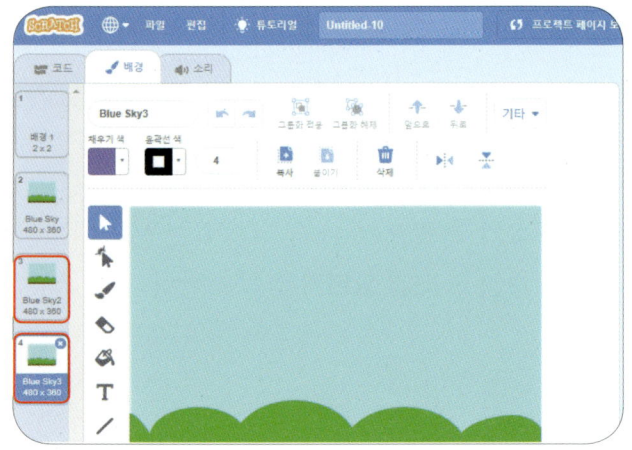

05 Blue Sky 배경 화면 아이콘을 선택하고 T 아이콘을 클릭합니다. 그리고 배경 화면을 클릭한 후 Game Start를 입력합니다.

> **잠깐!** T 는 텍스트 아이콘으로 T 를 클릭하고 배경에 클릭하면 커서가 깜박이면서 글씨를 입력할 수 있습니다.

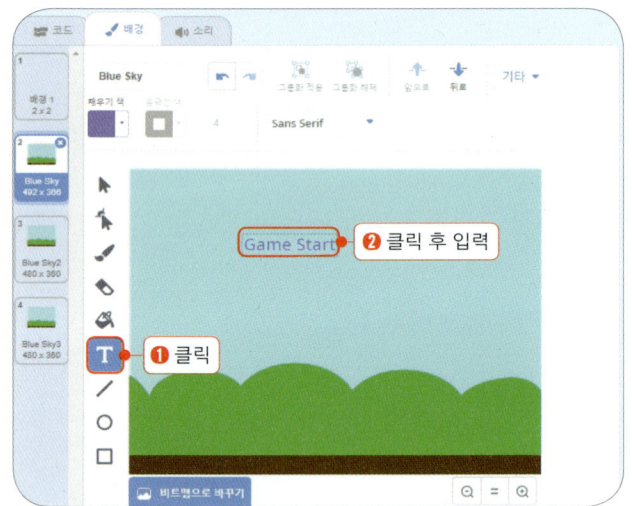

06 **채우기 색**을 이용하여 글자의 색을 자신이 원하는 색으로 바꿉니다.

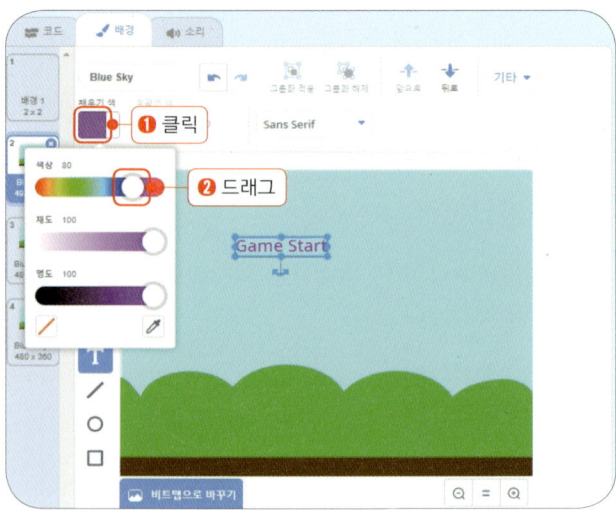

07 배경 화면 위의 Sans Serif를 클릭하면 글씨체를 선택할 수 있습니다. 각자 원하는 글씨체를 선택합니다.

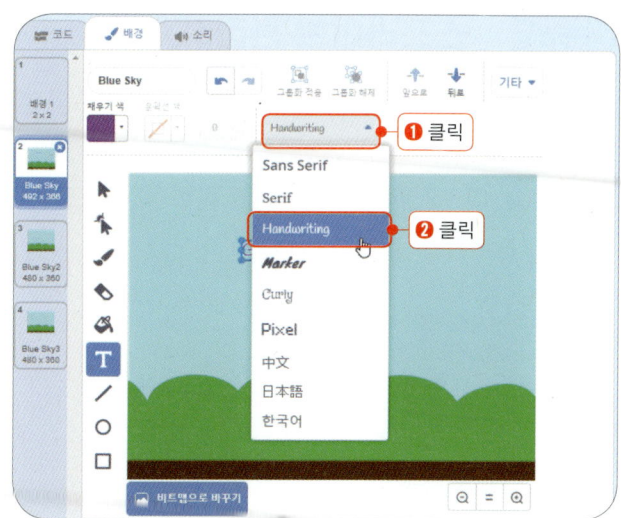

08 마우스를 드래그하여 글자의 크기를 적당히 키웁니다. 그리고 무대 가운데로 위치시킵니다.

09 같은 방법으로 Blue Sky3 배경 화면에 Game Over라고 쓰고 글자의 색과 크기, 위치를 설정합니다.
배경 화면 편집이 완료되었습니다. 이렇게 배경 화면들은 게임의 시작, 진행, 끝에 따라 다르게 나타납니다.

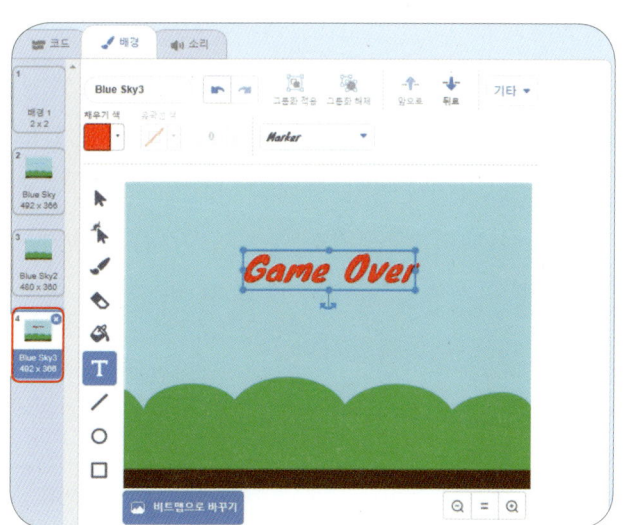

Step2 스프라이트 편집하기

벽돌 깨기에서 사용될 막대와 공, 벽돌을 각각 스프라이트 고르기에서 가져오거나 직접 그립니다.

01 Blue Sky2 배경 화면을 클릭한 후 **스프라이트 고르기**를 클릭합니다.

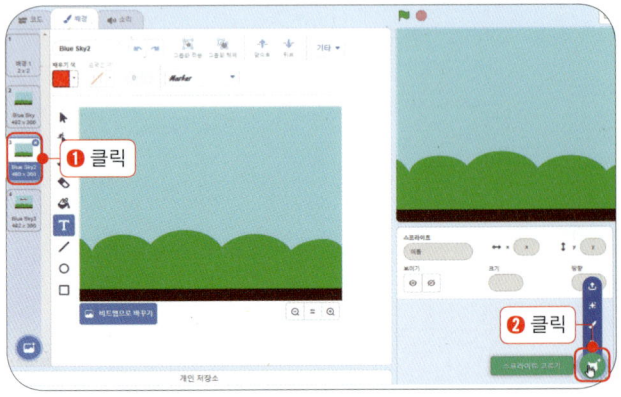

02 **스프라이트 고르기** 화면에서 Ball과 Line 스프라이트를 찾아 선택합니다.

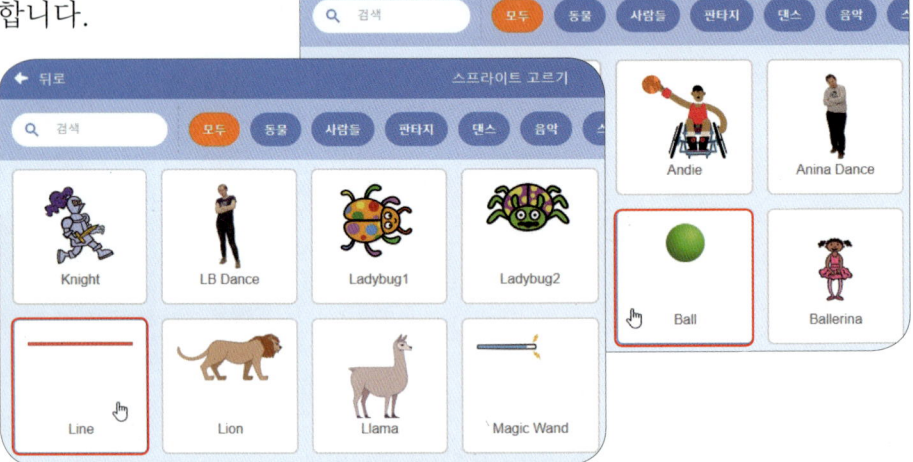

03 Ball과 Line 스프라이트의 크기가 크기 때문에 줄여주어야 합니다. Line 스프라이트를 선택한 후 **모양** 탭을 클릭합니다. 그리고 아이콘을 클릭한 다음 화면의 Line 스프라이트를 선택합니다.

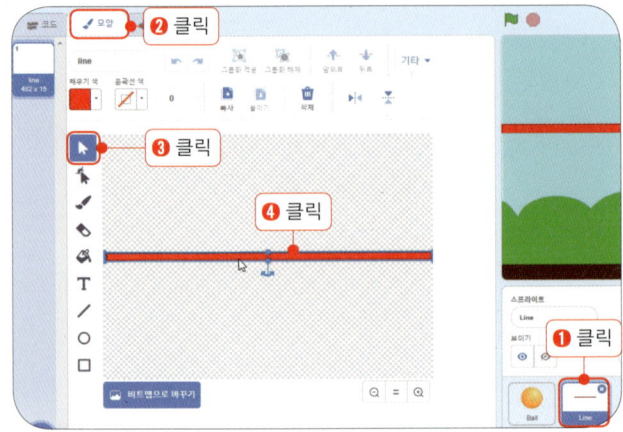

136　I'm 스크래치 3.0

04 Line 스프라이트의 길이는 줄이고, 두께는 넓히고, **모양** 화면의 중심점에 Line 스프라이트의 중심이 오게 합니다.

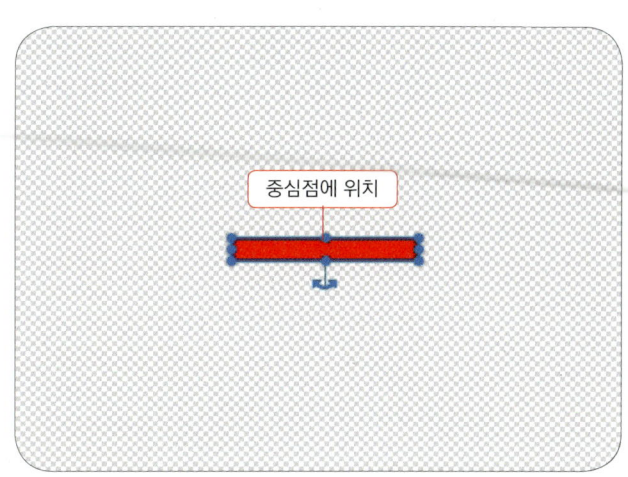

05 이제 Ball 스프라이트 크기를 줄입니다. Ball 스프라이트 아이콘을 클릭하고, 무대 아래 Ball 스프라이트의 크기를 **70**으로 바꿉니다.

> **잠깐!** Ball 스프라이트는 모양이 여러 개이기 때문에 모양 화면에서 크기를 줄이지 않고 무대에서 크기를 줄입니다. 여기서 크기를 줄이면 Ball 스프라이트 모양 모두가 한번에 바뀝니다.

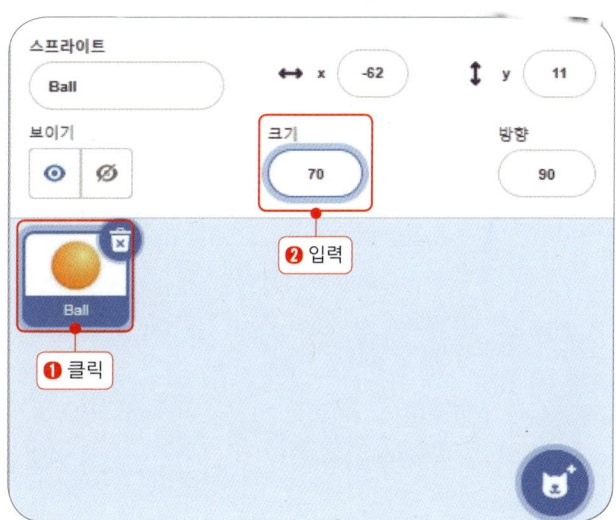

06 이제 벽돌 역할을 하는 스프라이트를 스프라이트 그리기로 만듭니다. **그리기** 메뉴를 클릭합니다.

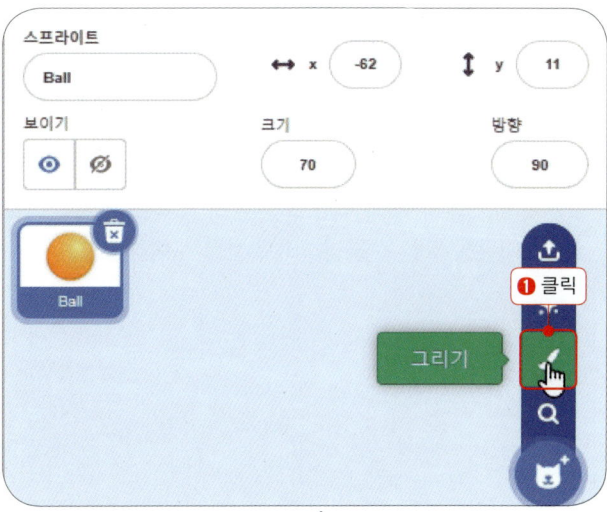

07 그리기 **모양** 탭에서 ▢ 아이콘을 선택한 후, 마우스를 이용해 적당한 크기로 벽돌 스프라이트를 만들고 색깔도 바꿉니다.

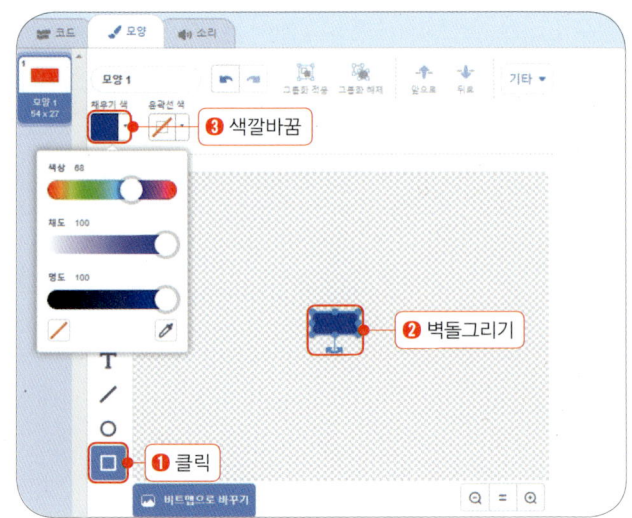

08 무대 화면에서 마우스로 벽돌 스프라이트를 드래그하여 무대 화면 왼쪽 위에 위치시킵니다.

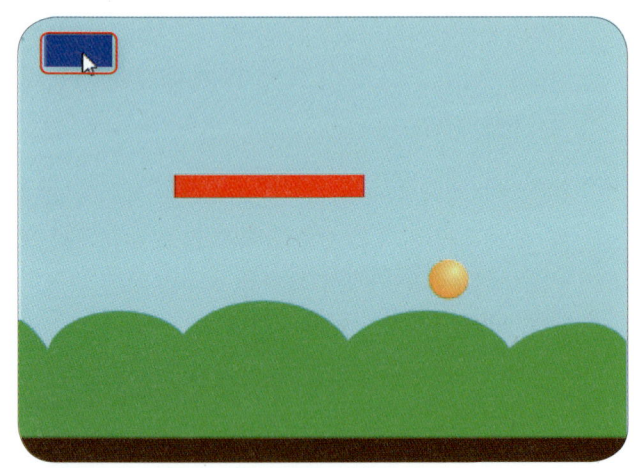

09 게임에서는 여러 개의 벽돌이 필요합니다. 그림과 같이 벽돌 8개를 복사하여 색깔을 바꿔주고, 적당한 위치에 놓습니다.

잠깐! 여러 개의 벽돌을 만들려면 벽돌 스프라이트 아이콘을 오른쪽 클릭하여 복사를 선택하세요.

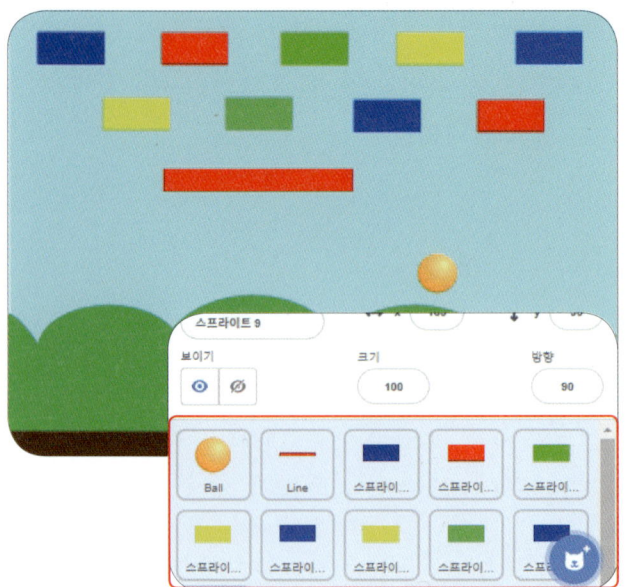

Step3 Line 스프라이트 코드 만들기 - 변수 사용하기

먼저 공을 튕겨 내는 막대 역할을 하는 Line 스프라이트의 코드부터 만듭니다. Line 스프라이트를 선택하고 코드 화면으로 이동합니다.

01 다음 순서대로 코드 블록들을 차례대로 배치합니다.

❶ **이벤트**의 **클릭했을 때**를 드래그합니다.

❷ **동작**의 **x, y (으)로 이동하기**를 드래그합니다.

❸ **제어**의 **무한 반복하기**를 드래그합니다.

❹ **제어**의 **만약 ~(이)라면**을 드래그하여 **무한 반복하기** 안에 넣습니다.

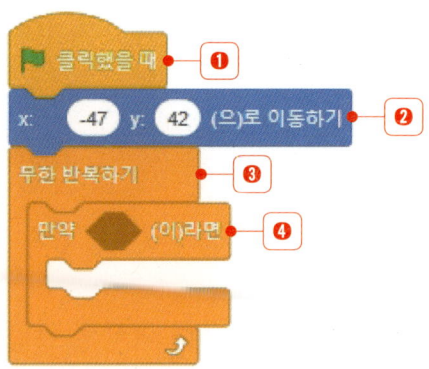

02 **감지**의 **스페이스 키를 눌렀는가?**를 드래그하여 **만약 ~(이)라면**의 육각형 틀 안에 넣습니다. 그리고 **스페이스** 글자를 클릭하여 **오른쪽 화살표**를 선택합니다.

> **잠깐!** 방향키를 눌렀을 때 막대가 좌우로 움직이도록 설정하는 것입니다.

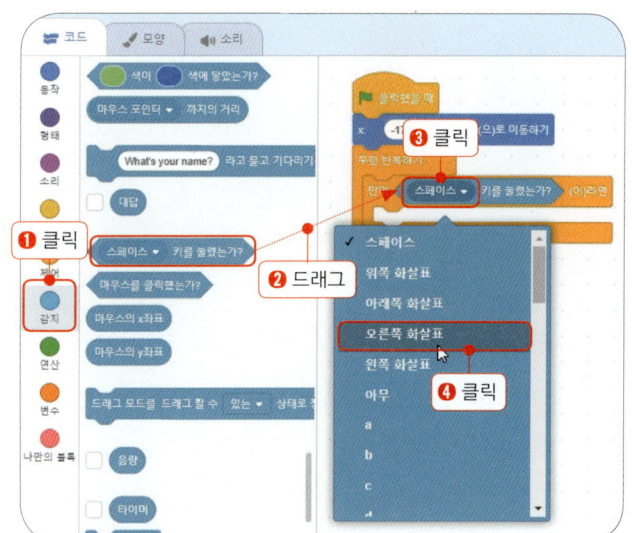

03 **동작**에서 **x 좌표를 10 만큼 바꾸기**를 드래그하여 **만약 오른쪽 화살표 키를 눌렀는가?** 안에 넣습니다. 그리고 **만약 오른쪽 화살표 키를 눌렀는가?** 블록을 마우스 오른쪽 클릭해서 **복사하기**를 클릭합니다. 블록 모음이 복사되어 나타납니다.

> **잠깐!** 오른쪽 화살표 키를 누르면 막대가 오른쪽으로 10만큼 이동합니다.

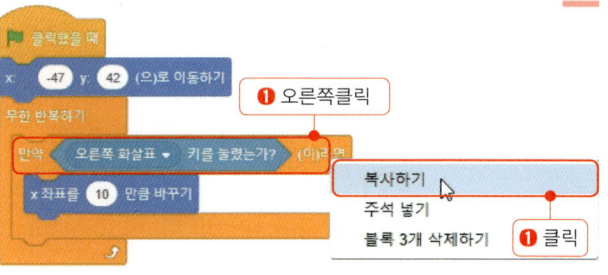

04 복사된 블록 모음을 먼저 있던 **만약 오른쪽 화살표 키를 눌렀는가?** 블록 아래에 붙입니다. 그런 다음 **오른쪽 화살표** 글자를 클릭해서 **왼쪽 화살표**로 바꿔줍니다. 계속해서 **x 좌표를 10 만큼 바꾸기**에서 10을 -10으로 고칩니다.

> 잠깐! 10을 -10으로 바꾸면 왼쪽으로 10만큼 이동하게 됩니다.

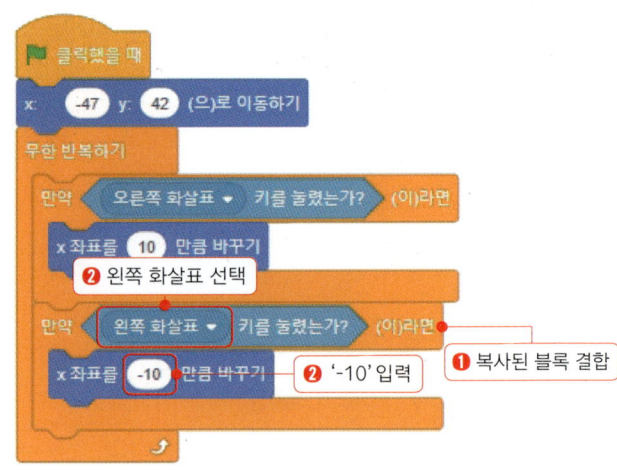

05 무대에 있는 Line 스프라이트 위치를 그림과 같이 놓은 다음, 무대 아래의 x와 y의 값으로, **x, y (으)로 이동하기** 블록의 숫자를 수정합니다.

> 잠깐! 막대가 처음 시작하는 위치를 정하는 것입니다.

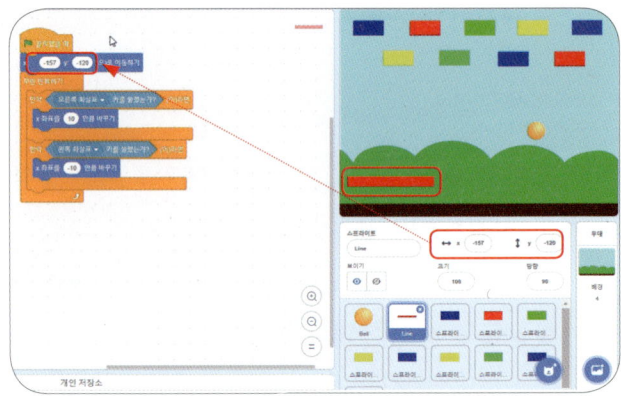

06 **시작하기**를 클릭하고 키보드의 오른쪽, 왼쪽 화살표를 눌러서 Line 스프라이트가 우리가 정한 위치로 온 다음 무대에서 오른쪽, 왼쪽으로 잘 움직이는지 확인합니다.

Step4 Ball 스프라이트 코드 만들기

이번에는 Ball 스프라이트의 코드를 만들어봅니다. Ball 스프라이트는 Line 스프라이트에 닿으면 튕겨 나가면서 위 아래로 무작위로 움직이며 벽돌을 깹니다.

01 이벤트의 **클릭했을 때**와 동작의 **x, y (으)로 이동하기**를 드래그하여 놓습니다. 그리고 **감지**의 **무대의 배경 번호** 블록을 가져와서 x, y (으)로 이동하기의 x와 y의 숫자 칸에 각각 넣습니다.

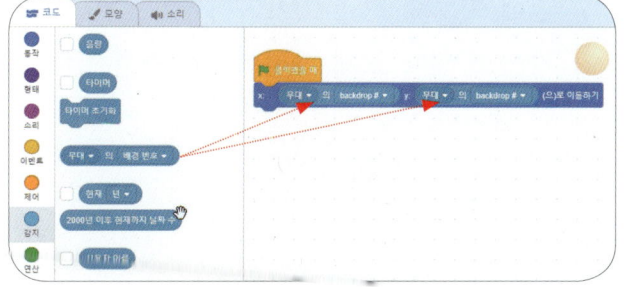

> **잠깐!** 무대의 배경 번호 블록을 사용하는 것은 시작할 때 Ball 스프라이트의 위치를 특정 스프라이트에 위치시키기 위해서입니다.

02 **무대** 글자를 클릭하고 **Line**을 선택합니다. x와 y칸 모두 Line으로 바꿉니다.

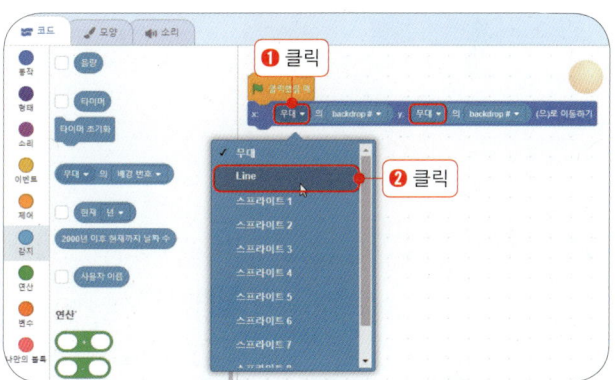

03 무대를 Line으로 바꾸면 **배경 번호**가 **x좌표**로 바뀌는 것을 볼 수 있습니다. y칸은 **x좌표**를 클릭해서 메뉴가 나타나면 **y좌표**로 고칩니다.

> **잠깐!** 이렇게 하면 게임을 시작할 때 Ball 스프라이트가 Line 스프라이트의 가운데에 위치하게 합니다.

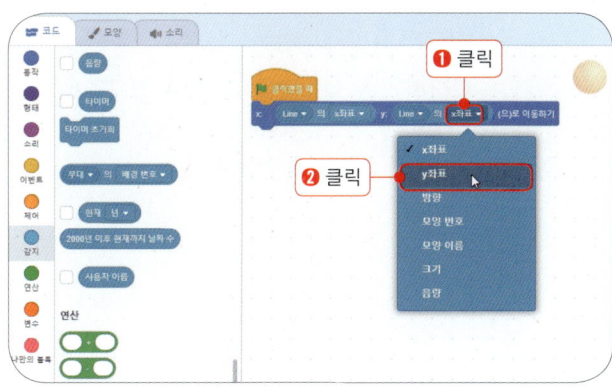

04 **시작하기**를 클릭하면 Ball 스프라이트가 Line 스프라이트가 있는 곳으로 위치가 바뀝니다. 그런데, Line 스프라이트와 겹쳐 있습니다. 벽돌 깨기 게임은 보통 공이 막대 위에 있지요. Ball 스프라이트가 Line 스프라이트 위에 오게 하려면 y좌표를 수정해야 합니다.

05 **연산**의 **덧셈** 블록을 드래그하여 놓은 다음, Line의 y좌표를 y칸에서 빼내어 덧셈 블록의 앞 칸에 넣습니다.

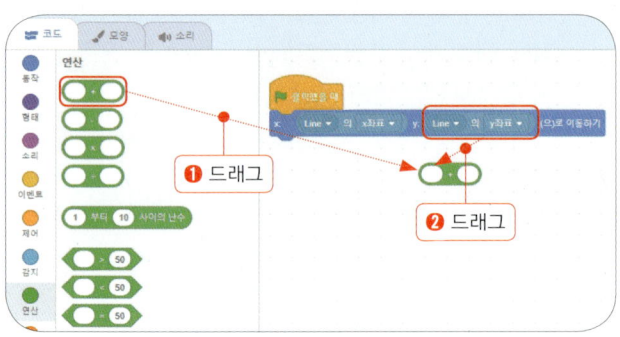

06 **덧셈** 블록을 다시 y칸에 넣습니다. 그리고 뒤 칸에 숫자를 조금씩 고쳐가면서 Ball 스프라이트가 Line 스프라이트 바로 위에 오게 해서 두 스프라이트가 마치 붙어 있는 것처럼 보이게 합니다.

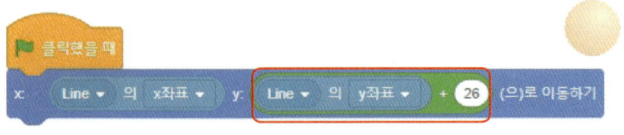

잠깐! 시작하기를 클릭했을 때 Ball 스프라이트가 Line 스프라이트의 가운데에 오지 않을 경우 시작하기를 한 번 더 클릭하면 바른 위치로 오게 됩니다.

07 이제 Ball 스프라이트를 움직이는 코드를 만듭니다. 그림처럼 스크립트 화면 빈 곳에 차례대로 코드 블록을 놓습니다.

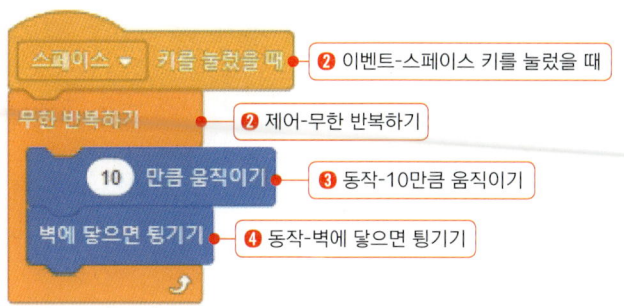

08 **시작하기**와 `Space Bar` 키를 누르면 Ball 스프라이트가 계속 좌우로만 움직입니다. 공이 위 아래로 움직이게 하려면 회전을 주어야 합니다. **제어**의 **만약 ~(이)라면**을 드래그하여 그림과 같이 붙입니다.

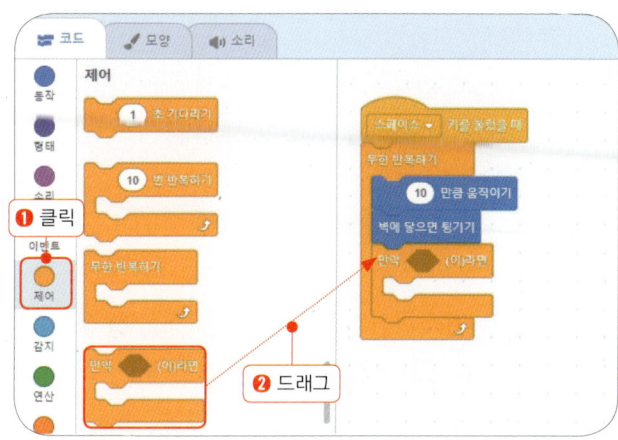

09 계속해서 다음과 같이 블록을 드래그하여 붙입니다.

❶ **감지**의 **마우스 포인터에 닿았는가?**를 육각형 안에 드래그하고 **마우스 포인터** 글자를 클릭해서 Line을 선택합니다.

❷ **동작**의 ↻ **방향으로 15도 회전하기**를 드래그하여 **만약 ~(이)라면** 안에 넣습니다.

❸ **연산**의 **1부터 10사이의 난수**를 드래그하여 **오른쪽 방향으로 15도 회전하기** 블록의 15칸에 넣고, 1은 **120**으로 10은 **200**으로 바꿉니다.

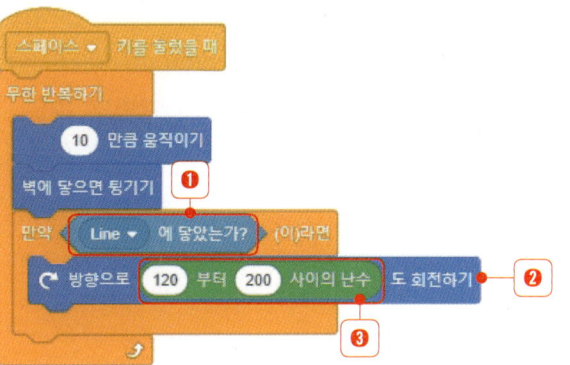

잠깐! 난수는 임의의 수라고도 하며, 게임이나 시뮬레이션을 만들 때 많이 쓰입니다. 난수는 입력된 숫자 사이의 값 중 아무 수나 선택해 값을 내주기 때문에 동작을 자유롭게 연출할 수 있습니다. 여기서는 Ball 스프라이트가 Line 스프라이트에 닿으면 120도에서 200도 사이에서 무작위로 회전하며 튕기게 됩니다.

Step5 벽돌을 깨고 점수를 얻는 코드 만들기 1 - 새로운 변수 만들기

이번에는 변수라는 새로운 기능을 이용하여 벽돌을 깰 때마다 점수를 획득하는 코드를 만듭니다.

01 코드 모음에서 **변수**를 클릭하고 **변수 만들기**를 클릭합니다.

> **잠깐!** 변수를 만드는 곳은 어디든지 상관없습니다. **변수**는 변수 정하기나 바꾸기 등이 적용된 스프라이트에서만 작동합니다.

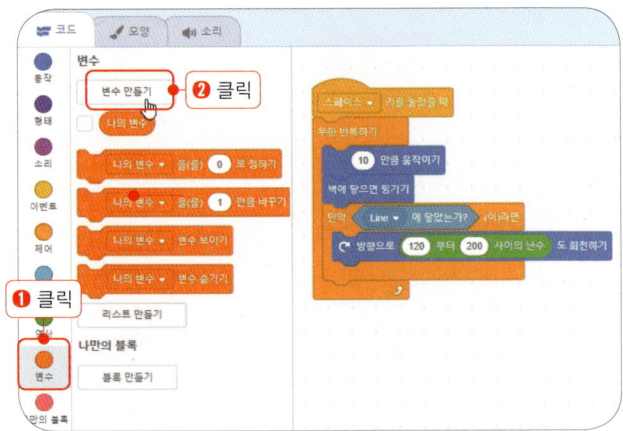

02 새로운 변수라는 창이 나타납니다. **점수**로 이름을 입력하고 **확인**을 클릭합니다.

> **잠깐!** 모든 스프라이트에서 사용과 이 스프라이트에서만 사용이 있는데 이것은 우리가 만든 변수가 모든 스프라이트에서 사용될 것인지, 이 스프라이트에서만 사용될 것인지를 묻는 것입니다. 우리는 이 변수를 모든 스프라이트에서 사용할 것이기 때문에 모든 스프라이트에서 사용에 체크된 그대로 둡니다.

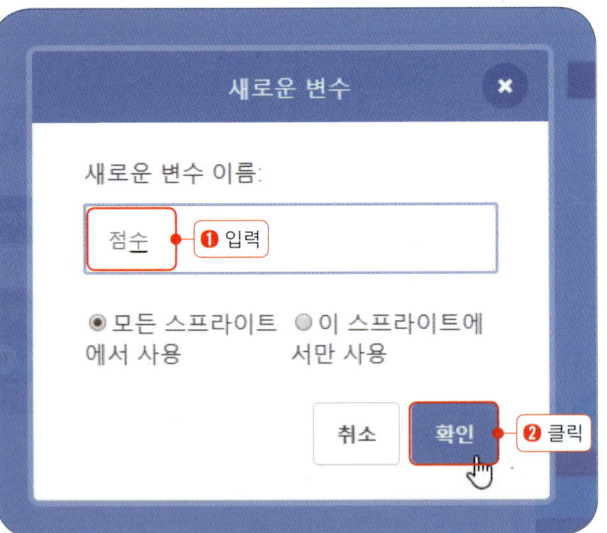

변수

우리가 만드는 벽돌 깨기 게임은 벽돌을 깨면 점수가 올라가고, 공을 놓쳐서 바닥에 떨어지면 생명이 줄어듭니다. 그런데, 벽돌을 하나 깨면 1점, 두 개 깨면 2점, 세 개 깨면 3점,… 이렇게 우리가 일일이 정해 주려면 코드가 너무 복잡하고 길어질 것입니다. 이때 필요한 것이 변수입니다. 변수 코드를 사용하면 벽돌을 1번 깰 때마다 일일이 숫자를 우리가 정해주지 않아도 됩니다. 당연히 편리하고, 코드도 길어지지 않겠죠.

변수란 쉽게 말해 **숫자가 들어있는 상자**라고 볼 수 있습니다. 상자에 이름표가 붙어 있고 그 안에 여러 가지 숫자나 글자, 물건이 들어 있어서 우리가 필요할 때마다 꺼내 쓰는 것과 비슷하다고 할 수 있습니다.

03 **점수 변수** 블록이 만들어집니다. 같은 방법으로 **생명 변수** 블록도 만듭니다.

> 잠깐! 변수 블록이 만들어지면 무대에도 변수가 나타납니다. 변수 옆의 체크 표시를 클릭해서 표시를 없애면 무대에서 변수를 보이지 않게 만들 수 있습니다.

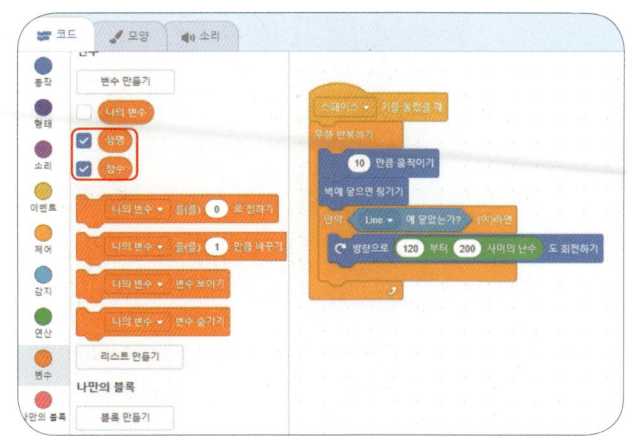

04 변수의 **나의 변수를 0로 정하기** 블록을 두 개 드래그하여 x, y (으)로 이동하기 아래에 붙입니다.

> 잠깐! 141쪽 Ball 스프라이트에서 처음 작성한 코드 아래에 위치 시킵니다.

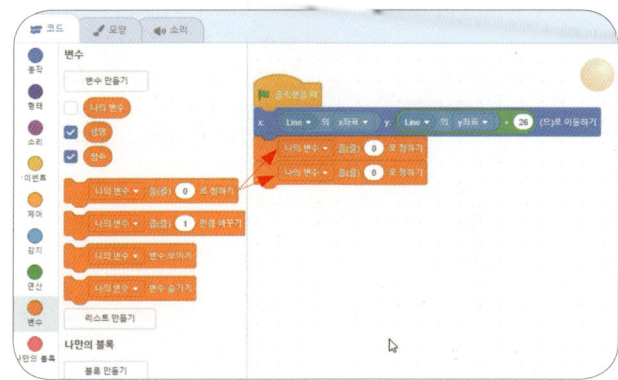

05 **나의 변수** 클릭하여 각각 **생명**과 **점수**를 선택합니다.

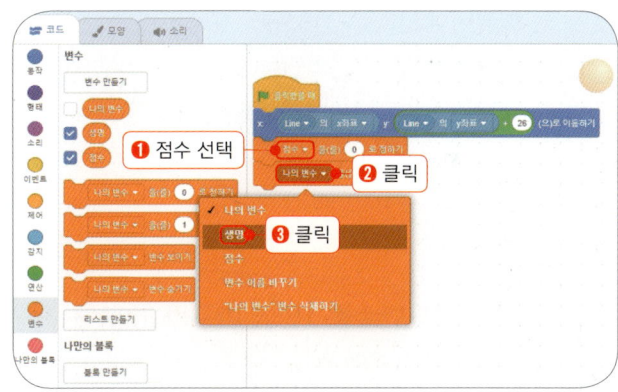

변수 정하기와 바꾸기

변수 블록에 **변수 정하기**와 **변수 바꾸기**가 있습니다. 변수 기능을 사용할 때 가끔 이 두 가지 블록을 헷갈려 하거나, 바꿔 사용하는 경우가 있습니다. 쉽게 이해하려면 앞에서 우리가 배운 **좌표 정하기**와 **좌표 바꾸기**를 생각하면 좋습니다. **정하기**는 우리가 어떤 숫자를 한 번 정해주면 변하지 않게 되고 **바꾸기**는 우리가 어떤 숫자를 입력해 놓으면 그만큼씩 숫자가 바뀌게 됩니다.

게임에서는 시작할 때 보통 점수를 0으로 정하고 미션을 달성할 때마다 점수가 올라가지요? 이처럼 0으로 정할 때는 **정하기**를, 점수가 바뀔 때는 **바꾸기** 변수를 사용합니다.

Step 6 벽돌을 깨고 점수를 얻는 코드 만들기 2 - 생명 코드 만들기

공이 바닥에 떨어질 때마다 생명이 1점씩 줄어드는 코드를 만듭니다.

01 게임을 시작할 때 점수는 0에서 시작해야 하니 점수의 숫자는 0 그대로 둡니다. 생명의 숫자는 0에서 100으로 고쳤습니다. 여러분은 자신이 원하는 만큼의 생명 숫자를 쓰면 됩니다. 그리고 무대에 있는 점수와 생명 표시는 벽돌을 가리지 않도록 바닥쪽으로 이동시킵니다.

02 이제 다음과 같이 생명이 줄어드는 코드를 만듭니다.
 ❶ Ball 스프라이트의 두 번째 코드 블록으로 이동합니다.
 ❷ **제어**의 **만약 ~(이)라면**을 드래그하여 붙입니다.
 ❸ **감지**의 **색에 닿았는가?**를 드래그하여 육각형 틀 안에 넣습니다.

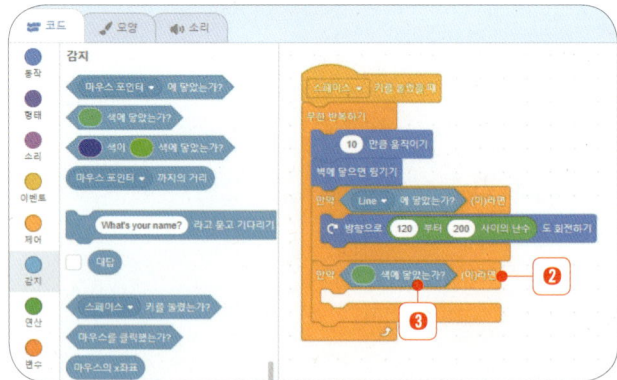

03 **변수**의 **나의 변수를 1만큼 바꾸기**를 드래그하여 **만약 ~(이)라면** 안에 넣습니다. 그리고 **나의 변수**는 **생명**으로 바꾸고 숫자는 **-1**로 고칩니다.

> **잠깐!** 공을 놓치면 생명이 줄어들어야 하므로 숫자 1을 -1로 고치는 것입니다.

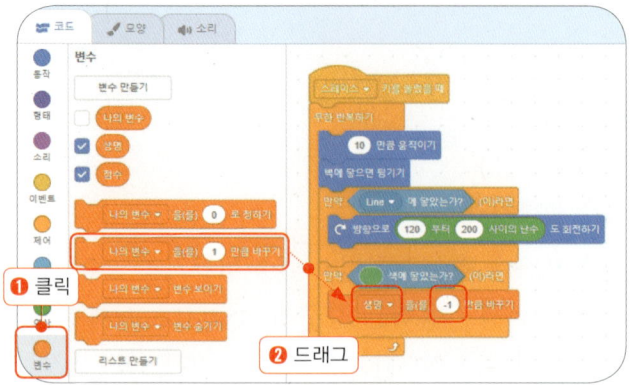

04 생명이 줄어들 때 닿는 색을 바닥의 색으로 하고자 합니다. 색깔을 클릭하고 그림 아이콘을 클릭합니다.

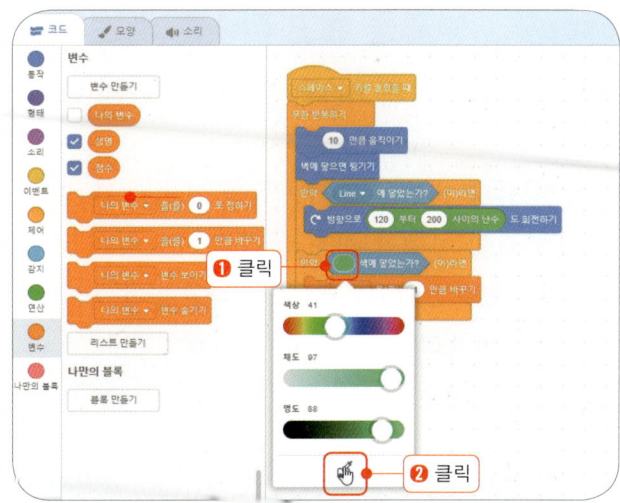

05 마우스를 무대로 가져가면 돋보기 효과로 바뀝니다. 바닥의 갈색을 클릭합니다.

06 색에 닿았는가? 블록의 색이 바닥의 색과 같은 색으로 바뀝니다.

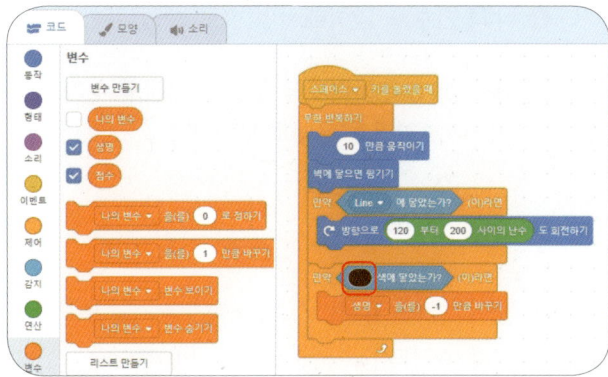

Step 7 벽돌을 깨고 점수를 얻는 코드 만들기 3 - 점수 코드 만들기

벽돌이 공에 닿을 때 사라지고 점수가 1점씩 올라가는 코드를 만듭니다.

01 첫 번째 벽돌 스프라이트를 선택한 후, 다음과 같이 실행합니다.

   ❶ **이벤트**의 **클릭했을 때**를 드래그합니다.
   ❷ **형태**의 **보이기**를 드래그하여 붙입니다.
   ❸ **동작**의 **x, y (으)로 이동하기**를 드래그하여 붙입니다.
   ❹ **제어**의 **무한 반복하기**를 드래그하여 붙입니다.
   ❺ **제어**의 **만약 ~(이)라면**을 드래그하여 **무한 반복하기** 안에 넣습니다.

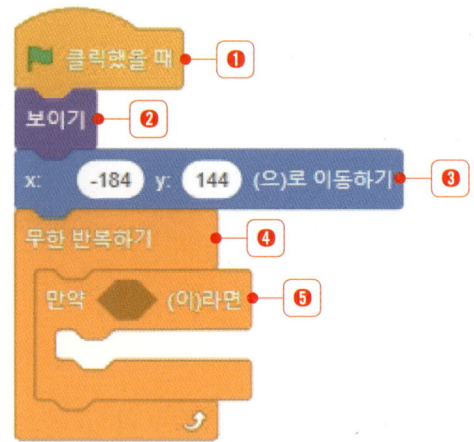

02 Ball 스프라이트가 닿을 때마다 점수가 1점씩 올라가도록 다음과 같이 코드를 실행합니다.

   ❶ **감지**의 **마우스 포인터가 닿았는가?**를 드래그하여 육각형 틀 안에 넣습니다.
   ❷ **마우스 포인터** 글자를 클릭하여 **Ball**로 바꿉니다.
   ❸ **변수**의 **나의 변수를 1만큼 바꾸기**를 **만약 ~(이)라면** 안에 넣습니다.
   ❹ **나의 변수**를 클릭해서 **점수**로 바꿉니다.

> **잠깐!** Ball 스프라이트에 닿을 때 마다 점수가 늘어야 하므로 숫자 1을 그대로 둡니다.

03 벽돌이 공에 Ball 스프라이트에 닿으면 사라졌다가 잠시 후 다시 나타나게 하기 위해 다음과 같이 실행합니다.

   ❶ **형태**의 **숨기기**를 드래그하여 **만약 ~(이)라면** 안에 넣습니다.
   ❷ **제어**의 **1초 기다리기**를 드래그하여 붙입니다.
   ❸ **형태**의 **보이기**를 드래그하여 붙입니다.

04 벽돌 스프라이트가 모두 9개이므로 벽돌 스프라이트 코드를 복사해서 나머지 벽돌 스프라이트들에게도 적용해야합니다.

코드 블록을 드래그하여 스프라이트 아이콘에 놓으면 코드가 복사됩니다.

05 **코드**를 복사한 후 스프라이트 2부터 스프라이트 9까지 복사된 스프라이트들의 **x, y (으)로 이동하기**에서 x와 y의 숫자를 각각 무대 아래 있는 숫자로 바꿉니다.

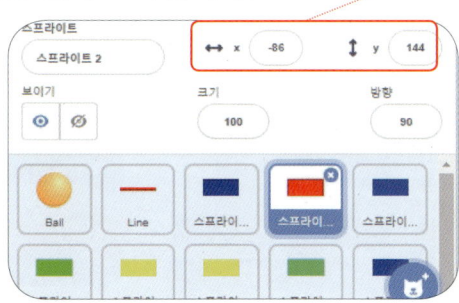

06 생명이 0이 되면 게임이 끝나는 코드를 추가하기 위해 다음과 같이 실행합니다.

❶ Ball 스프라이트 코드 화면으로 이동한 후, **제어**의 **만약 ~(이)라면**을 드래그하여 그림처럼 붙입니다.

❷ **연산**의 **=** 블록을 드래그하여 **만약 ~(이)라면**의 6각형 틀 안에 넣습니다.

❸ **변수**의 **생명** 블록을 드래그하여 **=** 블록의 앞칸에 넣어주고, 뒤 칸은 0으로 합니다.

잠깐! 이것은 생명이 0이 되면 **만약 ~(이)라면** 블록 안에 있는 행동을 하라는 뜻입니다.

❹ **제어**의 **멈추기 모두**를 드래그하여 **만약 ~(이)라면** 안에 넣습니다.

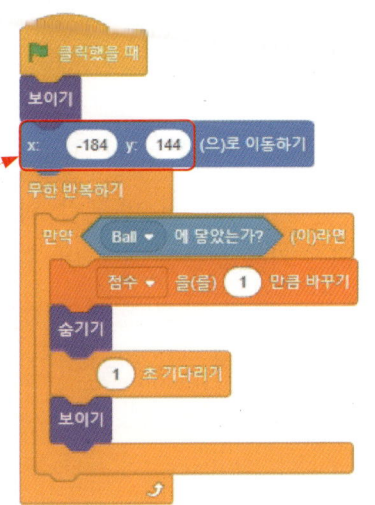

Step 8 배경 코드 만들기

이제 게임이 시작할 때, 진행중일 때, 게임이 끝날 때 지정한 배경 화면이 나타나도록 하는 코드를 만듭니다.

01 무대를 클릭하고(❶) **이벤트**의 **클릭했을 때**를 드래그합니다.(❷) 그런 다음 **형태**의 **배경을 배경1로 바꾸기**를 드래그하여 붙이고, (❸) **배경1** 글자를 클릭하여 Blue Sky를 선택합니다.(❹)

02 게임이 시작되면 진행 배경으로 바꾸기 위해 **이벤트**의 **스페이스 키를 눌렀을 때**를 빈 곳에 드래그합니다.(❶) 그런 다음 **형태**의 **배경을 배경1로 바꾸기**를 드래그하여 붙이고, (❷) **배경1** 글자를 클릭하여 Blue Sky2를 선택합니다.(❸)

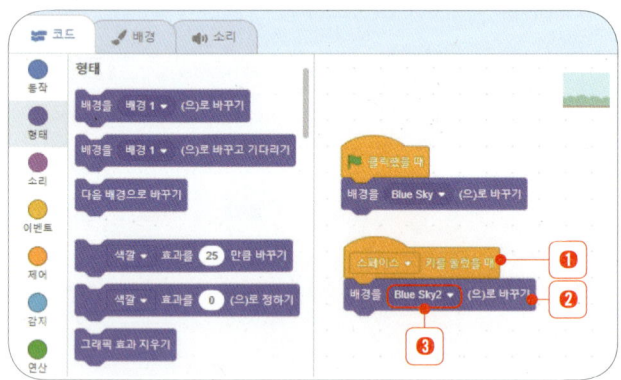

03 게임이 끝나면 Game Over 화면이 나오도록 다음과 같이 실행합니다.
  ❶ **제어**의 **무한 반복하기**와 **만약 ~(이)라면**을 차례로 드래그합니다.
  ❷ **연산**의 **같음 =**을 드래그하여 **만약 ~(이)라면**의 육각형 틀 안에 넣습니다.
  ❸ **변수**의 **생명**을 가져와서 **같음 =** 블록의 앞칸에 넣고, 뒤 칸은 0으로 고칩니다.
  ❹ **형태**에서 **배경을 배경1로 바꾸기**를 드래그하여 붙이고, **배경1** 글자를 클릭하고 Blue Sky3을 선택합니다.

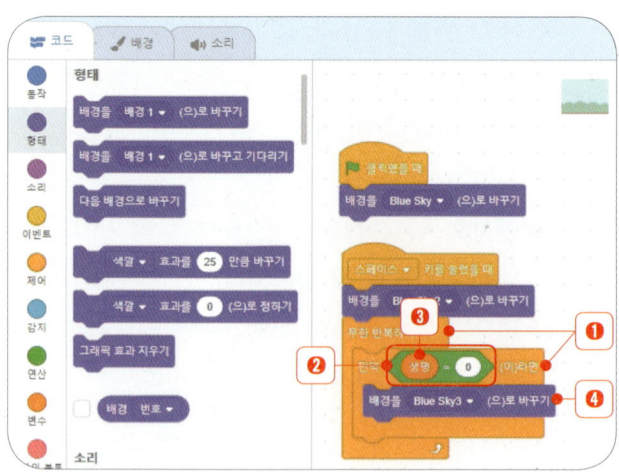

배운 내용 활용하기 — 게임 난이도 높이기

게임을 계속하다 보면 재미가 줄어들고 쉬워집니다. 점수가 정해진 기준을 넘으면 게임을 어려워지게 만들어서 좀 더 재미있는 게임이 되도록 해봅니다.

미리보기

공이 움직이는 기본 속도가 10이 되고, 점수가 20점이 넘으면 15, 40점이 넘으면 20으로 속도가 빨라집니다.

∴ 완성된 파일은 바다공부방 카페(cafe.naver.com/eduinshight)에서 다운로드할 수 있습니다.

완성된 코드

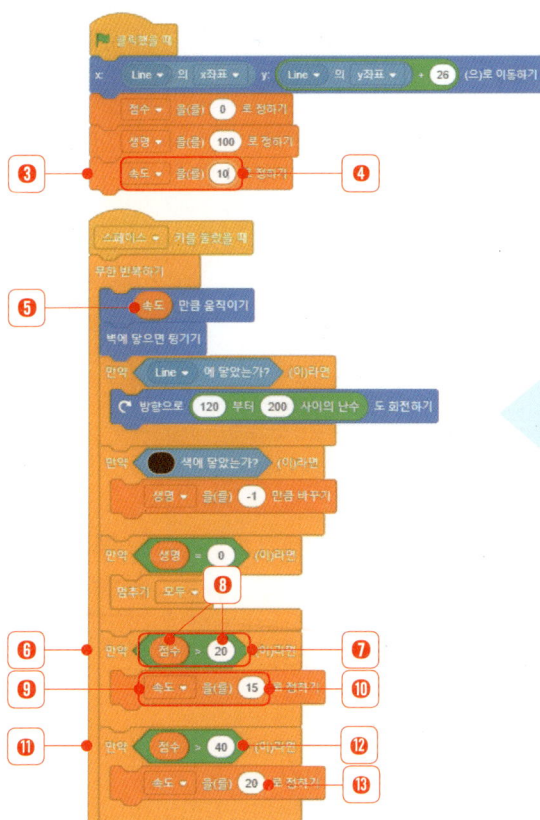

❶ Ball 스프라이트를 선택하고 코드 화면으로 갑니다.
❷ 변수의 변수 만들기를 클릭하고 속도라는 이름으로 새로운 변수를 만듭니다. (속도는 무대에서 안보이게 설정)
❸ 나의 변수를 0으로 정하기 드래그
❹ 나의 변수를 속도로 바꾸고 0은 10으로. 게임을 시작할 때의 기본 속도가 10이 됩니다.
❺ 변수의 속도 드래그하여 넣기
❻ 제어의 만약 ~(이)라면 드래그
❼ 연산의 > 블록 드래그하여 넣기
❽ 변수의 점수 변수를 드래그하여 > 블록의 앞칸에 넣고, 뒤 칸에는 20 쓰기
❾ 변수의 나의 변수를 0으로 정하기 드래그하여 넣기
❿ 나의 변수를 속도로 바꾸고 0은 15로. 점수가 20점이 넘게 되면 속도가 10에서 15로 빨라집니다.
⓫ 만약 점수 > 20(이)라면 블록 모음을 마우스 오른쪽 클릭해서 복사한 후 아래에 붙임.
⓬ 복사된 점수 > 20 블록에서 20을 40으로
⓭ 복사된 속도를 15로 정하기 블록에서 15를 20으로. 점수가 40점이 넘으면 속도가 15에서 20으로 빨라집니다.

유령 잡기

유령 잡는 게임을 만들어 봅니다. 유령이 나타나면 마법봉으로 두드려 잡습니다. 마법봉에 맞은 유령은 아픈 표정을 지으며 사라졌다가 다시 나타납니다.

학습목표

① 스프라이트의 모양을 변화시키고 움직임이 나타나게 할 수 있습니다.
② 시간 기능을 사용할 수 있습니다.

완성된 모습

시작하기를 클릭하면 유령들이 여기저기 돌아다닙니다. 마법봉으로 유령을 클릭하면 유령의 모습이 바뀌면서 사라지고 점수가 올라갑니다. 사라진 유령은 다시 나타나며 정해진 시간 동안 유령 잡기를 할 수 있습니다.

완성된 파일은 **바다공부방 카페**(cafe.naver.com/eduinshight)에서 다운로드할 수 있습니다.

프로젝트 맵

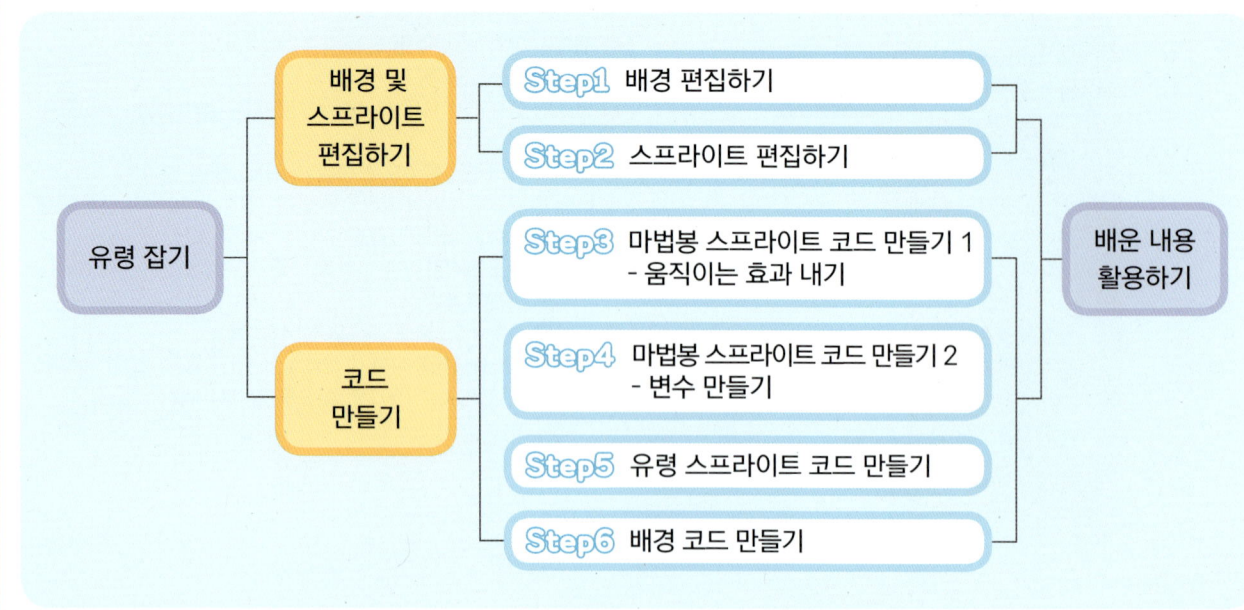

152 스크래치 3.0 베타테스트

Step1   배경 편집하기

유령이 나타나는 배경을 여러 개 사용해서 일정한 점수를 넘길 때마다 배경을 바꿉니다.

01 만들기 화면에서 고양이 스프라이트를 삭제하고 **배경 고르기 — 판타지** 메뉴에서 유령이 나올 것 같은 Castle2, Witch House, Woods를 차례대로 선택합니다.

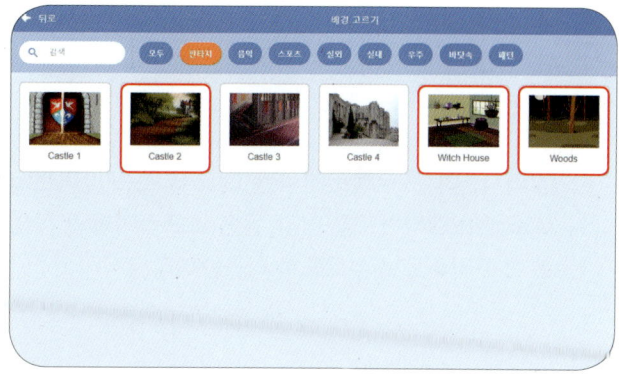

02 **배경** 탭에서 Woods 배경 화면을 선택합니다. T 아이콘을 클릭하고, 배경 화면의 오른쪽 아래다가 1단계를 뜻하는 Level 1이라고 씁니다. 글씨체와 색은 자신이 원하는 것을 고릅니다.

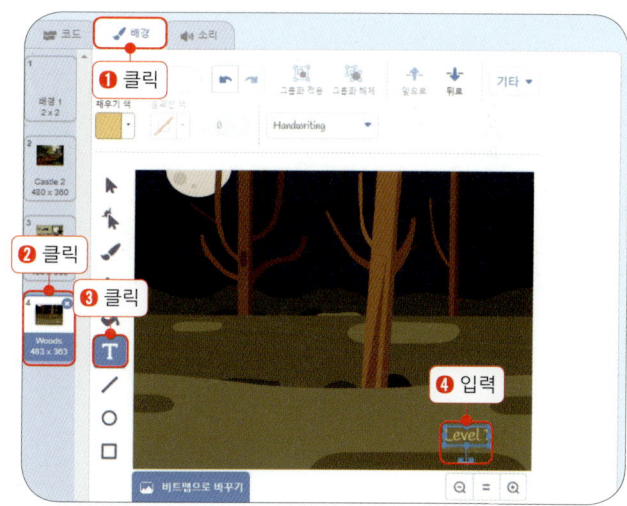

03 마찬가지로 Castle2 배경 화면에는 Level 2, Witch House 배경 화면에는 Level 3이라는 텍스트를 만듭니다.
유령이 나타나는 배경이 완성되었습니다.

Step2 스프라이트 편집하기

유령과 유령을 잡는 마법봉 스프라이트를 불러와서 편집합니다.

01 **스프라이트 고르기**로 가서 Ghost 스프라이트와 Wand 스프라이트를 선택해 가져옵니다.

> **잠깐!** Wand라는 말은 마법사의 지팡이라는 뜻입니다. 이 프로젝트에서는 Ghost 스프라이트와 Wand 스프라이트를 각각 유령 스프라이트와 마법봉 스프라이트로 부르도록 하겠습니다.

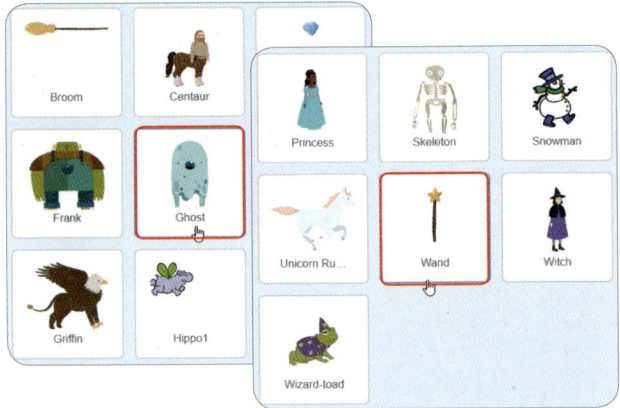

02 마법봉 스프라이트의 크기를 키워주고 색을 좀 더 잘 보이도록 바꿔 보겠습니다. 마법봉 스프라이트를 선택하고 **모양** 탭에서 먼저 별 모양을 클릭합니다. 파란색 테두리를 마우스로 움직여서 크기를 크게 만듭니다.

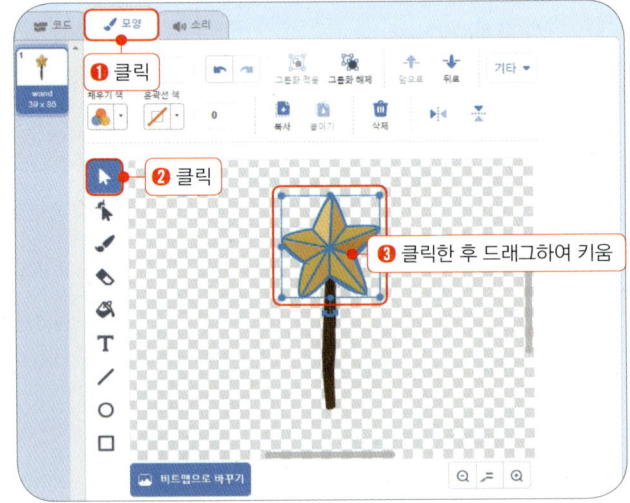

03 막대를 선택한 다음 적당한 크기로 크기를 키우고, 채우기 아이콘을 선택합니다. 채우기 색 색상 메뉴를 클릭한 후 눈에 잘 보이는 밝은 색을 골라 색을 채웁니다.

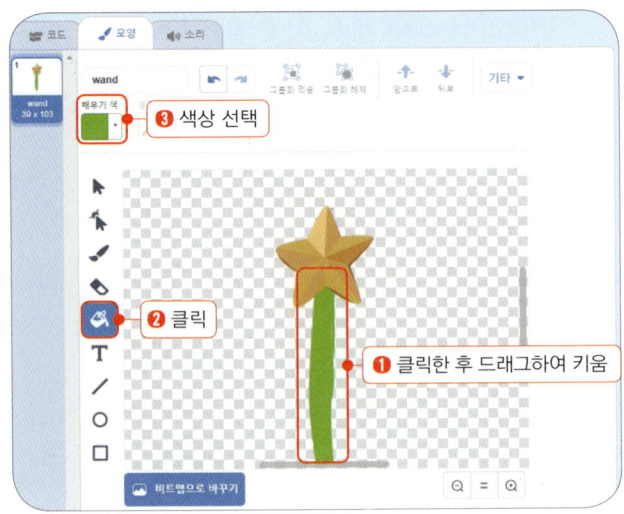

04 마법봉 스프라이트 모양을 오른쪽 클릭하고 **복사**를 클릭해서 같은 모양을 만듭니다. 이렇게 3개를 더 복사해서 모두 4개의 모양을 만듭니다.

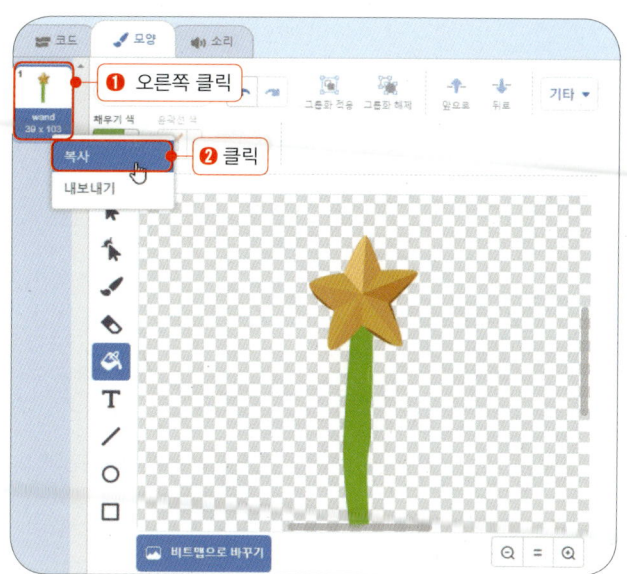

05 두 번째 모양으로 가서 아이콘을 클릭하고 마법봉을 마우스로 감쌉니다.

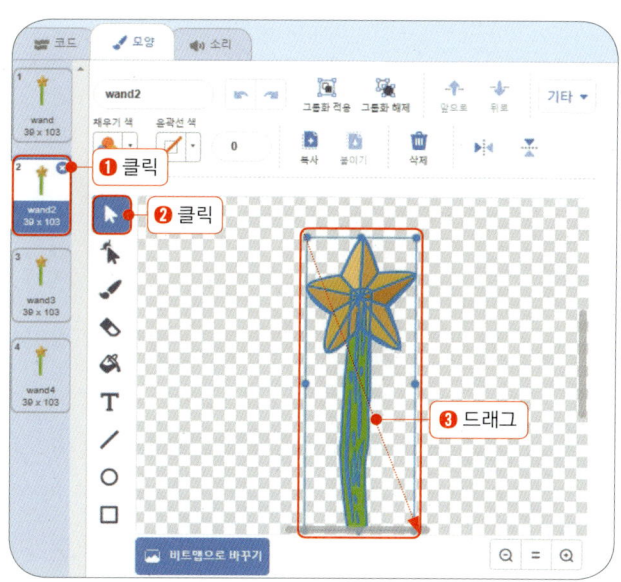

06 마법봉 스프라이트 맨 아래에 회전 화살표에 마우스를 가져 가면 마우스 화살표가 손 모양으로 바뀌는데 이때 마우스를 좌우로 움직이면 스프라이트가 회전하게 됩니다.
마법봉 모양이 다음과 같이 왼쪽으로 30도 정도 기울도록 마우스를 오른쪽으로 움직입니다.

PART4 유령 잡기 155

07 같은 방법으로 세 번째와 네 번째 모양도 왼쪽으로 기울도록 합니다. 세 번째 모양은 60도 정도, 네번째 모양은 직각인 90도 기울어 지도록 합니다.

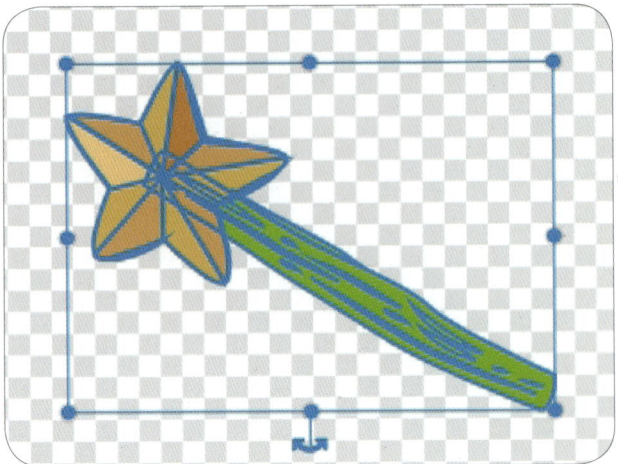

세 번째 모양 ▶

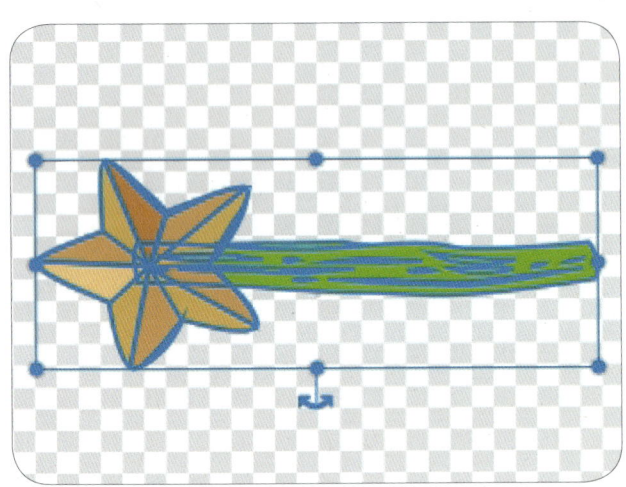

네 번째 모양 ▶

08 유령 스프라이트는 무대의 크기에 비해 크기 때문에 크기를 줄입니다. 유령 스프라이트를 선택하고 무대 아래 크기 100으로 되어있는 것을 80으로 고칩니다.

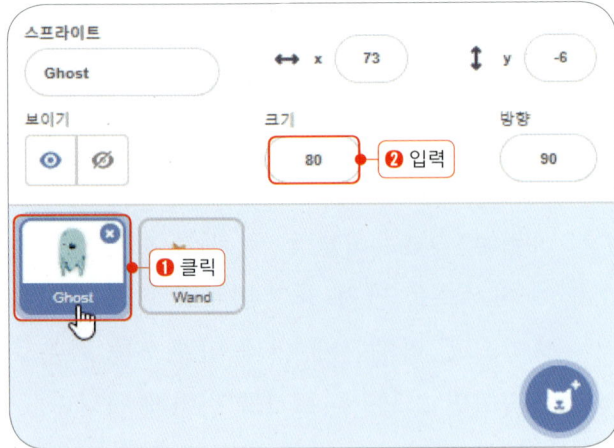

Step 3 마법봉 스프라이트 코드 만들기 1 - 움직이는 효과 내기

마법봉이 마우스를 따라다니면서 유령을 잡도록 코드를 만들어봅니다.

01 마법봉 스프라이트를 선택하고 **코드** 탭에서 다음과 같이 코드를 실행합니다.
- ❶ 이벤트의 **클릭했을 때**를 드래그합니다.
- ❷ 동작의 **90도 방향 보기**와 **x, y (으)로 이동하기**를 드래그하여 차례로 붙입니다.
- ❸ 형태의 **모양을 wand로 바꾸기**를 드래그하여 붙입니다.

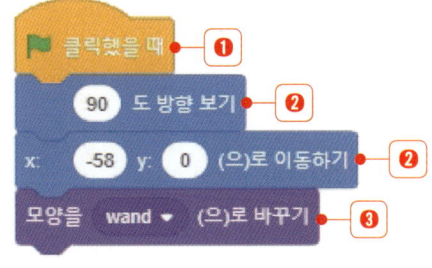

02 마법봉을 클릭하면 4가지 모양이 차례로 나타나도록 다음과 같이 코드를 실행합니다.
- ❶ 이벤트의 **이 스프라이트를 클릭했을 때**를 드래그합니다.
- ❷ 형태의 **모양을 wand로 바꾸기**를 드래그하여 붙입니다.
- ❸ 제어의 **1초 기다리기**를 드래그하여 0.001로 바꿉니다.

03 **모양을 wand로 바꾸기**를 마우스 오른쪽 클릭하고 **복사하기**를 클릭해서 **모양을 wand로 바꾸기**와 **0.001초 기다리기** 블록 모음을 만듭니다.

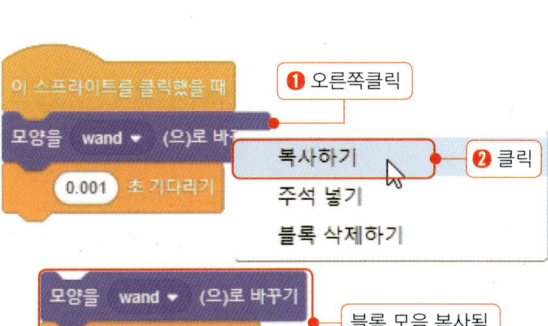

04 복사된 블록 모음을 붙이고, wand를 클릭하여 wand2로 바꿉니다.

05 같은 방식으로 6개를 복사해서 모두 7개의 블록 모음을 만들고 결합합니다. 위에서부터 차례대로 모양의 이름을 wand, wand2, wand3, wand4, wand3, wand2, wand 순서로 고칩니다.

06 마법봉이 마우스를 따라다니도록 다음과 같이 코드를 실행합니다.

❶ 이벤트의 **이 스프라이트를 클릭했을 때**를 드래그합니다.
❷ 제어의 **무한 반복하기**를 드래그하여 붙입니다.
❸ 동작의 **무작위 위치로 이동하기**를 드래그하고, **무작위 위치** 글자를 클릭하여 **마우스 포인터**를 선택합니다.

마우스 포인터로 이동하기와 마우스 포인터 쪽 보기

가끔 **마우스 포인터로 이동하기**와 **마우스 포인터 쪽 보기**를 바꿔 쓰는 경우가 있습니다. **마우스 포인터로 이동하기**는 말 그대로 스프라이트가 마우스를 따라 다니는 것입니다. 이에 비해 **마우스 포인터 쪽 보기**는 스프라이트가 정해진 위치에서 마우스가 있는 방향을 바라보는 기능입니다.

Step 4 마법봉 스프라이트 코드 만들기 2 – 변수 만들기

이어서 게임에 필요한 변수를 만듭니다. 지난 게임에서는 점수와 생명 변수가 사용되었는데, 이 게임에서는 점수와 함께 **시간**이라는 새로운 변수를 사용합니다. 정해진 시간 안에 빨리 유령을 많이 잡아서 점수를 올려야 합니다. 시간이 다 되면 게임이 끝납니다.

01 점수와 시간 두 개의 변수를 만들기 위해 다음과 같이 코드를 실행합니다.

❶ **변수**의 **변수 만들기**로 **점수**와 **시간** 두 개의 변수를 만듭니다.

❷ **변수**의 **나의 변수를 0으로 정하기** 블록을 2개 드래그하여 클릭했을 때 코드 모음 아래에 붙입니다.

❸ **나의 변수** 글자를 클릭해서 각각 **점수**와 **시간**으로 바꿉니다.

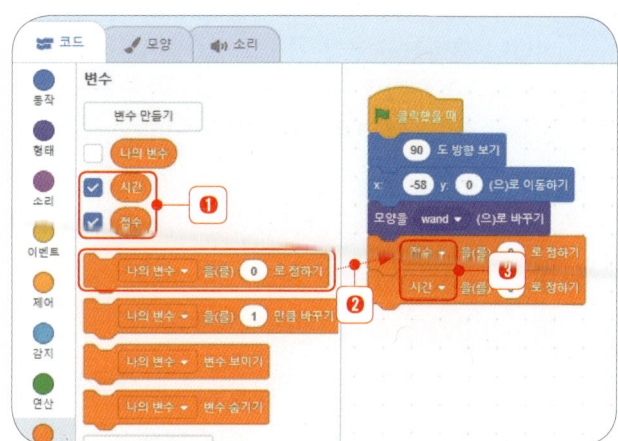

02 시간이 1초씩 줄어들도록 다음과 같이 코드를 실행합니다.

❶ **나의 변수를 1만큼 바꾸기**를 드래그하여 이 스프라이트를 클릭했을 때 아래에 있는 **무한 반복하기** 안에 넣습니다.

❷ **나의 변수** 글자를 클릭해서 시간으로 바꿉니다.

❸ 1을 -1로 고칩니다.

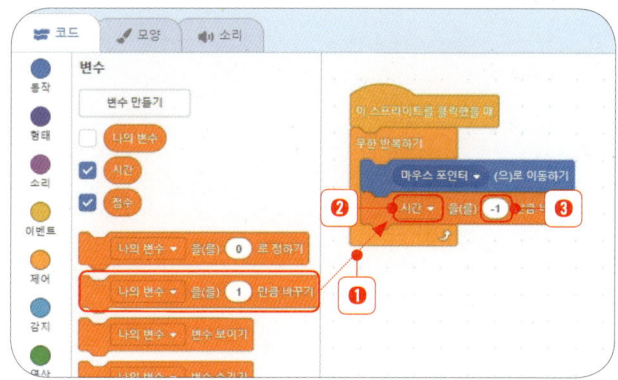

03 게임 시간을 정하고 시간이 다 되면 게임이 끝나는 코드를 만들기 위해 다음과 같이 실행합니다.

❶ 클릭했을 때 아래에 있는 **시간을 0으로 정하기**에서 0을 1000으로 고칩니다.

> **잠깐!** 우선 1000으로 정하고 나중에 자신이 원하는 시간으로 고칩니다. 참고로 스크래치의 기본 시간 단위는 초입니다.

❷ **제어**의 **만약 ~(이)라면**을 드래그하여 그림과 같이 이 스프라이트를 클릭했을 때 아래에 붙입니다.

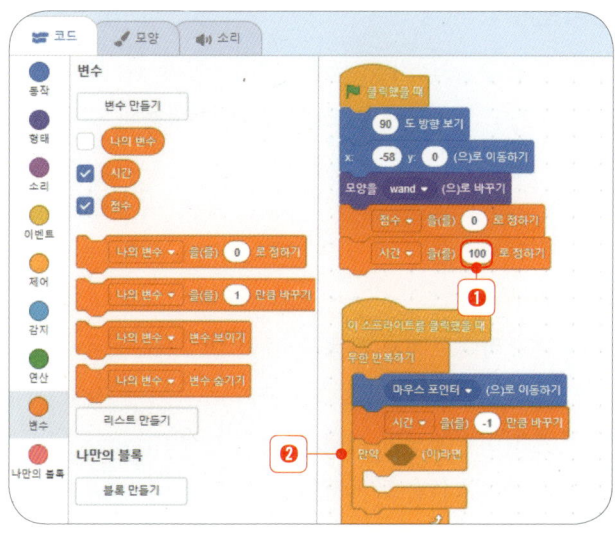

04 연산의 < 블록을 드래그하여 **만약 ~(이)라면**의 육각형 틀에 넣습니다.(❶) < 블록의 앞 칸에는 **변수**의 **시간** 블록을 드래그하여 넣습니다.(❷) 뒤 칸에는 1을 적습니다.(❸)

> 잠깐! 시간 = 0 블록을 사용해야 할 것 같은데 시간<1 블록을 사용한 이유는 시간=0 블록을 쓰면 시간이 0이 되어 모든 스프라이트가 멈춘 뒤에도 마법봉을 클릭하면 계속해서 시간이 -(마이너스)으로 흐르기 때문입니다.

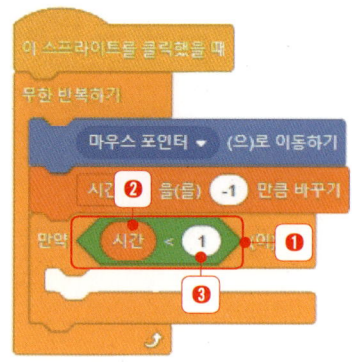

05 변수의 **시간을 0으로 정하기**를 드래그하여 **만약 ~(이)라면** 안에 넣습니다.(❶) 그리고 **제어**의 **멈추기 모두**를 드래그하여 **시간을 0으로 정하기**에 붙입니다.(❷)

> 잠깐! 이렇게 하면 시간이 다 되어 멈춘 후, 마법봉을 클릭해도 시간이 -(마이너스)로 흐르지 않게 됩니다.

광역 변수와 지역 변수

변수의 **변수 만들기**를 클릭하면 그림과 같이 새로운 변수 창이 나타납니다. 여기서 **모든 스프라이트에서 사용**과 **이 스프라이트에서만 사용** 중 하나를 선택할 수 있습니다.

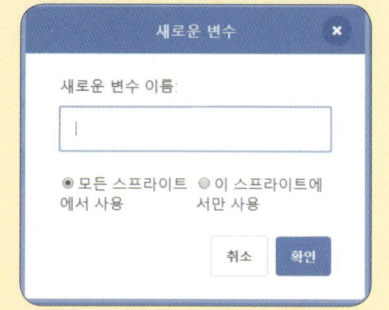

모든 스프라이트에서 사용은 광역 변수(global variables)라고 하며 프로그램 내의 모든 스프라이트가 읽고 바꿀 수 있습니다. 주로 스프라이트 사이에 정보를 주고받거나 동작을 맞출 때 선택합니다.

이 스프라이트에서만 사용은 지역 변수(local variables)라고 하며 이 변수를 만든 스프라이트만 변수 값을 바꿀 수 있습니다. 다른 스프라이트는 이 변수 값을 읽을수는 있지만 바꿀 수 없습니다. 그리고 지역 변수는 이름이 같아도 만든 스프라이트가 다르면 서로 다른 변수로 인식해서 영향을 미치지 않습니다.

Step 5 유령 스프라이트 코드 만들기

유령이 마법봉에 맞으면 소리를 내면서 사라지도록 코드를 만듭니다.

01 유령이 숨어 있다가 나타나도록 유령 스프라이트를 선택하고 다음과 같이 코드를 실행합니다.

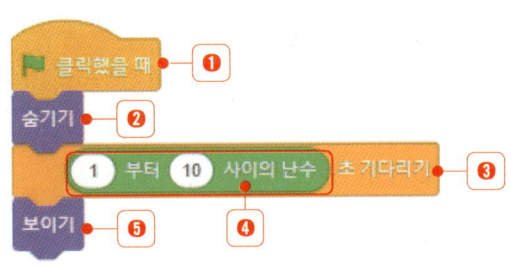

  ❶ **이벤트**의 **클릭했을 때**를 드래그합니다.
  ❷ **형태**의 **숨기기**를 드래그하여 붙입니다.
  ❸ **제어**의 **1초 기다리기**를 드래그하여 붙입니다.
  ❹ 유령이 언제 나올지 몰라야 하기 때문에 **연산**의 **1부터 10 사이의 난수**를 드래그하여 1이 있는 칸에 넣습니다.
  ❺ **형태**의 **보이기**를 드래그하여 붙입니다.

02 유령의 모양이 변하도록 다음과 같이 코드를 실행합니다.

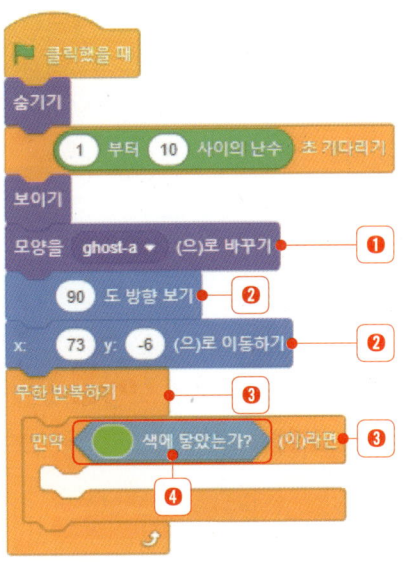

  ❶ **형태**의 **모양을 ghost-a로 바꾸기**를 드래그하여 **보이기** 아래에 붙입니다.
  ❷ **동작**의 **90도 방향 보기**와 **x, y (으)로 이동하기**를 드래그하여 차례로 붙입니다.
  ❸ **제어**의 **무한 반복하기**와 **만약 ~(이)라면**을 드래그하여 **만약 ~(이)라면**을 **무한 반복하기** 안에 넣습니다.
  ❹ 유령이 마법봉에 맞는 기준을 별 모양의 색에 닿는 것으로 설정하기 위해 **감지**의 **색에 닿았는가?**를 드래그하여 **만약 ~ (이)라면**의 6각형 틀에 넣습니다.

03 색을 클릭해서 색 메뉴가 나타나면 그림 아이콘을 클릭하고 마우스를 별 모양으로 가져가서 클릭합니다. **색에 닿았는가?** 블록의 색이 별 모양의 색과 같은 색으로 변합니다.

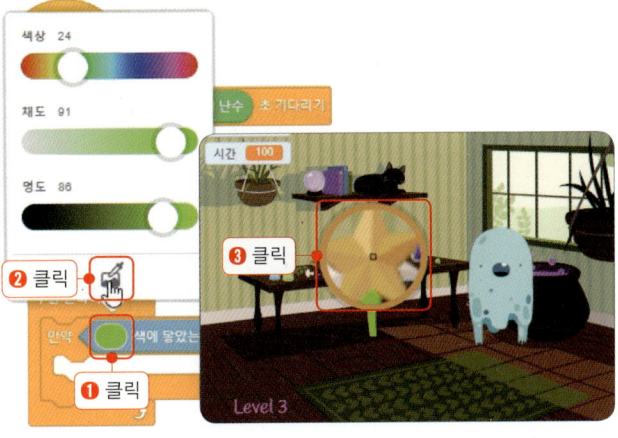

> 잠깐! 색을 정확히 가져오기 위해서는 돋보기의 중심점이 별 모양 색에 닿아 있어야 합니다. 주의하세요.

04 이제 소리 효과를 설정하기 위해 유령 스프라이트의 **소리** 탭으로 가서 **소리 고르기**를 클릭합니다. 그런 다음 소리 고르기 화면에서 자신이 원하는 효과음을 찾아 선택합니다.

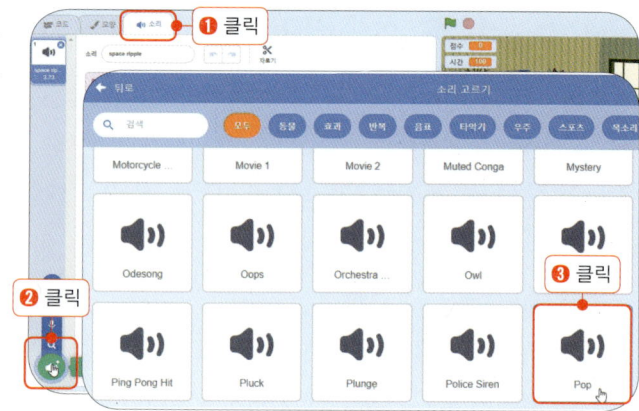

05 유령이 마법봉에 맞으면 소리가 나도록 다음과 같이 코드를 실행합니다.
　❶ **소리**의 **재생하기**를 드래그하여 **만약 ~(이)라면** 안에 넣고 Pop 재생하기로 고칩니다.
　❷ **변수**의 **나의 변수를 1만큼 바꾸기**를 드래그하여 Pop 재생하기 아래에 붙입니다.
　❸ **나의 변수** 글자를 클릭해서 **점수**로 바꿉니다.

06 마법봉에 맞으면 유령이 다른 모양으로 바뀌면서 사라졌다가 다시 나타나도록 다음과 같이 코드를 실행합니다.
　❶ **형태**의 **모양을 ghost-a로 바꾸기**를 드래그하여 붙이고, ghost-c로 고칩니다.
　❷ **제어**의 **1초 기다리기**를 드래그하여 붙입니다.
　❸ **형태**의 **숨기기**를 드래그하여 붙입니다.
　❹ **제어**의 **1초 기다리기**를 드래그하여 붙이고, **연산**의 **1부터 10 사이의 난수**를 드래그하여 1이 있는 칸에 넣습니다.
　❺ 원래 유령 모양으로 돌아가기 위해 **형태**의 **모양을 ghost-a로 바꾸기**를 드래그하여 붙입니다.
　❻ **형태**의 **보이기**를 드래그하여 붙입니다.

07 유령 하나만으로는 게임이 너무 심심하겠지요? 유령 스프라이트를 두 개 더 복사합니다.

08 모여있는 유령 스프라이트들을 마우스로 끌어서 무대에 흩어지게 만듭니다.

09 각 유령 스프라이트의 x, y (으)로 이동하기의 숫자를 무대 아래에 있는 x, y의 숫자로 고칩니다.

잠깐! 유령 스프라이트 3개 모두의 x, y 숫자를 고쳐주어야 합니다.

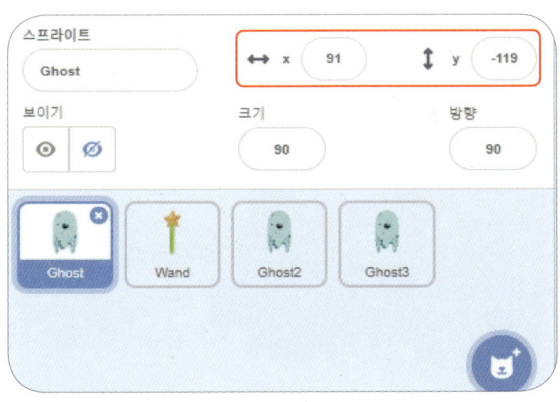

PART4 유령 잡기 163

Step6 배경 코드 만들기

앞에서 우리는 배경을 3개 불러와서 단계별로 나누었습니다. 이제 점수에 따라 배경이 달라지도록 설정합니다.

01 무대를 클릭한 후(❶) 이벤트의 클릭했을 때를 드래그합니다.(❷) 형태의 배경을 배경1로 바꾸기를 드래그한 다음(❸) 배경1 글자를 클릭해서 Woods로 바꿉니다.(❹)

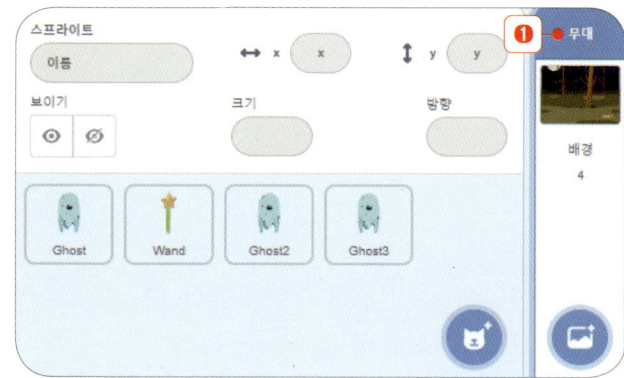

02 점수가 10점이 되면 배경 화면을 Woods에서 Castle2로 바꾸기 위해 다음과 같이 코드를 실행합니다.
- ❶ 제어의 **무한 반복하기**를 드래그합니다.
- ❷ **만약 ~(이)라면**을 드래그하여 **무한 반복하기** 안에 넣습니다.
- ❸ 연산의 = 블록을 드래그하고 **만약 ~(이)라면**의 육각형 틀 안에 넣습니다.
- ❹ 변수의 **점수** 블록을 드래그하여 = 블록의 앞칸에 넣습니다.
- ❺ 뒤 칸에는 10을 적습니다.
- ❻ 형태의 **배경을 배경1로 바꾸기**를 드래그하여 **배경1** 글자를 클릭해서 Castle2로 바꿉니다.

03 만약 점수 = 10(이)라면 블록 모음을 복사해서 아래에 결합하고.(❶) 점수 = 10에서 10을 20으로 바꿉니다.(❷) 그리고 **배경을 Castle2로 바꾸기**를 Witch House로 바꿔줍니다.(❸)

시작하기를 클릭하고 게임을 실행해서 점수가 올라감에 따라 배경 화면이 바뀌는지 봅니다. 프로젝트의 이름을 정하고 저장합니다.

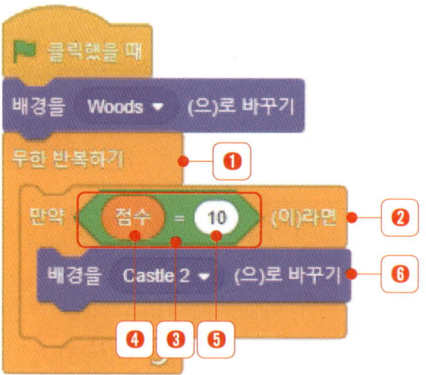

배운 내용 활용하기
유령 랜덤으로 움직이기

우리가 만든 유령잡기 게임에서 유령은 정해진 자리에서만 움직이기 때문에 기다렸다가 시간만 잘 맞추면 점수를 낼 수 있습니다. 이번에는 유령 스프라이트가 한 자리에 있지 않고 무대 여기 저기에 나타나도록 해봅니다. 이렇게 정해진 위치나 순서 없이 나타나는 것을 무작위라고 하며, 영어로는 랜덤(random)이라고 합니다.

미리보기

∴ 완성된 파일은 바다공부방 카페(cafe.naver.com/eduinshight)에서 다운로드할 수 있습니다.

완성된 코드

유령 랜덤으로 움직이기는 우리가 기존에 만들었던 코드를 활용하기 때문에 몇 가지 블록만 고치면 됩니다. 첫번째 유령 스프라이트를 선택하고 코드 화면으로 갑니다.

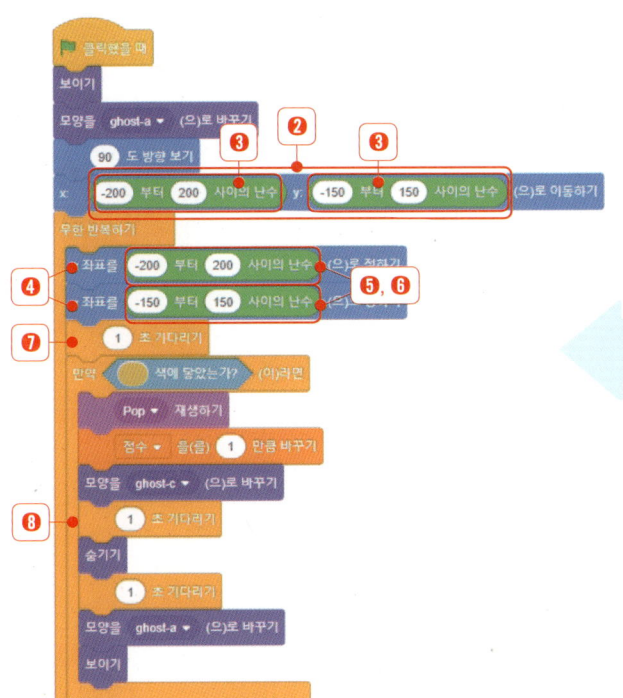

❶ 클릭했을 때 아래에 있는 **숨기기**와 **1부터 10사이의 난수 초 기다리기**는 삭제

❷ 연산의 **1부터 10사이의 난수** 2개 드래그, x 숫자 칸과 y 숫자 칸에 각각 넣기

❸ x칸의 1은 -200으로, 10은 200으로, y칸의 1은 -150으로, 10은 150으로

❹ 동작의 **x 좌표 정하기**와 **y 좌표 정하기** 드래그하여 넣기

❺ 연산의 **1부터 10 사이의 난수** 2개 드래그하여 x 좌표 숫자 칸과 y 좌표 숫자 칸에 각각 넣기

❻ x칸의 숫자는 -200과 200으로, y칸의 숫자는 -150과 150으로

❼ 제어의 **1초 기다리기** 드래그

❽ 만약 색에 닿았는가 블록 모음 안에 있는 **1부터 10 사이의 난수 1초 기다리기**에서 **1부터 10 사이의 난수** 블록을 빼내어 삭제하고 **1초 기다리기**로 만듦

❾ 나머지 두 개의 유령 스프라이트 삭제, 지금 만든 유령 스프라이트를 복사

우주 전쟁

지구를 정복하기 위해 오는 외계인을 물리치는 게임을 만들어봅니다.

학습목표

① **~까지 반복** 기능을 이해하고 사용할 수 있습니다.
② 게임 제작의 구조를 익힐 수 있습니다.

완성된 모습

우주선이 좌우로 움직이면서 위에서 내려오는 외계인을 공격합니다. 방어에 성공할수록 점수가 올라가고, 외계인과 부딪히면 생명이 줄어듭니다. 점수가 올라갈수록 외계인의 움직임도 빨라집니다.

완성된 파일은 **바다공부방 카페**(cafe.naver.com/eduinshight)에서 다운로드할 수 있습니다.

프로젝트 맵

Step1 배경과 스프라이트 편집하기

앞에서 만든 유령 잡기 게임과 같이 이번 프로젝트에서도 정해진 점수를 넘어설 때마다 배경 화면이 바뀝니다.

01 **만들기** 화면으로 가서 고양이 스프라이트를 삭제하고 **배경 고르기** 화면으로 갑니다. **배경 고르기**에서 **우주** 메뉴를 선택하고 Galaxy, Nebula, Stars 세 개를 선택해서 불러옵니다.

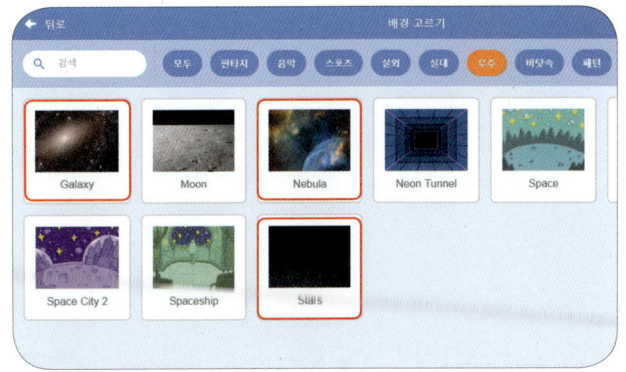

> 잠깐! Galaxy는 은하계, Nebula는 성운(구름 모양으로 퍼져 보이는 천체)이라는 뜻입니다.

02 **스프라이트 고르기** 화면으로 가서 Rocketship 스프라이트를 찾아서 불러옵니다. 이 스프라이트는 지구를 지키는 우주선 역할을 합니다.

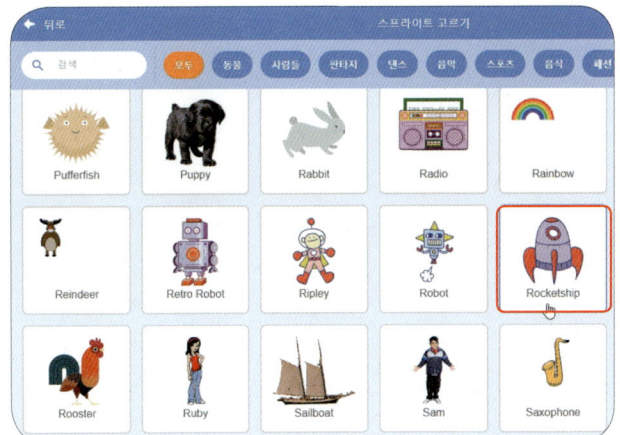

03 무대 아래 크기 숫자를 60으로 줄여 줍니다.

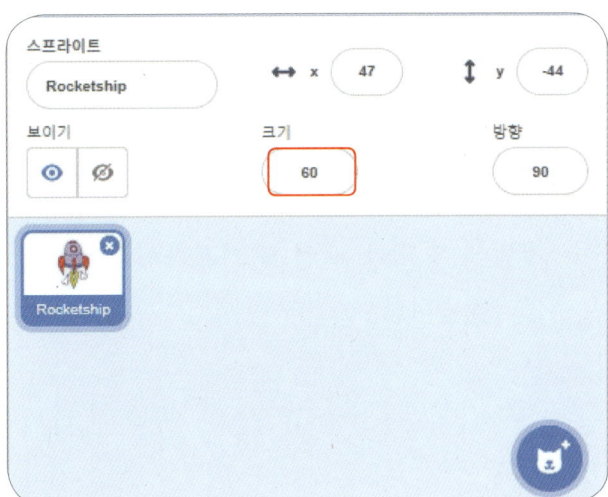

04 **스프라이트 고르기** 화면으로 가서 Crystal 스프라이트를 불러옵니다. 이 스프라이트는 우주선에서 발사되는 미사일 역할을 합니다.

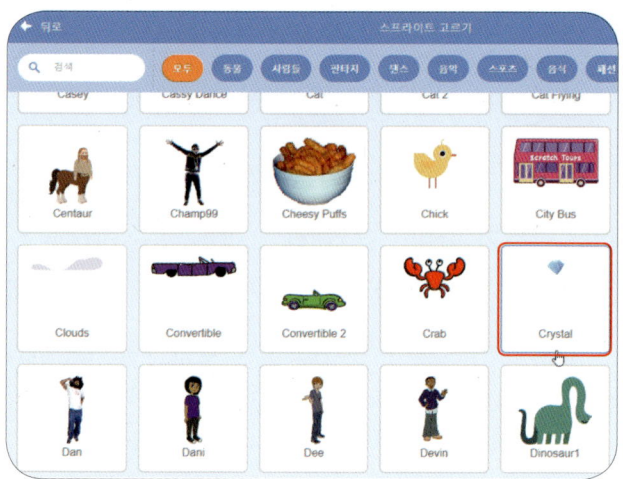

05 다시 **스프라이트 고르기** 화면으로 가서 Pico, Tera, Jellyfish를 각각 찾아서 불러옵니다. 이 스프라이트들은 지구를 공격하는 외계인 역할을 합니다.

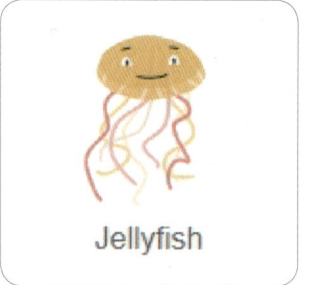

06 외계인 스프라이트들이 크기가 크기 때문에 크기를 줄여 주어야 합니다. 외계인 스프라이트들의 무대 아래 크기 숫자를 모두 **50**으로 고칩니다.

게임에 필요한 배경과 스프라이트를 모두 불러왔습니다.

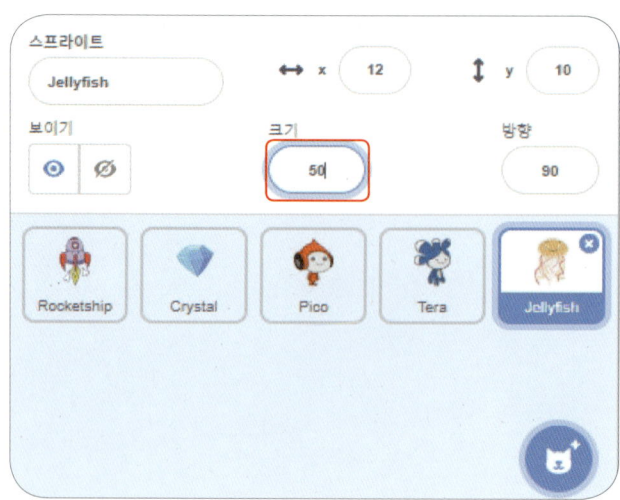

Step 2 Rocketship 스프라이트 코드 만들기

게임을 하지 않을 때는 우주선이 멈춰있는 것처럼 보이다가 게임이 시작되면 우주선에서 불꽃과 연기가 나며 마치 움직이는 것처럼 보이게 만듭니다.

01 Rocketship 스프라이트를 선택한 후, 다음과 같이 코드를 실행합니다.

❶ **이벤트**의 **클릭했을 때**를 드래그합니다.

❷ **동작**의 **90도 방향 보기**와 **x, y (으)로 이동하기**를 드래그하여 차례대로 붙입니다.

❸ x와 y의 숫자를 각각 0과 -150으로 고쳐서 우주선이 무대 아래 가운데로 오게 합니다.

❹ **형태**의 **모양을 rocketship-a으로 바꾸기**를 드래그하고 rocketship-a를 rocketship-e로 고칩니다.

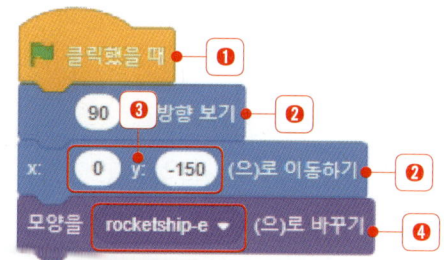

02 화살표를 눌렀을 때 우주선이 좌우로 움직이도록 다음과 같이 코드를 실행합니다.

❶ **제어**의 **무한 반복하기**를 드래그합니다.

❷ **제어**의 **만약 ~(이)라면**을 가져와서 **무한 반복하기** 안에 넣습니다.

❸ **감지**의 **Space Bar 를 눌렀는가**를 드래그하여 **만약 ~(이)라면**의 육각형 틀 안에 넣고, **스페이스 키**를 클릭해서 **오른쪽 화살표**로 바꿉니다.

❹ **동작**의 **x 좌표를 10만큼 바꾸기**를 드래그하여 **만약 ~(이)라면** 안에 넣습니다.

❺ 지금 만든 **만약 오른쪽 화살표를 눌렀는가** 라면 블록 모음을 복사해서 아래에 붙입니다.

❻ **오른쪽 화살표를 눌렀는가**를 클릭해서 **왼쪽 화살표**로 바꾸고, x 좌표의 숫자 10은 -10으로 고칩니다.

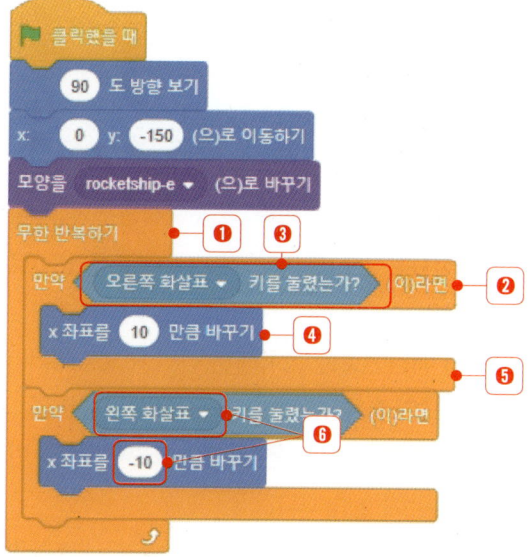

03 Space Bar 키를 누르면 우주선 모양이 변하도록 그림과 같이 코드를 빈 곳에 만들고 실행합니다.

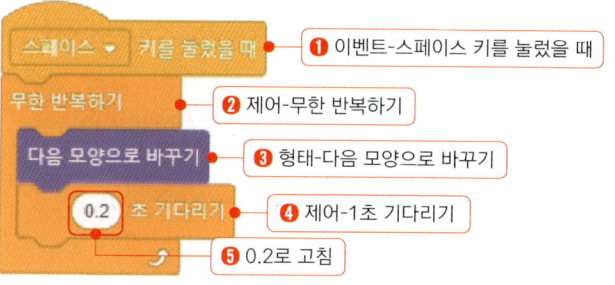

Step3 Crystal 스프라이트 코드 만들기

Space Bar 키를 누르면 미사일 역할을 하는 Crystal 스프라이트가 모양이 변하면서 발사되고 무대 위에 닿으면 사라지게 만듭니다.

01 Crystal 스프라이트를 선택한 후, 다음과 같이 코드를 실행합니다.

❶ **이벤트**의 **클릭했을 때**를 드래그합니다.

❷ **형태**의 **숨기기**를 드래그하여 붙입니다.

❸ **동작**의 **90도 방향 보기**를 드래그합니다.

❹ **제어**의 **무한 반복하기**를 드래그합니다.

❺ **동작**의 x **좌표를 (으)로 정하기**와 y **좌표를 (으)로 정하기**를 각각 드래그하여 **무한 반복하기** 안에 넣습니다.

> 잠깐! Crystal 스프라이트는 우주선이 움직이는 위치에 따라 같이 다녀야 하기 때문에 x, y (으)로 이동하기가 아닌 **좌표 정하기**를 사용합니다.

02 Crystal 스프라이트가 우주선을 따라다니며 계속 발사되도록 다음과 같이 코드를 실행합니다.

❶ **감지**의 **무대의 배경번호** 블록 2개를 드래그하여 x **좌표를 (으)로 정하기**와 y **좌표를 (으)로 정하기**의 숫자 칸에 각각 넣습니다.

❷ **무대의 배경번호**를 클릭해서 각각 Rocketship의 x좌표와 Rocketship의 y좌표로 고칩니다.

❸ **제어**의 **만약 ~(이)라면**을 드래그하여 **무한 반복하기** 안에 넣습니다.

❹ **감지**의 **스페이스 키를 눌렀는가**를 드래그하여 **만약 ~(이)라면**의 육각형 틀 안에 넣습니다.

❺ **제어**의 **나 자신 복제하기**를 드래그하여 **만약 ~(이)라면** 안에 넣습니다.

❻ **제어**의 **1초 기다리기**를 드래그하여 **나 자신 복제하기** 아래에 붙여 주고 1초는 발사 간격이 길기 때문에 숫자 1을 **0.2**로 고칩니다.

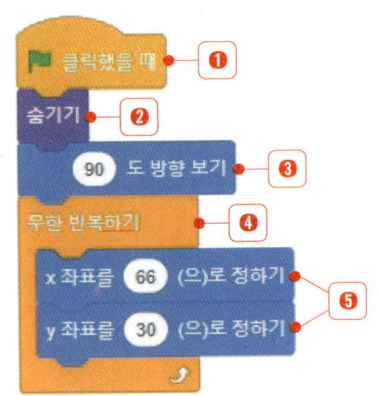

> 잠깐! 미사일이 몇 번만 발사되는 것이 아니라 계속 발사되어야 하기 때문에 스프라이트 복사가 아닌 복제하기 기능을 사용합니다.

03 Crystal 스프라이트가 복제된 후, 발사되는 모양을 설정하기 위해 다음과 같이 코드를 실행합니다.

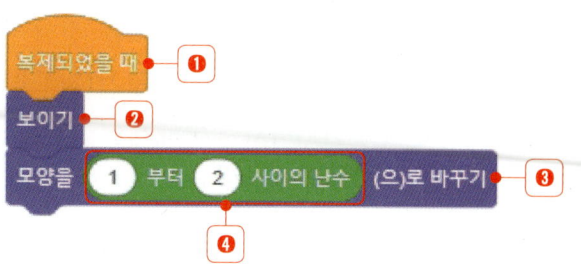

❶ **제어**의 **복제되었을 때**를 드래그합니다.

❷ **형태**의 **보이기**를 드래그하여 붙입니다.

❸ **형태**의 **모양을 crystal-a로 바꾸기**를 드래그합니다.

❹ **연산**의 **1부터 10 사이의 난수**를 가져와서 crystal-a 칸에 넣고 뒤 칸의 숫자 10을 2로 고칩니다.

잠깐! Crystal 스프라이트는 모양이 모두 2개여서 1부터 2까지의 난수를 사용한 것입니다. 발사될 때 두 가지 모양이 섞여서 무작위로 나오게 만들었습니다.

04 Crystal 스프라이트의 발사 범위를 정하기 위해 다음과 같이 코드를 실행합니다.

❶ **제어**의 **~까지 반복하기**를 드래그합니다.

잠깐! **~까지 반복하기**는 주로 x나 y의 좌표를 정해 주고 그곳까지 스프라이트가 움직이도록 할 때 쓰는 블록입니다. 우리는 Crystal 스프라이트가 무대 위 끝까지 가게 하려고 하기 때문에 이 블록을 사용합니다.

❷ **연산**의 **>** 블록을 드래그하여 **~까지 반복하기**의 육각형 틀 안에 넣습니다.

❸ **>** 블록의 앞 칸에는 **동작**의 **y 좌표** 블록을 드래그하여 넣고, 뒤 칸에는 숫자를 **200**으로 고칩니다.

잠깐! 이것은 Crystal 스프라이트가 발사되면 무대 위쪽 방향으로 올라가 y 좌표가 200인 곳까지 계속해서 이동하라는 뜻입니다.

05 Crystal 스프라이트의 발사 속도를 정하기 위해 **동작**의 **y 좌표를 10만큼 바꾸기**를 드래그하여 **y 좌표 > 200까지 반복하기** 안에 넣습니다.

> 잠깐! 여기서 **y 좌표를 10만큼 바꾸기**는 미사일이 발사되는 속도가 됩니다. 이 숫자를 크게 하면 속도가 빨라지고, 숫자를 작게 하면 속도가 느려지게 됩니다.

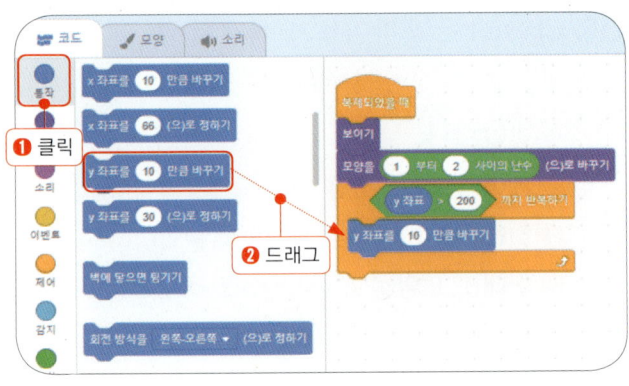

06 **제어**의 **만약 ~(이)라면**을 드래그한 후,(❶) **감지**의 **마우스 포인터에 닿았는가?**를 드래그하여 **만약 ~(이)라면**의 육각형 틀 안에 넣고 (❷) **마우스 포인터**를 클릭해서 **벽**으로 고쳐줍니다.(❸)

> 잠깐! 이것은 Crystal 스프라이트가 무대 위를 향해 발사된 후 벽에 닿게 된다면을 의미합니다.

07 **제어**의 **이 복제본 삭제하기**를 가져와서 **벽에 닿았는가?** 안에 넣습니다. 복제본을 삭제하지 않으면 무대 위에 Crystal 스프라이트들이 박힌 것처럼 보이게 됩니다.

시작하기를 클릭하고 Space Bar 키를 눌러서 미사일 역할을 하는 Crystal 스프라이트를 발사해 봅니다. 모양이 변하면서 발사되고 무대 위에 닿으면 사라지는 것을 볼 수 있습니다.

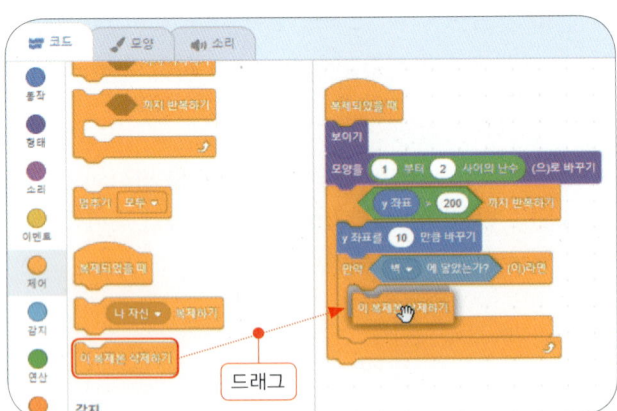

Step4 외계인 스프라이트 코드와 변수 만들기

위에서 아래로 외계인들이 끊임없이 내려오도록 코딩합니다. 그리고 변수를 이용하여 외계인을 맞히면 점수가 올라가고, 외계인이 우주선에 닿으면 생명이 줄어드는 코드를 만듭니다.

01 Pico 스프라이트를 선택한 후, 다음과 같이 코드를 실행합니다.

❶ **이벤트**의 **클릭했을 때**를 드래그합니다.

❷ 외계인은 숨어 있다가 나타나야 하기 때문에 **형태**의 **숨기기**를 드래그하여 붙입니다.

❸ **동작**의 **y 좌표를 (으)로 정하기**를 드래그하고 숫자를 200으로 고쳐서 무대 위쪽에 오게 합니다.

❹ **제어**의 **1초 기다리기**를 드래그합니다.

02 Pico 스프라이트가 무작위로 나타나도록 다음과 같이 코드를 실행합니다.

❶ **제어**의 **무한 반복하기**를 드래그합니다.

❷ **동작**의 **x 좌표를 (으)로 정하기**를 드래그합니다.

❸ **연산**의 **1부터 10사이의 난수**를 드래그하고 앞 칸의 숫자는 1에서 -200으로 뒤 칸의 숫자는 10에서 200으로 고칩니다.

❹ **제어**의 **나 자신 복제하기**와 **1초 기다리기**를 드래그하여 차례대로 붙입니다.

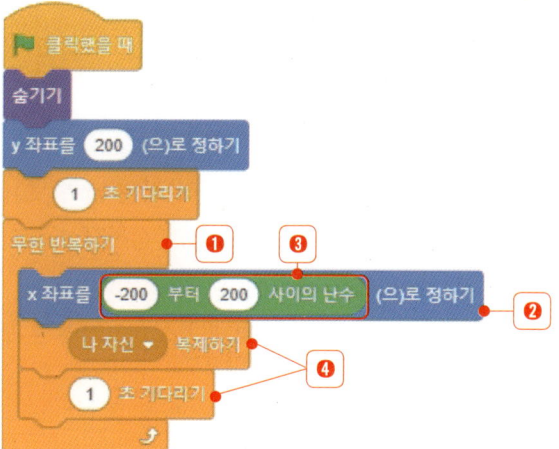

03 Pico 스프라이트의 모양을 바꾸고 움직이는 범위를 정하기 위해 다음과 같이 코드를 실행합니다.

❶ **제어**의 **복제되었을 때**를 드래그합니다.

❷ **형태**의 **모양을 pico-a로 바꾸기**를 드래그하여 pico-a 글자를 클릭해서 pico-d로 바꿉니다.

❸ **형태**의 **보이기**를 드래그합니다.

❹ **제어**의 **~까지 반복하기**를 드래그합니다.

❺ **연산**의 **<** 블록을 드래그하여 **~까지 반복하기**의 육각형 틀 안에 넣습니다.

❻ **<** 블록의 앞칸에는 **동작**의 **y 좌표** 블록을 드래그하여 넣고, 숫자를 -170으로 고칩니다.

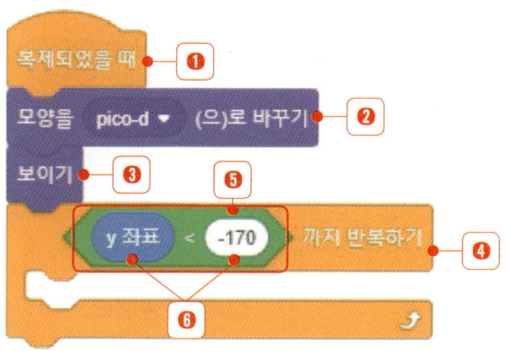

잠깐! 외계인 스프라이트는 벽에 닿으면 사라지기 명령을 사용할 수 없어서 y 좌표를 -170까지로 정한 것입니다.

04 동작의 **y좌표를 ~만큼 바꾸기**를 드래그하여 **~까지 반복하기** 안에 넣고 숫자를 **-5**로 바꿉니다.

> **잠깐!** 이것은 외계인이 5의 속도로 아래(-)로 내려 온다는 뜻입니다. 이 속도는 나중에 자신이 원하는 대로 바꿔서 외계인의 속도를 조절할 수 있습니다.

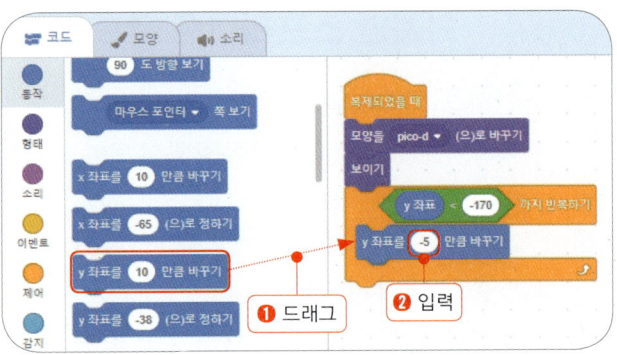

05 미사일에 맞거나 우주선에 닿으면 외계인이 사라지도록 다음과 같이 코드를 실행합니다.

① 제어의 **만약 ~(이)라면**을 드래그하여 **y 좌표를 -5만큼 바꾸기** 아래에 붙입니다.

② 감지의 **마우스 포인터에 닿았는가?**를 드래그하여 **만약 ~(이)라면**의 6각형 틀 안에 넣고 **마우스 포인터**를 **Crystal**로 바꿉니다.

③ 제어의 **이 복제본 삭제하기**를 드래그합니다.

④ **만약 Crystal에 닿았는가? (이)라면** 블록 모음을 복사해 다음 아래에 붙이고, **Crystal** 글자를 클릭해서 **Rocketship**으로 바꿉니다.

⑤ 맨 마지막에 제어의 **이 복제본 삭제하기**를 드래그합니다.

06 이제 점수와 생명 변수를 만듭니다. Rocketship 스프라이트를 선택한 후, 다음과 같이 코드를 실행합니다.

① 변수의 **변수 만들기**로 점수와 생명을 만듭니다.

② **나의 변수를 0으로 정하기** 2개를 드래그하여 **모양을 바꾸기** 아래에 붙입니다.

③ **나의 변수**를 클릭해서 **점수**와 **생명**으로 바꾼 다음, **점수**의 숫자 0은 그대로 두고 **생명**의 숫자는 **10**으로 고칩니다.

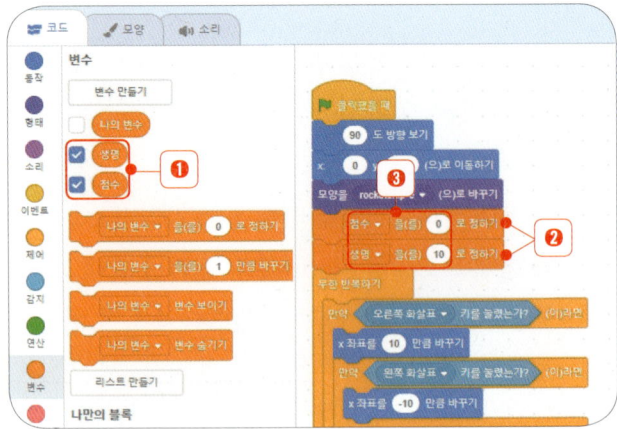

07 Pico 스프라이트를 선택한 후, 점수는 1씩 올라가고 생명은 -1씩 감소하도록 다음과 같이 코드를 실행합니다.

❶ **변수**의 **나의 변수를 1만큼 바꾸기**를 그림과 같이 드래그하고 **나의 변수**를 **점수**로 고칩니다. 숫자 1은 그대로 둡니다.

❷ **변수**의 **나의 변수를 1만큼 바꾸기**를 그림과 같이 드래그하고 **나의 변수**를 **생명**으로 바꿉니다. 숫자 1은 생명이 줄어 들어야 하므로 -1로 고칩니다.

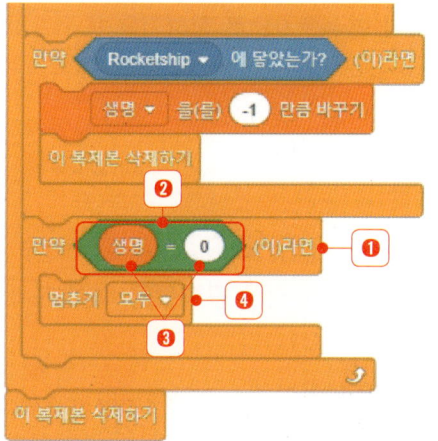

08 생명이 0이 되면 게임이 끝나도록 다음과 같이 코드를 실행합니다.

❶ **제어**의 **만약 ~(이)라면**을 드래그합니다.

❷ **연산**의 **=** 블록을 가져와서 **만약 ~(이)라면**의 육각형 틀 안에 넣습니다.

❸ **변수**의 **생명** 블록을 드래그하여 **=** 블록의 앞칸에 넣어주고, 뒤 칸에는 0을 적습니다.

❹ **제어**의 **모두 멈추기**를 드래그합니다.

09 나머지 외계인들의 코드도 Pico 스프라이트의 코드와 같습니다. 따라서 Pico 스프라이트의 코드를 다른 외계인 스프라이트들에 복사해 주기만 하면 됩니다. 블록 모음을 마우스로 드래그하여 다른 외계인 위에 올려놓아 복사합니다.

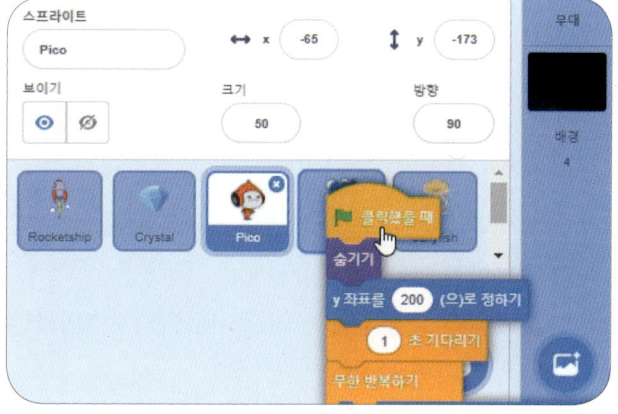

잠깐! Pico 스프라이트 코드의 블록 모음은 2개입니다. 2개 모두 복사해야 합니다. 그리고 **복제되었을 때** 블록 모음의 **모양을 ~으로 바꾸기** 블록에서 모양을 각각 **tera-d**와 **jellyfish-d**로 바꿉니다.

Step5 배경 코드 만들기

앞에서 만든 프로젝트들에서는 Space Bar 키를 누르거나 점수가 변함에 따라 배경 화면이 변했습니다. 이번에는 시간이 지나면 배경이 자동으로 바뀌도록 만듭니다.

01 무대를 클릭하여 무대 코드 화면을 연 후, 다음과 같이 코드를 실행합니다.

❶ **변수**의 **변수 만들기**로 새로운 변수인 **시간**을 만듭니다.

❷ **이벤트**의 **클릭했을 때**를 드래그합니다.

❸ **형태**의 **배경을 배경1로 바꾸기**를 드래그하고 **배경1** 글자를 **Galaxy**로 바꿉니다.

❹ **변수**의 **나의 변수를 0으로 정하기**를 드래그하고 **나의 변수**를 **시간**으로 바꿉니다.

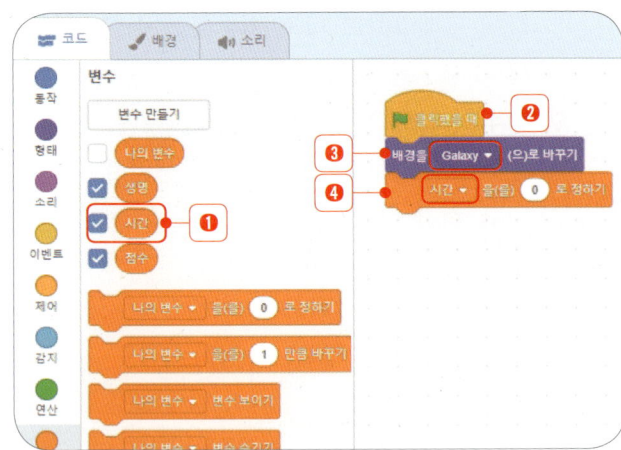

02 Space Bar 키를 눌렀을 때 시간이 흐르도록 다음과 같이 코드를 실행합니다.

❶ **이벤트**의 **스페이스 키를 클릭했을 때**를 드래그합니다.

❷ **제어**의 **무한 반복하기**를 드래그합니다.

❸ **변수**의 **나의 변수를 1만큼 바꾸기**를 드래그하여 **무한 반복하기** 안에 넣고, **나의 변수**를 클릭해서 **시간**으로 바꿉니다.

03 시간이 1000만큼 흐른 다음 0이 되어 다시 1씩 커지도록 다음과 같이 코드를 실행합니다.

❶ **제어**의 **만약 ~(이)라면**을 드래그하여 **무한 반복하기** 안에 넣습니다.

❷ **연산**의 **>** 블록을 드래그하여 **만약 ~(이)라면**의 육각형 틀 안에 넣습니다.

❸ **변수**의 **시간** 블록을 드래그하여 **>** 블록의 앞칸에 넣고, 뒤 칸에는 숫자 **1000**을 적습니다.

❹ **변수**의 **나의 변수를 0으로 정하기**를 드래그하여 **만약 시간 > 1000이라면** 안에 넣고 **나의 변수**를 클릭해서 **시간**으로 바꿉니다.

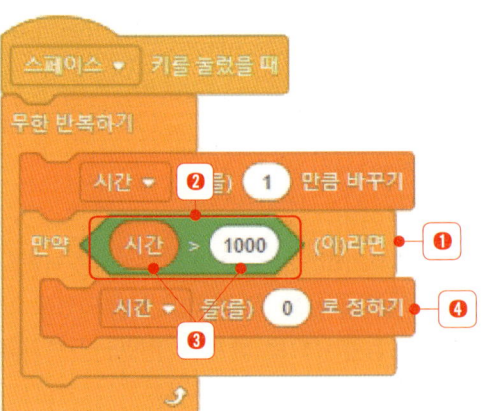

176　I'm 스크래치 3.0

04 시간이 변함에 따라 배경 화면이 달라지도록 다음과 같이 코드를 실행합니다.

❶ **만약 시간 > 1000이라면** 블록 모음을 마우스 오른쪽 클릭해서 복사한 다음 아래에 붙입니다.

❷ **시간 > 1000** 블록에서 숫자 **1000**을 **300**으로 바꿉니다.

❸ **시간을 0으로 정하기** 블록을 마우스로 드래그하여 삭제하고, **형태의 배경을 배경1로 바꾸기**를 드래그하여 그 자리에 넣습니다. **배경1**을 **Nebula**로 바꿉니다.

05 계속해서 배경 화면이 달라지도록 다음과 같이 코드를 실행합니다.

❶ 같은 방법으로 **만약 시간 > 300이라면** 블록 모음을 2개 더 복사한 다음 각각 아래에 붙입니다.

❷ 첫 번째 복사한 블록 모음은 숫자는 **600**으로, 배경은 **Stars**로 바꿉니다.

❸ 두 번째 복사한 블록 모음은 숫자는 **900**으로, 배경은 **Galaxy**로 바꿉니다.

> 잠깐! 이렇게 하면 시간이 299까지는 Nebula 배경 화면이 나타나고 300부터 599까지는 Stars 화면이, 600부터 899까지는 Galaxy 화면이, 다시 900부터 299까지는 Nebula 배경 화면이 나타나게 됩니다.

우주 전쟁 슈팅 게임 프로젝트가 완성되었습니다. 시작하기를 클릭하고, Space Bar 키를 눌러서 게임을 실행해봅니다.

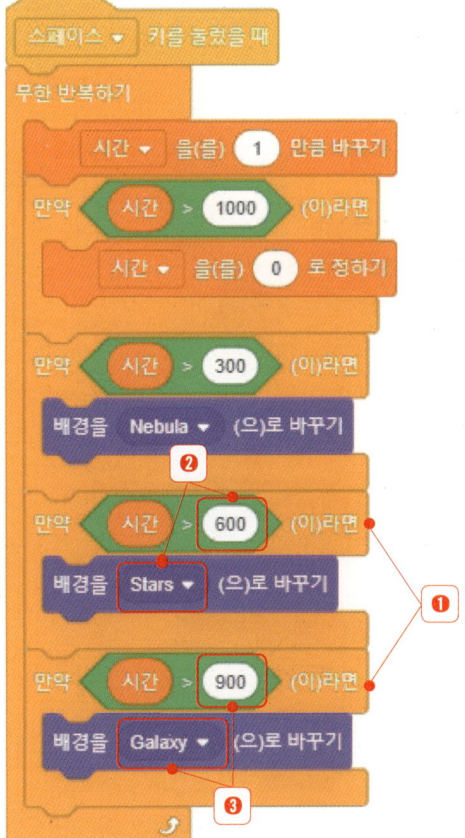

외계인 빨리 움직이기 & 우주선 자유롭게 움직이기

게임의 난이도와 재미를 높여 봅니다. 일정한 점수가 지나면 외계인들이 내려오는 속도가 빨라지게 됩니다. 우주선도 더 방어를 잘하기 위해 좌우로만 움직이다가 위 아래로도 움직이게 됩니다.

미리보기

∴ 완성된 파일은 바다공부방 카페(cafe.naver.com/eduinshight)에서 다운로드할 수 있습니다.

완성된 코드

1. 우주선이 좌우뿐만 아니라 상하로도 움직이게 합니다.

❶ 우주선 스프라이트의 코드 화면으로 갑니다.
❷ 만약 ~(이)라면 블록 모음 복사
❸ 복사된 만약 ~(이)라면 블록 모음 두 개 붙임
❹ 오른쪽 화살표를 위쪽 화살표로 바꿈
❺ x 좌표를 10만큼 바꾸기 블록 삭제, 그 자리에 동작의 y 좌표를 10만큼 바꾸기 드래그
❻ 왼쪽 화살표를 아래쪽 화살표로 바꿈
❼ x 좌표를 -10만큼 바꾸기 블록 삭제, 그 자리에 동작의 y 좌표를 10만큼 바꾸기를 드래그, 숫자 10을 -10으로.
이때 주의할 점이 미사일은 벽에 닿으면 사라지게 되어 있어서 우주선이 너무 밑으로 내려가서 벽 아래에 있으면 미사일이 벽에 닿게 되어 발사되지 않게 됩니다.

2. 일정한 점수를 넘어가면 외계인들이 내려오는 속도가 빨라지게 합니다.

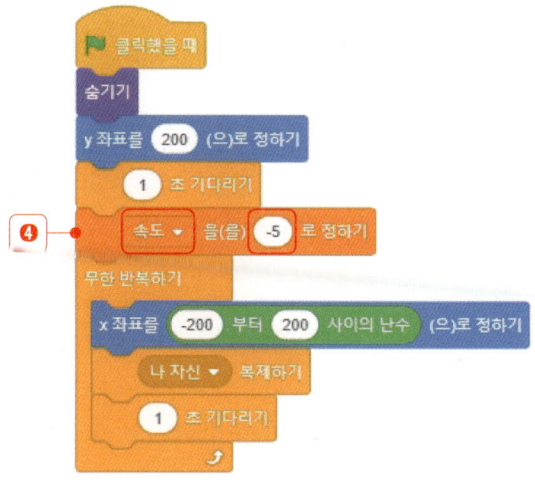

❶ Pico 스프라이트의 코드 화면으로 이동
❷ 변수에서 속도 변수를 만듦
❸ 속도와 시간 변수 앞 박스의 체크 해제
❹ 변수의 나의 변수를 0으로 정하기 드래그, 나의 변수를 속도로 바꿈. 숫자 0은 -5로
❺ 변수의 속도 블록을 드래그하여 숫자 10 칸에 넣기
❻ 제어의 만약 ~(이)라면 드래그.
❼ 연산의 > 블록 드래그하여 넣기
❽ 변수의 점수 블록을 드래그하여 앞칸에 넣고, 뒤 칸에는 숫자 30 쓰기
❾ 변수의 나의 변수를 0으로 정하기 드래그, 나의 변수를 속도로 바꿈. 숫자 1은 -10으로
❿ 다른 외계인 스프라이트들도 같은 방식으로 코드를 만듭니다.

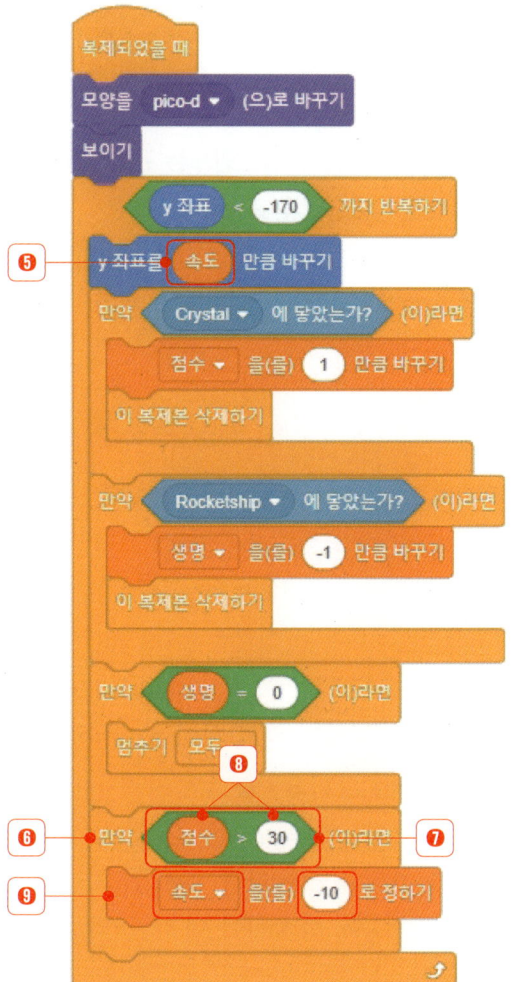

PART4 우주 전쟁　179

 **더 알아보기** | # 게임 순서와 방법 이해하기

게임에서 가장 중요한 것은 무엇일까요? 바로 규칙입니다. 친구들과 놀이를 할 때 어떤 친구가 규칙을 지키지 않고 자기 마음대로 한다면 그 친구와 놀려고 하지 않을 것입니다. 또한, 컴퓨터나 스마트폰으로 게임을 할 때 우리가 움직이는 대로 캐릭터가 움직이지 않고, 몬스터를 공격해도 죽지 않는다면 아무도 그 게임을 하려고 하지 않겠죠? 게임뿐만 아니라 우리 주변과 일상생활의 거의 모든 일에는 이처럼 순서와 차례, 규칙을 지켜야 하는 일이 많습니다. 컴퓨터와 코딩에서 우리의 명령대로 잘 작동하게 하려면 규칙을 지키는 것이 매우 중요합니다.

1. 게임 규칙 정하기

이 게임을 잘 작동시키고 재미있게 하려면 어떤 규칙이 필요할까요?

우선은 지구를 지키는 우주선이 움직이면서 미사일을 발사하는 것입니다. 그리고, 외계인은 무대 위에서 지구를 공격하며 내려오게 합니다. 우주선에서 발사된 미사일을 맞으면 외계인은 사라지고 점수가 올라갑니다. 만일 외계인을 맞히지 못하고 외계인이 우주선이 닿게 되면 우주선의 생명은 줄어듭니다. 배경은 정해진 점수를 넘을 때 바뀌도록 합니다.

이 밖에도 여러분이 원하거나 만들고 싶은 스프라이트나 규칙을 적어 봅니다.

스프라이트와 배경	규칙	내가 만드는 규칙 배경
우주선	• 우리가 움직이는 대로 좌우로 움직인다. • 외계인과 닿으면 생명이 줄어든다.	
미사일	• 우리가 지시할 때만 발사된다. • 외계인을 맞히면 우주선의 점수가 올라간다.	
외계인	• 무대 위에서 아래로 내려온다. • 미사일을 맞으면 사라진다. • 사라졌다가 다시 나타난다.	
배경	• 시작할 때 정해진 배경에서 시작한다. • 정해진 시간을 넘을 때 바뀐다.	
내가 만드는 스프라이트		

2. 순서와 차례 정하기

놀이공원에서 모두 줄을 서서 차례를 기다리는데 어떤 사람이 차례를 지키지 않고 끼어들면 어떨까요? 학교에 늦었는데 너무나 귀여운 강아지를 길에서 보면 함께 놀고 가야 할까요? 순서와 차례는 우리 생활과 컴퓨터와 코딩, 게임에서 중요한 요소 중의 하나입니다.

규칙을 정한 다음에는 게임을 위한 스프라이트와 배경의 순서와 차례를 정합니다. 순서와 차례가 없다면 미사일에 외계인이 맞기 전에 점수가 올라가고, 우주선이 움직이기 전에 외계인이 먼저 움직일 수도 있을 것입니다. 다음과 같이 순서를 만들어봅니다.

순서	내가 만드는 규칙 배경
❶ 게임을 시작하면 배경이 시작 배경이 된다. ❷ 우주선이 정해진 위치에 온다. ❸ 외계인이 무대 위에서 나타난다. ❹ 외계인이 무대 아래로 내려온다. ❺ 우주선이 좌우로 움직이며 미사일을 발사한다. ❻ 미사일이 외계인을 맞춘다 또는 못 맞춘다. ❼ 미사일이 외계인을 맞추면 점수가 올라간다. ❽ 외계인이 사라진다. ❾ 사라진 외계인이 다시 나타난다. ❿ 미사일에 맞지 않은 외계인이 우주선에 닿으면 우주선의 생명이 줄어든다. ⓫ 시간이 바뀌면 배경이 바뀐다.	

혹시 우리가 앞에서 조건과 반복에 대해서 배운 것이 기억나나요? 여기서 조건과 반복에 해당하는 것은 몇 번과 몇 번일까요?

조건은 6번과 7번, 10번, 11번에 해당합니다. 반복은 이 순서 대부분에 해당합니다. 미사일이 한 번만 발사되거나, 외계인이 한 번만 나타나면 게임이 안되기 때문에 계속 반복해서 미사일이 발사되고, 외계인이 나타나야 하겠죠.

3. 규칙, 순서와 차례 그림으로 나타내기

지금까지 우리가 만든 규칙과 순서, 차례를 그림으로 나타내면 더 이해하기가 쉽습니다. 이처럼 코딩을 할 때 그림으로 나타내는 것을 순서도라고 합니다. '순서도'는 기호와 도형을 사용해 문제나 일의 논리적 흐름을 표현한 것입니다. 과정과 절차를 순서대로 나타냈다고 해서 '순서도'라고 하며 일을 하거나 코딩 하는 순서를 알 수 있게 해줍니다.

다음은 우리가 만들 게임의 순서도입니다. 조금 복잡해 보이지만 코딩을 하기 전에 이렇게 순서도를 만들면 흐름을 한 눈에 볼 수 있게 됩니다.

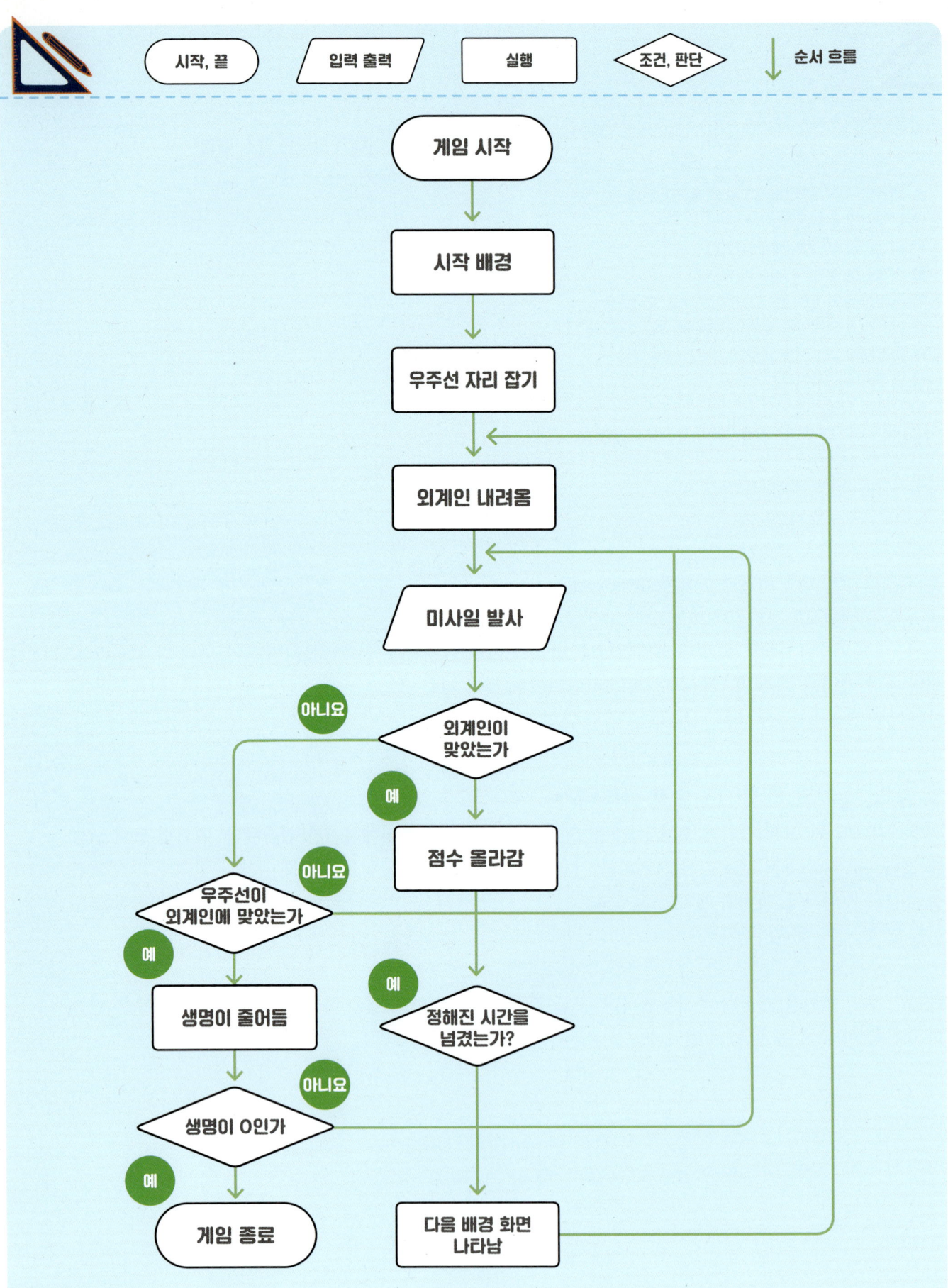

PART 5
스크래치로 LEARNING하기

도형 그리기 | 계산 프로그램 만들기 | 빙글빙글 태양계

도형 그리기

스크래치를 이용해서 세모, 네모 등 다각형과 원, 별과 같은 도형을 만들어봅니다.

학습목표

① 도형의 기본 원리를 이해하고 사용할 수 있습니다.
② 각도와 회전에 대해 이해하고 사용할 수 있습니다.

완성된 모습

시작하기를 클릭한 후 몇 각형을 그릴지 숫자를 입력하고 체크 표시를 클릭하면 자동으로 도형이 그려집니다.

완성된 파일은 **바다공부방 카페**(cafe.naver.com/eduinshight)에서 다운로드할 수 있습니다.

프로젝트 맵

Step1 삼각형 만들기

처음 만들 도형은 삼각형입니다. 이번에는 고양이 스프라이트를 사용하여 도형을 그립니다.

01 고양이 스프라이트가 크기 때문에 무대 아래 크기 숫자를 **50**으로 줄입니다.

> 잠깐! 고양이 스프라이트를 펜처럼 사용할 것입니다.

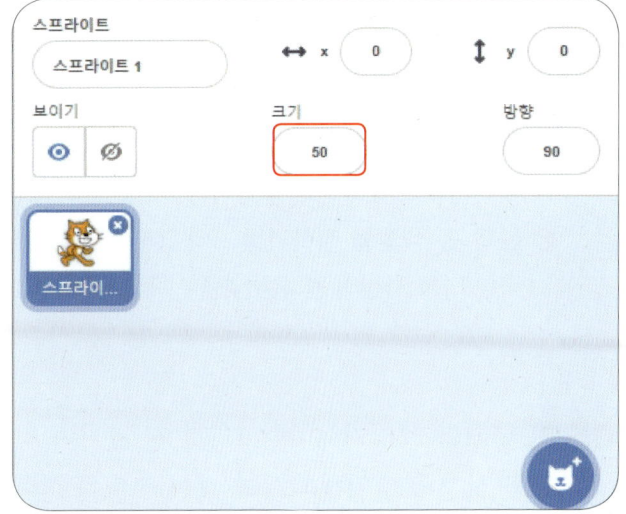

02 이벤트의 **클릭했을 때**를 드래그한 후,(❶) 동작의 **90도 방향 보기**와 **x, y (으)로 이동하기**를 드래그하여 차례대로 붙입니다. (❷) x와 y의 숫자가 0이 아니라면 **0**으로 고칩니다.

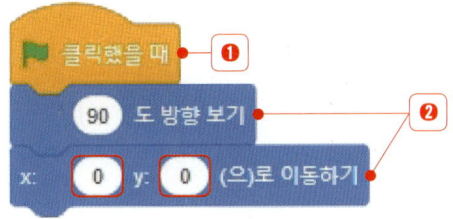

03 그림을 그리려면 펜 코드가 필요합니다. **확장 기능 추가하기**를 클릭한 후, **확장 기능 고르기** 화면으로 가서 **펜**을 클릭합니다.

PART5 도형 그리기 185

04 선을 그리기 위한 기본 설정과 선 색깔을 선택하기 위해 다음과 같이 코드를 실행합니다.

❶ 펜의 **모두 지우기**를 드래그하여 붙입니다.

잠깐! 그림을 그리고 나서 다시 그릴 때 먼저 그린 그림을 지우고 새로 그리게 합니다.

❷ 그림을 그리려면 펜을 내려야 합니다. 펜의 **펜 내리기**를 드래그하여 붙입니다.

❸ 펜의 **펜 색깔을 정하기**를 드래그하여 색을 클릭한 다음 자신이 원하는 색을 선택합니다.

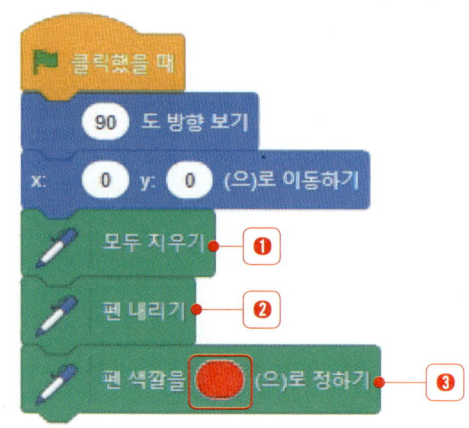

05 선 굵기와 그리기 횟수, 그리고 선 길이와 각도를 설정하기 위해 다음과 같이 코드를 실행합니다.

❶ 펜의 **펜 굵기를 1로 정하기**를 드래그하고 1은 선이 너무 가늘기 때문에 **3**으로 고칩니다.

❷ 제어의 **10번 반복하기**를 드래그하고 10을 **3**으로 고칩니다.

잠깐! 삼각형은 변의 개수가 3개이므로 선 그리기를 3번만 반복합니다.

❸ 동작의 **10만큼 움직이기**를 드래그하여 **3번 반복하기** 안에 넣고 10은 **100**으로 고칩니다.

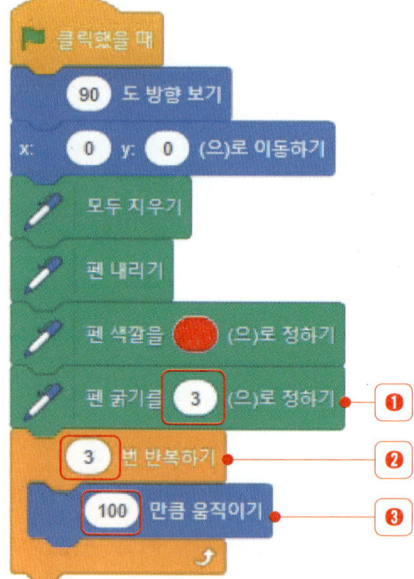

06 동작의 **오른쪽 방향으로 15도 회전하기**를 드래그하고 각도를 **120**으로 고칩니다.
시작하기를 클릭하면 그림과 같이 삼각형이 그려집니다.

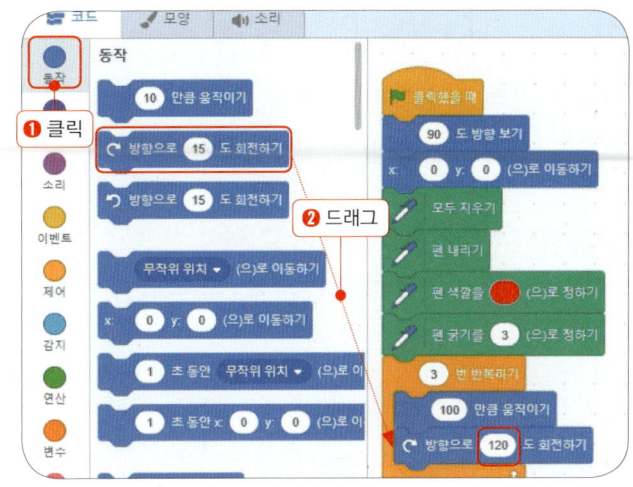

07 마지막으로 도형을 다 그리면 펜이 다른 선을 그리지 않도록 하기 위해 펜의 **펜 올리기**를 드래그하여 붙입니다. 삼각형 그리기가 완성되었습니다.

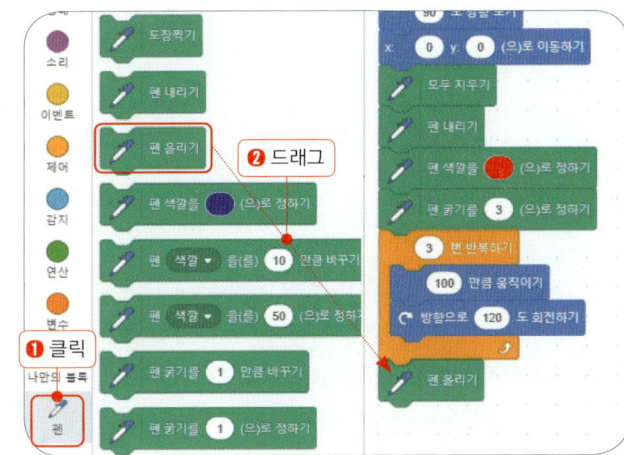

삼각형의 회전 각도

도형 그리기에서 가장 중요한 부분 중의 하나가 회전하기입니다. 삼각형은 몇 도를 회전해야 만들 수 있을까요? 도형에 대해 배운 친구들이라면 삼각형의 각도의 합은 180도니까 나누기 3을 하면 60도라고 많이 생각할 것입니다. 숫자를 60으로 고친 다음 **시작하기**를 클릭해보세요.

오른쪽 그림에서 볼 수 있듯이 삼각형이 제대로 그려지지 않습니다. 이렇게 된 건 **안쪽의 각도(내각)**와 **바깥쪽의 각도(외각)**의 차이 때문입니다.

삼각형의 각도의 합이 180도인 것은 맞습니다. 하지만 그것은 **안쪽의 각도(내각)**입니다. 삼각형을 그릴 때 고양이는 삼각형의 안쪽이 아닌 바깥쪽으로 돌면서 그리기 때문에 바깥쪽의 각도인 120도를 회전해야 삼각형을 그릴 수 있습니다. 만약 이것이 어렵다면 회전 각도를 쉽게 알 수 있는 방법이 있습니다. 바로 360을 도형의 각으로 나누어서 나오는 숫자가 회전 각도입니다. 삼각형은 360 ÷ 3 = 120, 사각형은 360 ÷ 4 = 90, 오각형은 360 ÷ 5 =72를 회전하면 도형을 그릴 수 있습니다.

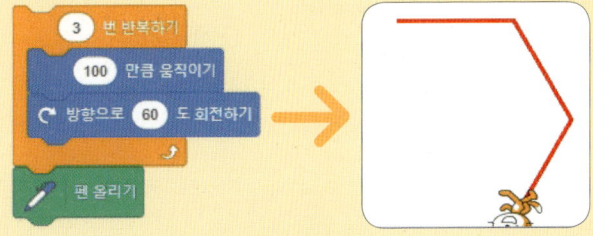

Step2 다각형 만들기

이제 사각형과 오각형, 육각형 등을 차례로 만들어 보겠습니다. 지금 만든 코드를 그대로 두고 몇 가지 숫자만 고치면 됩니다.

01 사각형은 변이 4개이고 바깥쪽으로 90도 회전합니다. **반복하기**는 4, **회전하기**는 90으로 고칩니다.

 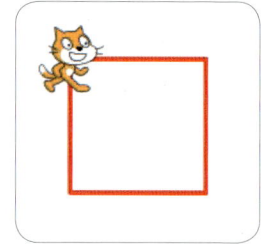

02 오각형은 변이 5개이고 바깥쪽으로 72도 회전합니다. **반복하기**는 5, **회전하기**는 72로 고칩니다.

 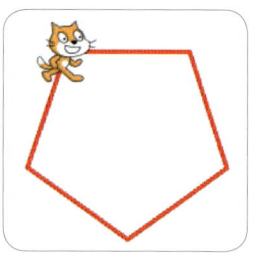

03 육각형은 변이 6개이고 바깥쪽으로 60도 회전합니다. **반복하기**는 6, **회전하기**는 60으로 고칩니다.

 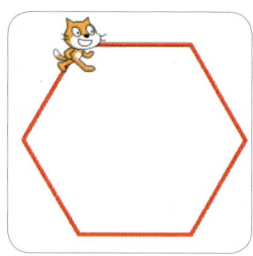

> **NOTE**
>
> **각이 많은 다각형 그리기**
>
> 10각형의 경우 변이 10개이고 바깥쪽으로 36도 회전하므로, 반복하기는 10, 회전하기는 36으로 고치면 됩니다. 그런데 **시작하기**를 눌러 확인해보면 그림과 같이 선이 연결되지 않은 불완전한 도형이 만들어집니다.
>
> 이것은 선의 길이가 길어서 나타나는 현상입니다. **100만큼 움직이기**에서 숫자 100을 40으로 고치면 바르게 10각형을 그릴 수 있습니다. 스크래치에서는 각이 많아질수록 선의 길이를 줄여 주어야 합니다.
>
>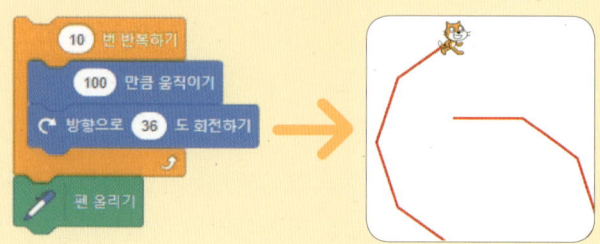

I'm 스크래치 3.0

Step3 원과 별 만들기

다각형이 아닌 원과 조금 복잡한 모양의 별을 만들어봅니다.

01 원은 360도이므로 1도씩 360번 회전하면 만들 수 있습니다. 따라서 반복하기는 360, 회전하기는 1로 고칩니다. 그리고 **움직이기**는 1로 고칩니다.
1도 회전할 때마다 1씩 그리게 됩니다.

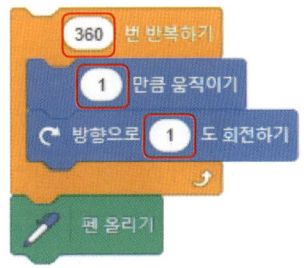 

02 별은 반복하기는 5, 회전하기는 144로 고치면 만들 수 있습니다. **움직이기**는 원래대로 100으로 고칩니다.

NOTE

별의 각도 계산하기

별 그리기에서 어려운 부분이 각도를 계산하는 것입니다. 반복하기는 별이 오각형이니까 5번 반복하면 되고, 선의 길이는 100으로 하면 되는데 각도를 정하는 것이 쉽지 않습니다. 앞에서 오각형을 그릴 때 회전 각도는 72도라고 했습니다. 이것을 그림으로 나타내면 다음과 같습니다.

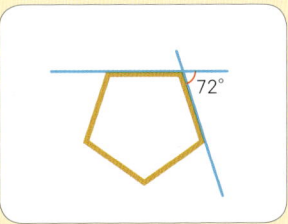

그렇다면 별은 어떻게 될까요? 72도로 된 부분의 맞은 편에 있는 각 역시 72도 입니다. 그렇다면 나머지 파란색으로 된 부분의 각도는 무엇일까요? 삼각형은 각의 합이 180도이므로 **180 = 72+72+36** 입니다. 36도가 안쪽 각도이니까 따라서 우리가 회전해야 할 바깥쪽 각도는 **180 - 36**이 되어 144도가 됩니다.

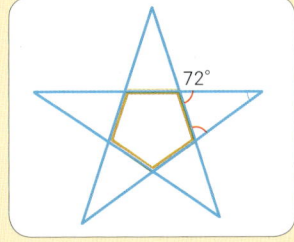 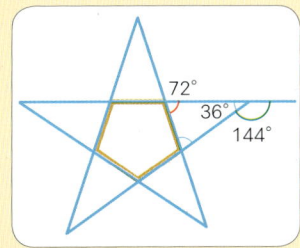

수학을 풀다 보면 문제를 푸는 순서와 차례, 규칙이 중요한 것을 볼 수 있는데요. 이것은 컴퓨터에서도 매우 중요하답니다. 그래서 컴퓨터와 수학은 비슷한 점이 매우 많습니다.

Step 4 자동 도형 그리기 만들기

지금까지 우리가 도형을 그리는 방식은 반복과 회전 각도를 하나 하나 입력하는 수동 방식이었습니다. 이것을 보다 편리한 자동 방식으로 만들어봅니다.

01 먼저 묻기와 대답하기를 설정합니다.

❶ 감지에서 **너 이름이 뭐니 라고 묻고 기다리기**를 드래그하여 **팬 굵기를 정하기** 아래에 결합하고, **너이름이 뭐니** 글자를 **몇 각형을 그릴까요?** 로 바꿉니다.

❷ 감지의 **대답** 블록을 가져와서 **반복하기**의 숫자 칸에 넣습니다.

> 잠깐! 영어로 what's your name! 라고 묻고 기다리기로 되어 있는 경우도 있습니다.

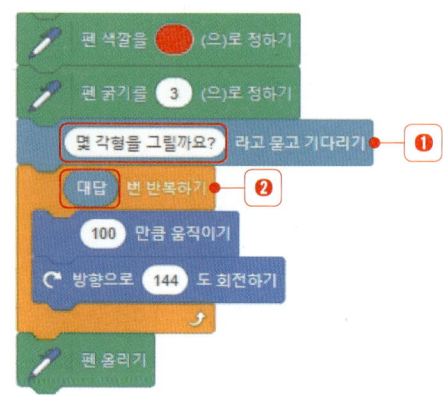

02 연산 블록으로 다음과 같이 대답에 사용할 코드를 만듭니다.

❶ **100만큼 움직이기** 블록을 삭제합니다.

❷ **연산**의 나눗셈 ÷ 블록을 드래그하여 ↻ **방향으로 회전하기** 안에 넣고, 앞칸에는 **360**, 뒤 칸에는 **감지**의 **대답** 블록을 넣습니다.

❸ **제어**의 **만약 ~(이)라면**을 드래그하여 ↻ **방향으로 회전하기** 아래에 붙입니다.

❹ **연산**의 **또는** 블록을 드래그하여 **만약 ~(이)라면**의 6각형 틀 안에 넣습니다.

❺ **또는** 블록의 앞칸에는 **연산**의 **=** 블록을 드래그하여 넣고, 뒤 칸에는 **연산**의 **<** 블록을 가져와서 넣습니다.

= 블록의 앞칸에는 감지에서 **대답** 블록을 가져와서 넣어주고, 뒤 칸에는 **6**을 적습니다.

< 블록의 앞칸에는 감지에서 **대답** 블록을 가져와서 넣어주고, 뒤 칸에는 **6**을 적습니다.

> 잠깐! 선 길이를 100으로 했을 때 6각형부터 선의 연결이 끊어지게 되어 6을 기준으로 선의 길이를 나눕니다.

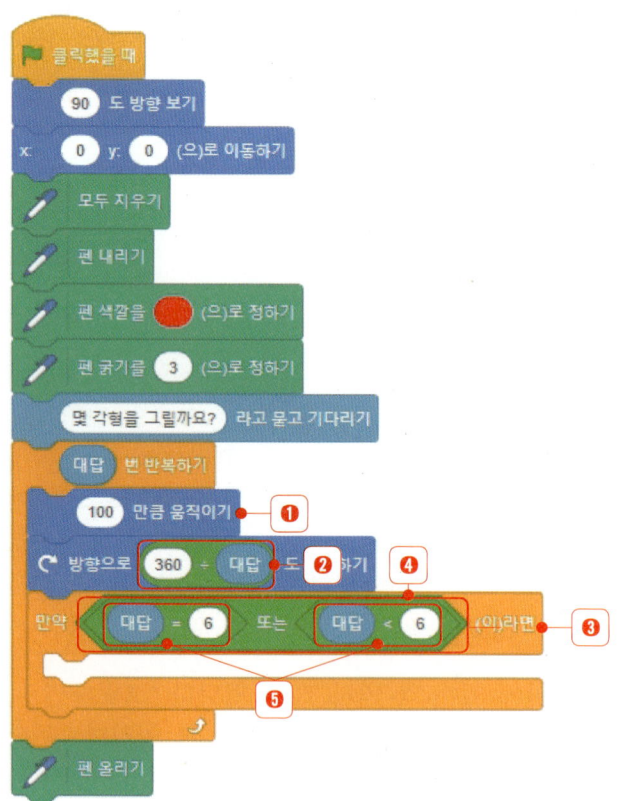

03 도형이 육각형 이상일 때 선의 길이를 설정하기 위해 다음과 같이 코드를 실행합니다.

❶ **동작**의 **10만큼 움직이기**를 드래그하여 **만약 ~(이)라면** 안에 넣고 10을 100으로 고칩니다.

❷ **제어**의 **만약 ~(이)라면**을 드래그하여 아래에 붙입니다.

❸ **연산**의 **>** 블록을 가져와서 **만약 ~(이)라면**의 육각형 틀 안에 넣습니다.

　> 블록의 앞칸에는 **감지**의 **대답** 블록을 드래그하여 넣고, 뒤 칸에는 6을 적습니다.

❹ **동작**의 **10만큼 움직이기**를 드래그하여 **만약 ~(이)라면** 안에 넣고 10을 40으로 고칩니다.

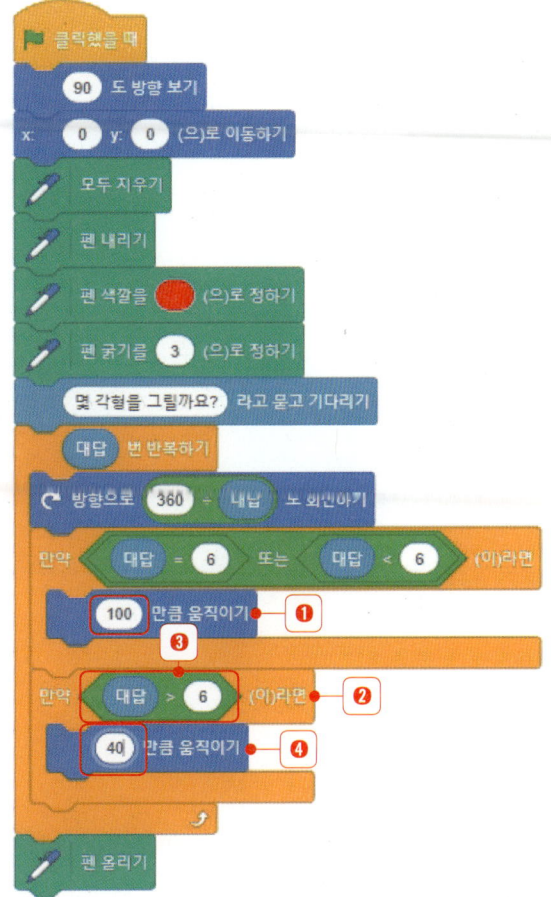

04 시작하기를 클릭하면 고양이가 **몇 각형을 그릴까요?**라고 묻고 우리의 답을 기다립니다. 표시된 곳에 숫자를 입력하고 체크 표시를 클릭하면 우리가 입력하는 숫자에 따라 크기가 다른 도형을 그릴 수 있습니다.

배운 내용 활용하기 — 패턴 만들기

도형 그리기에 변수를 사용하면 같은 모양을 반복해서 그릴 수 있습니다. 이를 활용하여 장식 등에 사용해 볼 수 있는 패턴을 만들어봅니다.

미리보기

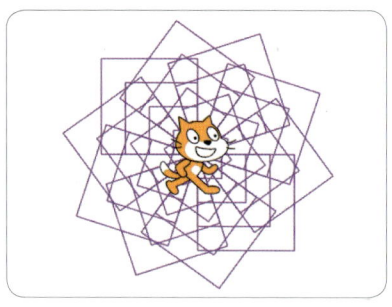
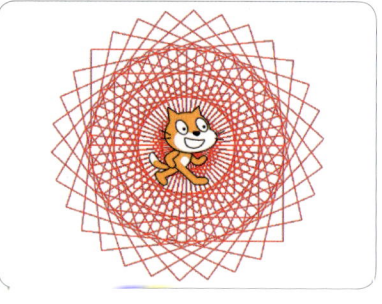

∴ 완성된 파일은 바다공부방 카페(cafe.naver.com/eduinshight)에서 다운로드할 수 있습니다.

완성된 코드

❶ 이벤트의 클릭했을 때 드래그
❷ 동작의 90도 방향 보기와 x, y로 이동하기 드래그
❸ 펜의 모두 지우기, 펜 내리기, 펜 색깔을 정하기, 펜 굵기를 정하기 드래그. 펜의 색깔은 자신이 원하는 색으로, 펜 굵기는 1로
❹ 감지의 너 이름이 뭐니? 라고 묻고 기다리기 드래그, 몇 번 그릴까요로 고침
❺ 제어의 10번 반복하기 드래그
❻ 감지의 대답 블록을 숫자 10칸에 넣기
❼ 변수의 나의 변수를 0으로 정하기 드래그
❽ 변수에서 길이 변수를 만듦. 나의 변수는 길이로, 0은 30으로
❾ 제어의 10번 반복하기 드래그. 10은 4로
❿ 제어의 10번 반복하기 드래그하여 넣고, 10은 4로
⓫ 동작의 10만큼 움직이기 드래그. 변수의 길이를 10칸에 넣기
⓬ 동작의 ↻ 방향으로 15도 회전하기 드래그. 15는 90으로
⓭ 변수의 나의 변수를 1만큼 바꾸기 드래그. 나의 변수는 길이로, 1은 30으로
⓮ 동작의 ↻ 방향으로 15도 회전하기 드래그
⓯ 연산의 ÷ 블록을 드래그하여 15칸에 넣기. ÷ 블록 앞칸에는 숫자 360을 적고, 뒤 칸에는 감지의 대답 블록을 드래그
⓰ 펜의 펜 올리기 드래그

192 I'm 스크래치 3.0

더 알아보기 — 변수 모니터의 활용

변수를 만든 후 변수 앞 상자에 체크하면 무대에 변수 모니터가 나타납니다. 다시 체크 표시를 없애면 변수 모니터가 사라집니다.

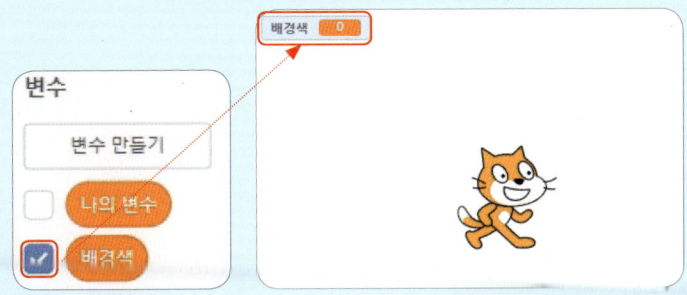

만약 스크립트 실행 중에 변수 모니터를 숨기거나 보이게 하고 싶다면 변수 보이기와 변수 숨기기 블록을 사용합니다.

변수 모니터는 단순히 변수 정보를 보여주는 것뿐만 아니라 직접 변수를 제어할 수도 있습니다. 변수 모니터를 더블클릭하면 기본 모니터 외에 숫자를 크게 보여주는 정보 모니터와 슬라이더가 달린 제어 모니터를 선택할 수 있습니다.

제어 모니터는 스크립트가 실행 중일 때도 슬라이더를 사용해 변수 값을 바꿀 수 있습니다. 다음과 같이 코드 블록을 실행한 다음 슬라이더를 움직여보세요.

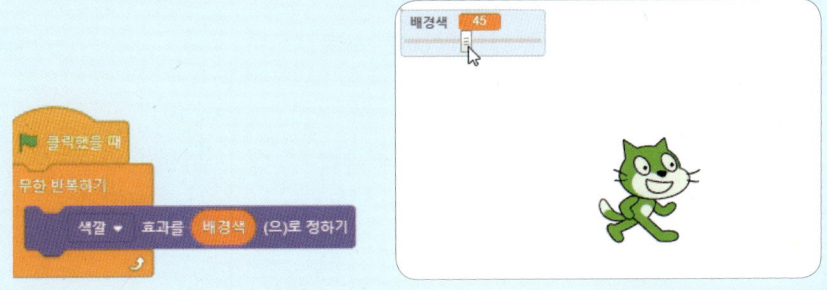

슬라이더를 움직이면 고양이 색깔이 변하는 걸 볼 수 있습니다. 이렇게 변수 정보를 보여주고 값도 바꿀 수 있는 변수 모니터를 활용하면 게임이나 대화형 프로그램 등을 쉽게 만들 수 있습니다.

계산 프로그램 만들기

15

수학이나 과학에 나오는 계산 문제를 풀 수 있는 프로그램을 만들어봅니다.

학습목표

① 스크래치를 사용해 수학과 과학 공식 문제를 풀 수 있습니다.

② 프로그램을 만들면서 자연스럽게 수학과 과학 관련 지식을 쌓을 수 있습니다.

완성된 모습

변수와 감지, 연산 코드 등을 활용하여 각종 도형의 넓이를 구하는 계산식을 만듭니다. **시작하기**를 클릭하면 계산식에 필요한 수치를 물어보게 되는데, 숫자를 입력한 후 체크 표시를 클릭하면 계산 결과를 말풍선을 통해 보여줍니다.

완성된 파일은 **바다공부방 카페**(cafe.naver.com/eduinshight) 에서 다운로드할 수 있습니다.

프로젝트 맵

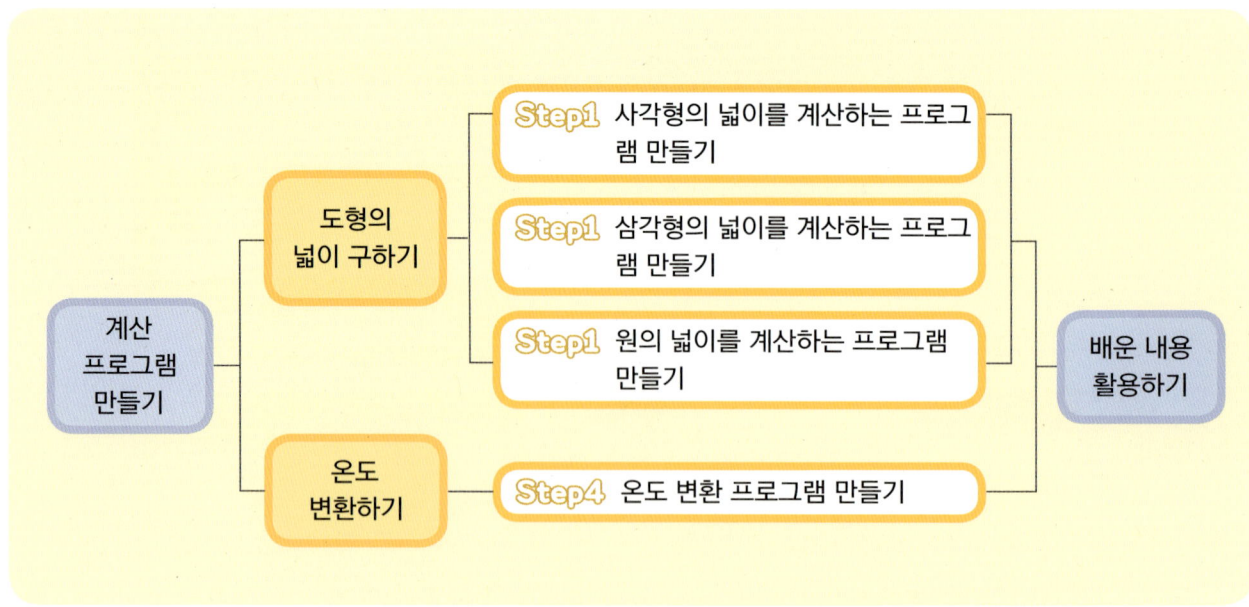

Step1 사각형의 넓이를 계산하는 프로그램 만들기

변수를 이용하여 사각형의 넓이를 구하는 공식을 만들고 직접 계산할 수 있는 프로그램을 만듭니다.

> **[알고 넘어가기] 사각형의 넓이**
>
> 사각형의 넓이는 **가로의 길이**와 **세로의 길이**를 곱해 주면 됩니다.
>
>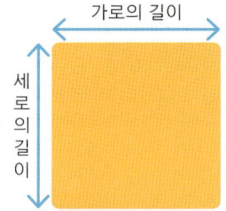
>
> **사각형의 넓이 = 가로의 길이 × 세로의 길이**
>
> 가로의 길이가 3㎝이고 세로의 길이가 5㎝라면 이 사각형의 넓이는 어떻게 될까요?
> 3cm × 5cm = 15㎠입니다. 넓이는 ㎠(제곱센티미터)로 나타냅니다.

01 변수의 변수 만들기로 가로의 길이와 세로의 길이, 사각형의 넓이라는 변수를 만듭니다.

> **잠깐!** 사각형의 넓이를 구하려면 가로의 길이와 세로의 길이를 알아야 합니다. 그런데 사각형의 모양은 너무 다양하기 때문에 길이를 특정할 수가 없습니다. 그래서 변수를 이용해 직접 길이를 입력하도록 한 것입니다.

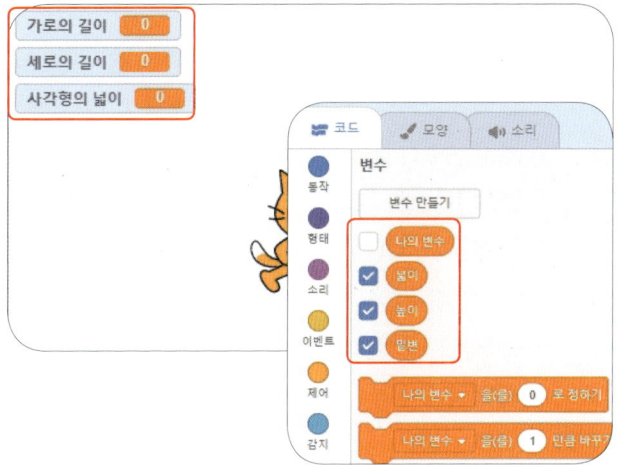

02 가로의 길이를 묻는 코드를 다음과 같이 실행합니다.

① 이벤트의 **클릭했을 때**를 드래그합니다.

② 동작의 **90도 방향 보기**와 **x, y (으)로 이동하기**를 차례대로 드래그합니다.

③ 감지의 **너 이름이 뭐니? 라고 묻고 기다리기**를 드래그하고 **가로의 길이는?**이라고 고칩니다.

④ 변수의 **나의 변수를 0으로 정하기**를 드래그하여 **나의 변수**를 **가로의 길이**로 바꾸고 감지의 **대답** 블록을 0의 칸에 넣습니다.

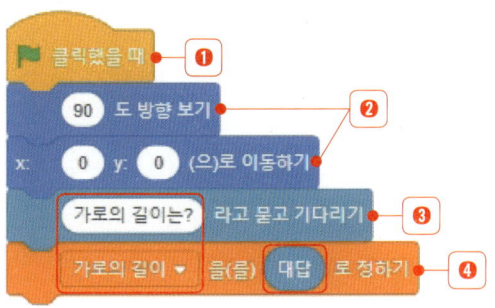

03 세로의 길이를 묻는 코드를 다음과 같이 실행합니다.
- ❶ **가로의 길이는?** 라고 묻고 기다리기 블록을 마우스 오른쪽 클릭해서 복사한 후 아래에 결합합니다.
- ❷ **가로**를 **세로**로 고칩니다.

04 가로와 세로의 길이를 곱해 답을 보여주도록 다음과 같이 코드를 실행합니다.
- ❶ **변수**의 **가로의 길이를 0으로 정하기**를 드래그하여 붙이고, **가로의 길이**는 **사각형의 넓이**로 바꿉니다.
- ❷ **연산**의 × 블록을 가져와서 0칸에 넣은 후, 앞 칸에는 **변수**의 **가로의 길이** 블록을 드래그하여 넣고, 뒤 칸에는 **세로의 길이** 블록을 넣습니다.
- ❸ **형태**의 **안녕! 말하기**를 드래그하여 붙입니다.
- ❹ **연산**의 ~**와(과)** ~**결합하기** 블록을 드래그하여 **안녕!** 칸에 넣습니다. 앞칸에는 **넓이는**이라고 적고, 뒤 칸에는 **변수**의 **사각형의 넓이**를 넣습니다.

05 **시작하기**를 클릭하고 다음 사각형의 넓이를 구해 봅니다.
- ❶ 가로의 길이 : 7, 세로의 길이 : 13
- ❷ 가로의 길이 : 14, 세로의 길이 : 15

Step2 삼각형의 넓이를 계산하는 프로그램 만들기

변수를 이용하여 삼각형의 넓이 구하는 공식을 만들고 직접 계산할 수 있는 프로그램을 만듭니다.

> **[알고 넘어가기] 삼각형의 넓이**
>
> 삼각형의 넓이는 사각형과는 조금 다르게 구해야 합니다.
> 삼각형의 넓이는 **밑변의 길이**와 **높이**를 곱한 다음 2로 나누어 구할 수 있습니다.
>
> 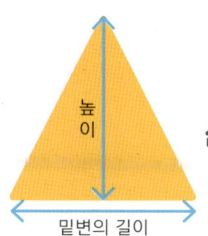 삼각형의 넓이 = (밑변의 길이 × 높이)÷2

01 먼저 **변수**의 **변수 만들기**로 **높이**, **밑변**, **넓이** 변수 3개를 새로 만듭니다.

02 밑변의 길이를 묻는 코드를 다음과 같이 실행합니다.

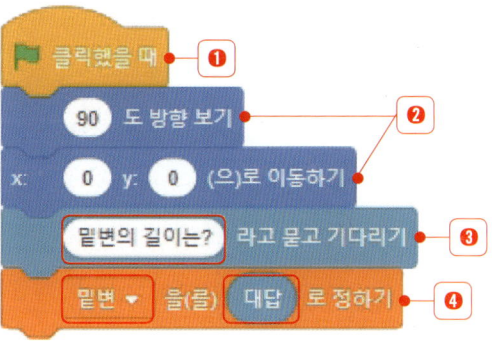

① **이벤트**의 **클릭했을 때**를 드래그합니다.

② **동작**의 **90도 방향 보기**와 **x, y (으)로 이동하기**를 차례대로 드래그합니다.

③ **감지**의 **너 이름이 뭐니? 라고 묻고 기다리기**를 드래그하고, **밑변의 길이는?**이라고 고칩니다.

④ **변수**의 **나의 변수를 0으로 정하기**를 드래그하고, 나의 변수를 밑변으로 바꿉니다. 그리고 **감지**의 **대답** 블록을 드래그하여 0의 칸에 넣습니다.

03 높이를 묻는 코드를 다음과 같이 실행합니다.

❶ **밑변의 길이는?** 라고 묻고 기다리기 블록을 마우스 오른쪽 클릭해서 복사하고 아래에 붙입니다.

❷ 복사된 **밑변의 길이는?** 묻고 기다리기에서 **밑변의 길이는?**을 **높이는?**으로 고치고, 복사된 **밑변**을 대답으로 정하기에서 **밑변**을 **높이**로 고칩니다.

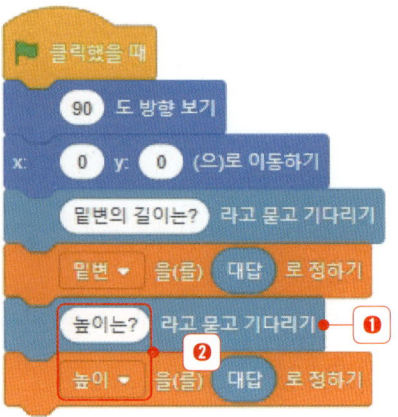

04 삼각형의 넓이를 계산하는 코드를 다음과 같이 실행합니다.

❶ **변수**의 **나의 변수를 0으로 정하기**를 드래그하여 결합하고 **나의 변수**를 **넓이**로 고칩니다.

❷ **연산**의 ÷ 블록을 드래그하여 0칸에 넣고 앞 칸에는 **연산**의 × 블록을 드래그하여 넣고 뒤 칸에는 2를 적습니다.

❸ × 블록의 앞칸에는 변수에서 **밑변** 블록을 드래그하여 넣고, 뒤 칸에는 **높이** 블록을 넣습니다.

❹ **형태**의 **안녕! 말하기**를 드래그하여 붙입니다.

❺ **연산**의 **~(와)과 ~결합하기** 블록을 가져와서 **안녕!** 칸에 넣습니다. 앞칸에는 **넓이는** 이라고 적고, 뒤 칸에는 **변수**의 **넓이**를 넣습니다.

05 **시작하기**를 클릭하고 다음 삼각형의 넓이를 구해 봅니다.

❶ 밑변의 길이 : 15, 높이 : 12
❷ 밑변의 길이 : 23, 높이 : 17

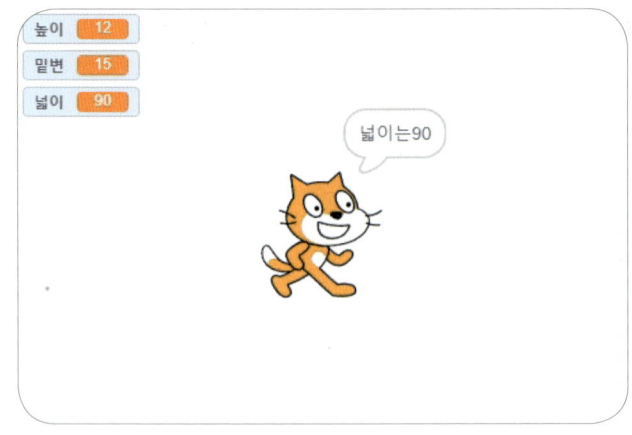

Step 3 원의 넓이를 계산하는 프로그램 만들기

변수를 이용하여 원의 넓이를 구하는 공식을 만들고 직접 계산할 수 있는 프로그램을 만듭니다.

> **[알고 넘어가기] 원의 넓이**
>
> 원의 넓이는 더 쉽게 구할 수 있습니다. 그런데, 원의 넓이를 구할 때는 새로운 도구가 필요한데 바로 π라는 것입니다. 읽을 때는 **파이**라고 읽습니다. 수학 용어로는 **원주율**이라고 하며 **원의 둘레를 지름으로 나눈 값**인데 어떤 원을 계산해도 **3.141592……** 이렇게 끝없이 계속 됩니다.
>
> 만약 운동장에 커다란 원을 그렸는데 그 원의 둘레 길이를 재려면 어떻게 해야 할까요? 원주율만 안다면 원둘레 길이를 구하는 것은 매우 쉽습니다.
>
> 먼저 원의 중심을 가로지르는 선인 지름의 길이를 구한 다음 지름 길이에 원주율을 곱하기만 하면 됩니다. 원의 지름이 10m라면 원둘레 길이는 10 × 3.1415…m가 되어 대략 31.4m임을 알 수 있습니다.
>
> 그렇다면 우리가 구하고자 하는 원의 넓이는 어떻게 구할까요? 원의 넓이는 **반지름 × 반지름 × π**로 구합니다. 위에서 이야기 했듯이 π는 끝없이 계속되는 숫자로 이루어져 있기 때문에 계산할 때는 줄여서 3.14로 사용합니다.
>
>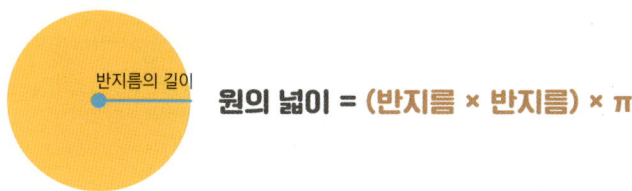
>
> **원의 넓이 = (반지름 × 반지름) × π**

01 **변수 만들기**로 **반지름**과 **넓이**의 2개의 변수를 새로 만듭니다.

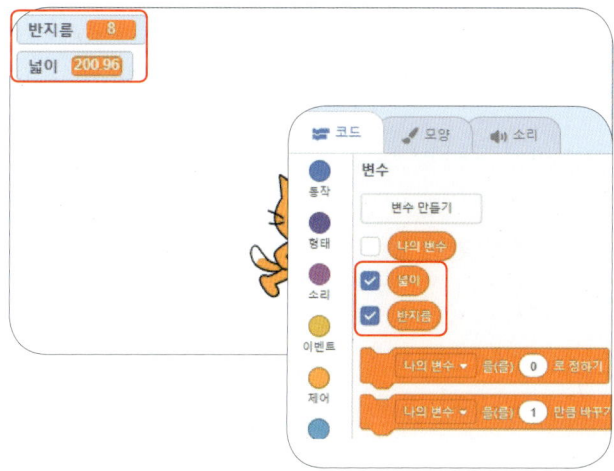

02 반지름을 묻는 코드를 다음과 같이 실행합니다.

❶ **이벤트**의 **클릭했을 때**를 드래그합니다.
❷ **동작**의 **90도 방향 보기**와 **x, y (으)로 이동하기**를 차례대로 드래그합니다.
❸ **감지**의 **너 이름이 뭐니? 라고 묻고 기다리기**를 드래그하고, **반지름은?**이라고 고칩니다.
❹ **변수**의 **나의 변수를 0으로 정하기**를 드래그하고 **나의 변수**를 **반지름**으로 바꿉니다. 그리고 **감지**의 **대답** 블록을 드래그하여 0의 칸에 넣습니다.

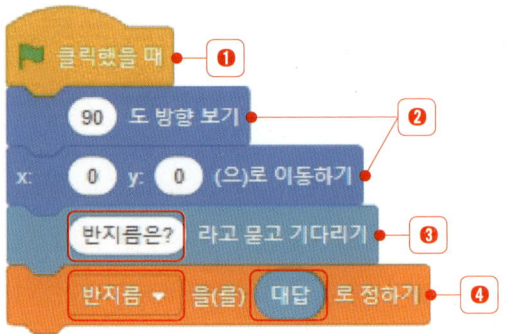

03 넓이를 계산하는 코드를 다음과 같이 실행합니다.

❶ **변수**의 **나의 변수를 0으로 정하기**를 드래그하고 **나의 변수**를 **넓이**로 바꿉니다.
❷ **연산**의 × 블록을 2개 드래그하여 결합하고 결합된 × 블록을 **넓이를 0으로 정하기**의 0의 칸에 넣습니다.
❸ **변수**의 **반지름** 블록을 드래그하여 × 블록의 첫 번째와 두 번째 칸에 넣고, 세 번째 칸에는 원주율 값으로 **3.14**를 적습니다.
❹ **형태**의 **안녕! 말하기**를 드래그하여 붙입니다.
❺ **연산**의 **~(와)과 ~결합하기** 블록을 드래그하여 **안녕!** 칸에 넣습니다. 앞칸에는 **넓이는**이라고 적고, 뒤 칸에는 **변수**의 **넓이**를 넣습니다.

04 **시작하기**를 클릭하고 다음 원의 넓이를 구해 봅니다.

❶ 반지름의 길이 : 8
❷ 반지름의 길이 : 17

Step4 온도 변환 프로그램 만들기

섭씨 온도(℃)를 화씨 온도(℉)로 화씨 온도를 섭씨 온도로 서로 바꿔주는 프로그램을 만듭니다.

> **[알고 넘어가기] 섭씨와 화씨**
>
> 우리가 사용하는 온도는 **섭씨**라는 온도 단위 입니다. 영상 20도, 영하 5도 등으로 표현합니다. 물이 몇 도에서 끓고, 어는지 알고 있나요? 바로 100도와 0도 입니다. 섭씨 온도는 이처럼 물의 끓는점인 100도와 물의 어는점인 0도를 기준으로 그 사이를 1씩 모두 100으로 나눈 온도 눈금입니다. 기호로 나타낼 때는 ℃라고 씁니다. 영상 20도와 영하 5도를 기호로 나타내면 각각 20℃와 -5℃로 표현됩니다.
>
> 화씨 온도는 물의 어는점을 32도로 하고 끓는점을 212로 정한 다음 두 점 사이를 180으로 나눈 온도 눈금입니다. 기호로 나타낼 때는 ℉라고 씁니다. 현재 우리나라를 포함해 세계 대부분의 나라들은 섭씨 온도를 사용하지만 미국 등 일부 국가와 과학 분야에서는 화씨 온도를 사용하고 있습니다. 가끔 미국에서 여름에 105도까지 올라갔다는 뉴스가 나오기도 하는데 105도면 물이 끓고도 남는 온도인데 어떻게 사람이 살 수 있을까요? 그것은 바로 온도를 섭씨가 아닌 화씨로 표현했기 때문입니다. 미국 사람도 우리나라 여름 날씨가 35도라는 뉴스를 보면 여름인데 그렇게 춥다니?라고 놀랄 거예요.
>
> 그렇다면 미국에서 말하는 화씨 105도를 우리나라에서 사용하는 섭씨로 바꾸면 몇도일까요? 또 미국 사람이 우리나라의 35도가 무척 덥다는 것을 알려면 온도를 화씨 몇 도로 바꿔야 할까요? 이런 궁금증을 해결하기 위해 섭씨를 화씨로, 화씨를 섭씨로 바꿔서 알게 해주는 온도 변환 프로그램을 만들어보겠습니다. 그러려면 우선 섭씨를 화씨로, 화씨를 섭씨로 바꿔주는 공식을 알아야겠죠. 공식은 다음과 같습니다.
>
> > 화씨 온도 = 섭씨 온도 × (9÷5) + 32
> > 섭씨 온도 = (화씨 온도 - 32) ÷ (9÷5)
>
> 그런데, 9÷5는 '1.8'이 되어서 계산 편의상 '1.8'을 사용합니다.
>
> > 화씨 온도 = (섭씨 온도 × 1.8) + 32
> > 섭씨 온도 = (화씨 온도 - 32) ÷ 1.8

01 변수의 **변수 만들기**로 **섭씨**와 **화씨** 변수를 만듭니다.

02 먼저 섭씨를 화씨로 바꾸는 프로그램을 만듭니다. 섭씨를 묻는 코드를 다음과 같이 실행합니다.

❶ **이벤트**의 **클릭했을 때**를 드래그합니다.

❷ **감지**의 **너 이름이 뭐니? 라고 묻고 기다리기**를 드래그하고, **섭씨 온도는?**이라고 고칩니다.

❸ **변수**에서 **나의 변수를 0으로 정하기**를 드래그하여 **나의 변수**를 **섭씨**로 바꿔주고, **감지**의 **대답** 블록을 드래그하여 0의 칸에 넣습니다.

03 화씨로 바꾸기 위한 식을 만들기 위해 다음과 같이 코드를 실행합니다.

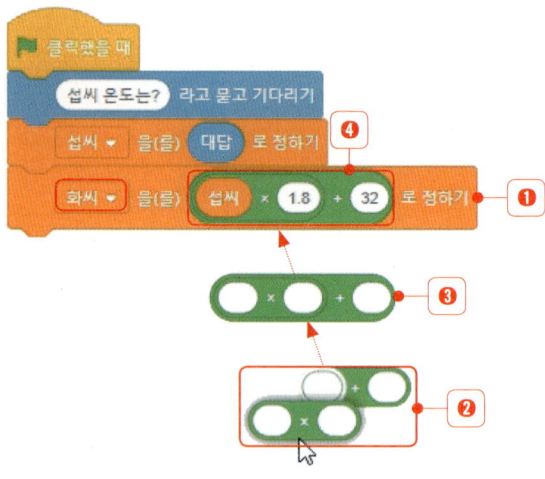

❶ **변수**의 **나의 변수를 0으로 정하기**를 드래그하고, **나의 변수**를 **화씨**로 바꿉니다.

❷ **연산**의 × 블록과 + 블록을 드래그한 다음 × 블록을 + 블록의 앞칸에 넣습니다.

❸ 결합된 블록을 **넓이를 0으로 정하기**의 0의 칸에 넣습니다.

❹ **변수**의 **섭씨** 블록을 가져와서 × 블록의 앞 칸에 넣고, 뒤 칸에는 **1.8**을 적습니다. + 블록의 뒤 칸에는 **32**를 적습니다.

04 계산된 화씨 온도를 보여주기 위해 다음과 같이 코드를 실행합니다.

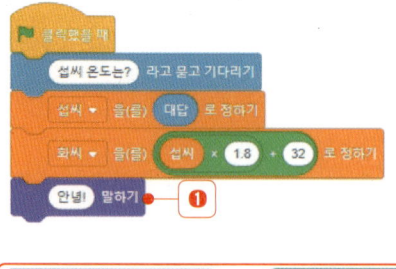

❶ **형태**의 **안녕! 말하기**를 드래그합니다.

❷ **연산**의 **~(와)과 ~결합하기** 블록을 4개 드래그하고 다음과 같이 결합해서 2개로 만듭니다.

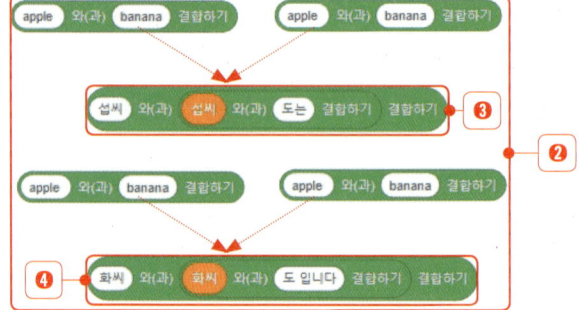

❸ 첫 번째 결합하기 블록의 첫째 칸에는 **섭씨**라고 적고, 두 번째 칸에는 **변수**의 **섭씨**를 넣고, 마지막 칸을 **도는**을 적습니다.

❹ 두 번째 결합하기 블록의 첫째 칸에는 **화씨**라고 적고, 두 번째 칸에는 **변수**의 **화씨**를 마지막 칸은 **도입니다.**를 적습니다.

05 연산의 **~(와)과 ~결합하기** 블록을 1개 드래그하여 앞칸에는 **섭씨** 블록 모음을 넣고, 뒤 칸에는 **화씨** 블록 모음을 넣어 하나로 만듭니다.

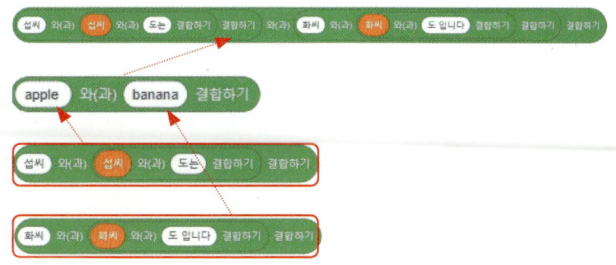

06 하나로 결합된 블록 모음을 **안녕!** 칸에 넣습니다.

07 **시작하기**를 클릭하고 다음 섭씨 온도가 화씨 온도로는 몇 도인지 변환해봅니다.
❶ 섭씨 27도
❷ 섭씨 -15도

08 화씨 온도를 섭씨 온도로 바꾸는 것은 앞서 만든 코드를 조금만 바꿔서 사용합니다.
❶ **섭씨 온도는?**은 **화씨 온도는?**으로 고칩니다.
❷ **섭씨를 대답으로 정하기**에서 섭씨를 **화씨**로 고칩니다.
❸ **화씨를 정하기**에서 화씨를 **섭씨**로 고칩니다.
❹ 원래 있던 블록 모음을 마우스로 끌어내어 삭제하고 그 자리에 연산에서 ÷ 블록을 드래그하여 넣고, - 블록을 가져와 ÷ 블록의 앞칸에 넣습니다.
❺ 결합된 블록의 첫째 칸에는 변수에서 **화씨** 블록을 드래그하여 넣고, 두 번째 칸에는 **32**를 적습니다. 마지막 세 번째 칸에는 **1.8**을 적습니다.
❻ 결합하기의 블록 모음에서 **섭씨**와 **화씨**를 모두 바꿉니다.

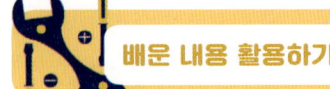

거리 속도 시간 구하는 프로그램 만들기

앞에서 배운 방법을 활용하여 거리, 속도, 시간을 구할 수 있는 프로그램을 만들어 봅니다.

자동차를 타고 갈 때 도로에 **제한 속도 시속 100km**라는 표지판을 보거나, 내비게이션에서 **시속 60km 구간입니다**라는 안내를 들은 적이 있을 것입니다. **시속 100km**라는 말은 무슨 뜻일까요? 이것은 1시간에 100km를 갈 수 있는 속도라는 뜻입니다.

그렇다면 **시속 100km**로 2시간을 자동차로 가면 2시간 동안 간 거리는 몇 km일까요?

바로 **100km(속도) × 2(시간) = 200km(거리)**의 식으로 구할 수 있습니다. 이 식이 있으면 200km를 시속 100km로 간다면 몇 시간 걸릴지도 알 수 있겠지요. 이렇게 거리와 속도, 시간은 두 가지만 알면 나머지 하나를 알 수 있답니다.

> 거리 = 시간 × 속도
> 시간 = 거리 ÷ 속도
> 속도 = 거리 ÷ 시간

미리보기

∴ 완성된 파일은 바다공부방 카페(cafe.naver.com/eduinshight)에서 다운로드할 수 있습니다.

완성된 코드

1. 거리 구하기

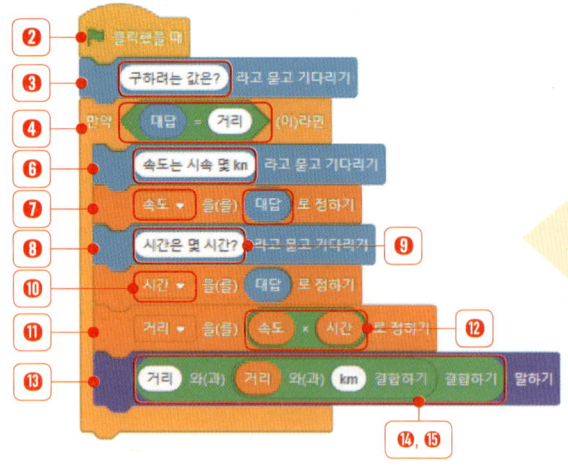

① 변수의 변수 만들기로 거리, 속도, 시간의 변수 3개 만듦
② 이벤트의 클릭했을 때 드래그
③ 감지의 너 이름이 뭐니? 라고 묻고 기다리기를 드래그. '구하려는 값은?' 이라고 고침
④ 제어의 만약 ~ (이)라면 드래그
⑤ 연산의 = 블록 드래그. 앞칸에는 감지의 대답 블록을 넣고, 뒤 칸에는 거리라고 씀
⑥ 감지의 너 이름이 뭐니? 라고 묻고 기다리기를 드래그. 속도는 시속 몇 km라고 고침
⑦ 변수의 나의 변수를 0으로 정하기 드래그. 나의 변수는 속도로, 0칸에 감지의 대답 블록 넣기
⑧ 속도는 시속 몇 km 라고 묻고 기다리기 블록 복사해서 붙임
⑨ 시간은 몇 시 간으로 고침

⑩ **속도**는 **시간**으로
⑪ **변수**의 **나의 변수를 0으로 정하기** 드래그. 나의 변수를 거리로,
⑫ 0칸에는 **연산**의 **×** 블록 넣기
⑬ **×** 블록의 앞칸에는 **변수**의 **속도**, 뒤 칸에는 **변수**의 **시간** 블록 넣기
⑭ **형태**의 **안녕! 말하기** 드래그
⑮ **연산**의 **~(와)과 ~결합하기** 블록 2개 드래그
⑯ 첫 번째 칸에는 **거리는**이라고 적고, 두 번째 칸에는 **변수**의 **거리** 블록을 넣고, 마지막 칸에는 **km**라고 씀

※ 고양이가 **구하려는 값은?**이라고 물을 때 입력 칸에 반드시 **거리**라고 적어야 프로그램이 작동됩니다.

2. 속도와 시간 구하기

속도와 시간은 위에서 만든 코드에서 다음과 같이 표시된 부분들을 고쳐 주기만 하면 됩니다.

▲ 속도 구하기   ▲ 시간 구하기

빙글빙글 태양계

16

태양을 주위로 지구와 달 등 여러 행성이 공전하는 모습을 만들어봅니다.

학습목표

① 코딩에서 중요한 요소인 추상화를 이해할 수 있습니다.
② 다양한 자연 현상을 스크래치를 이용하여 나타낼 수 있습니다.

완성된 모습

시작하기를 클릭하면 태양을 중심으로 지구와 달 그리고 여러 행성이 궤도를 그리며 움직입니다. 그리고 태양이나 행성을 클릭하면 말풍선으로 간단한 정보를 볼 수 있습니다.

완성된 파일은 **바다공부방 카페**(cafe.naver.com/eduinshight)에서 다운로드할 수 있습니다.

프로젝트 맵

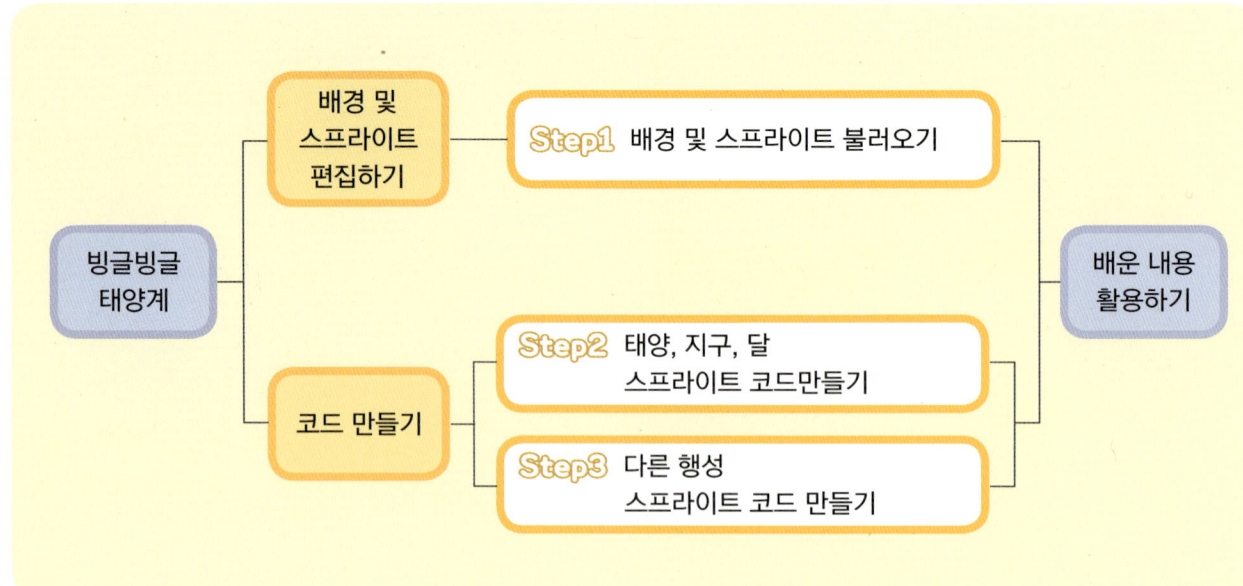

Step1 배경 및 스프라이트 불러오기

태양계를 만들기 위해 사용할 태양과 지구, 달 스프라이트를 불러옵니다.

> **[알고 넘어가기] 추상화**
>
> 이번 프로젝트에서 이해해야 할 중요한 개념은 추상화입니다. 추상화는 코딩에서 중요한 요소 가운데의 하나로 실제로 보이는 현상에서 중요하고 공통적인 특성을 가진 부분만 따로 떼어 내, 복잡한 것을 간결하고 이해하기 쉽게 만드는 것입니다.
>
> 추상화란 말이 어려울 수도 있는데 쉽게 말해서 **어려운 것을 간단하고 쉽게 표현하기**라고 할 수 있습니다. 예를 들면, 실제 버스 노선은 아주 복잡하지만 추상화된 버스 노선도는 간단합니다. 지도 역시 추상화의 좋은 예입니다. 실제 모습을 간략하게 만든 것이기 때문입니다.
>
> 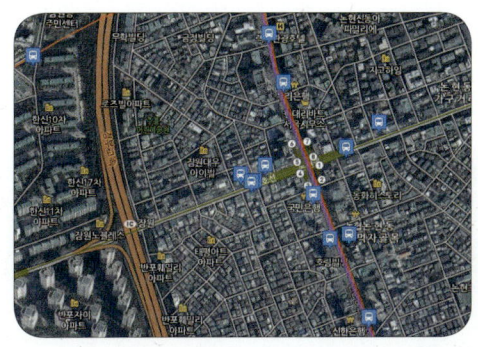 실제 버스 노선
>  추상화된 버스 노선
>
> 자연 현상도 추상화를 통해 표현할 수 있습니다. 태양계 움직임의 경우 다음과 같은 순서로 추상화할 수 있습니다. 이때 정확한 자전과 공전 주기 보다는 태양과 지구, 달의 움직임을 나타내는 것에 주안점을 둡니다.
>
> | 배경 | 우주 배경을 불러옵니다. |
> |---|---|
> | 스프라이트 | 태양, 지구, 달 스프라이트가 필요합니다. |
> | 움직임 | • 태양은 제자리에서 조금씩 돕니다.
• 지구는 태양 주위를 원의 형태로 돕니다.
• 사라졌다가 다시 나타난다. |

01 고양이 스프라이트를 삭제하고, **배경 고르기**에서 **Stars**를 선택해서 불러옵니다.

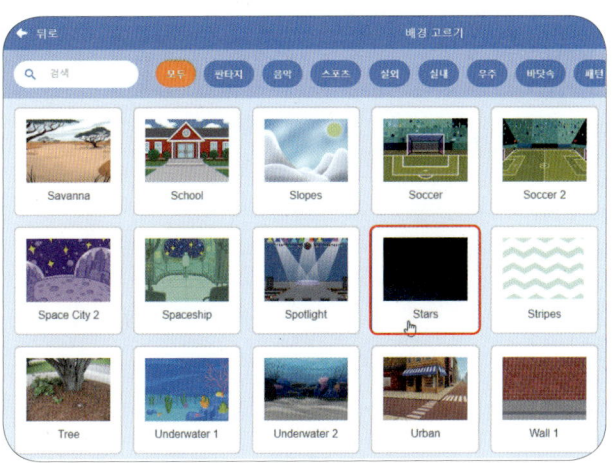

02 **스프라이트 고르기**에서 태양과 지구 스프라이트를 찾아서 선택하고, 달 역할을 할 Ball 스프라이트를 불러옵니다.

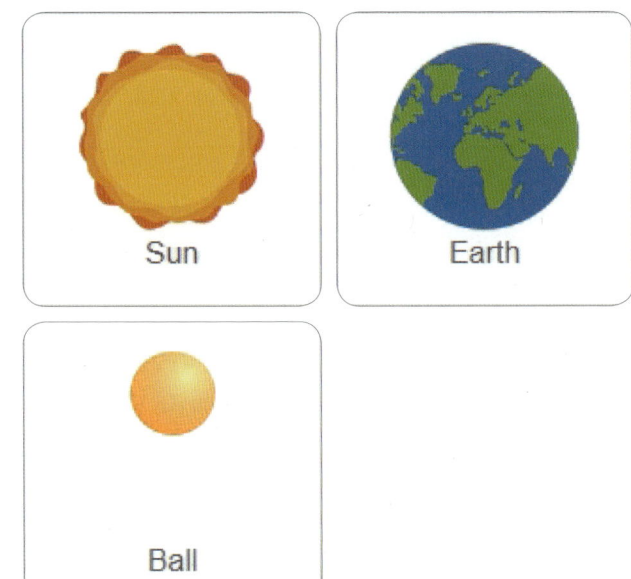

03 배경과 스프라이트를 불러온 무대 모습입니다. 태양과 지구, 달이 크기 때문에 스프라이트 화면에서 크기를 줄입니다.

04 태양은 70, 지구는 50, 달은 40으로 크기를 고칩니다.

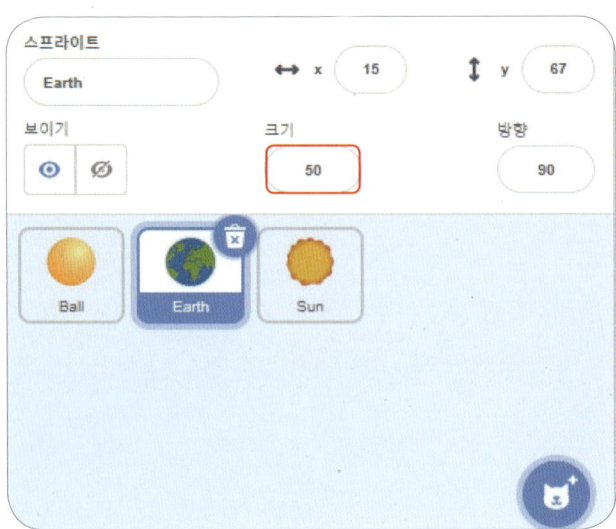

Step2 태양, 지구, 달 스프라이트 코드 만들기

태양 주위로 지구와 달이 공전하는 모습을 만듭니다.

01 먼저 태양 스프라이트를 선택하고, 다음과 같이 코드를 실행합니다.

① **이벤트**의 **클릭했을 때**를 드래그합니다.
② **동작**의 **90도 방향 보기**와 **x, y (으)로 이동하기**를 드래그하고, x와 y의 숫자를 각각 0으로 고칩니다.
③ **제어**의 **무한 반복하기**를 드래그합니다.
④ **동작**의 ↻ 방향으로 15도 회전하기를 **무한 반복하기** 안에 드래그하고, 0.1로 고칩니다.

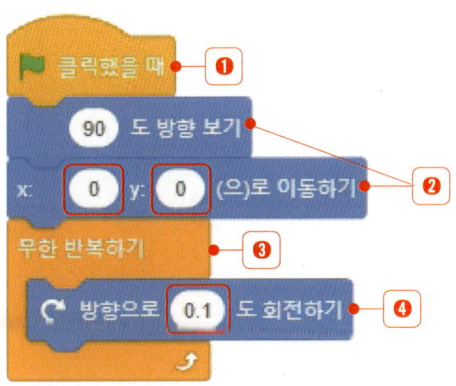

02 지구 스프라이트를 선택하고, 다음과 같이 코드를 실행합니다.

① **이벤트**의 **클릭했을 때**를 드래그합니다.
② **동작**의 **90도 방향 보기**와 **x, y (으)로 이동하기**를 드래그하고, 90도는 -90으로, x는 0, y는 100으로 각각 고칩니다.
③ 지구가 태양 주위를 도는 궤도를 나타내기 위해 **확장 기능 추가하기**에서 **펜** 코드를 불러옵니다.
펜의 **모두 지우기**, **펜 색깔 정하기**, **펜 굵기 정하기**, **펜 내리기**를 차례로 드래그하고, 펜의 색을 자신이 원하는 색으로 바꿉니다.

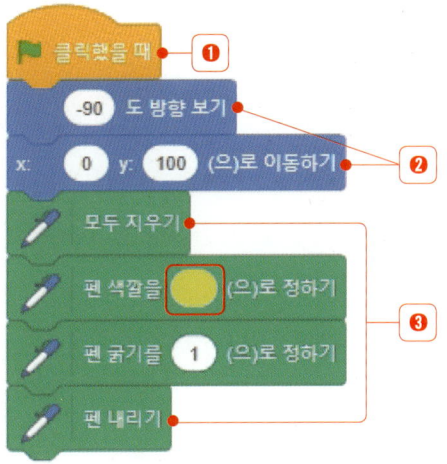

잠깐! 펜 코드는 지구가 태양 주위를 도는 길을 그리기 위해 사용합니다.

03 지구 스프라이트가 태양 주위를 돌도록 다음과 같이 코드를 실행합니다.

❶ **제어**의 **무한 반복하기**를 드래그합니다.

❷ **동작**의 ↩ **방향으로 15도 회전하기**를 드래그하고, **1**로 고칩니다.

❸ **동작**의 **10만큼 움직이기**를 드래그하고, **1.7**로 고쳐 줍니다. 움직이기가 1.7이어야 태양의 주위를 도는 궤도가 만들어집니다.

잠깐! 움직이기의 숫자는 x, y (으)로 이동하기에서 y의 숫자에 따라 달라지기 때문에 y의 숫자가 바뀌면 움직이기의 숫자도 그에 맞게 고쳐 주어야 합니다. y의 숫자가 커질수록 움직이기의 숫자도 커집니다.

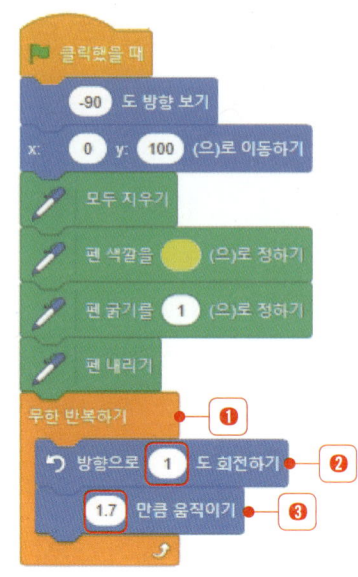

04 달 스프라이트를 선택하고, 다음과 같이 코드를 실행합니다.

❶ **이벤트**의 **클릭했을 때**를 드래그합니다.

❷ **제어**의 **무한 반복하기**를 드래그합니다.

❸ **동작**의 **무작위 위치로 이동하기**를 드래그하여 **무한 반복하기** 안에 넣고, 무작위를 **Earth**로 고칩니다.

❹ **동작**의 ↪ **방향으로 15도 회전하기**를 드래그하고 15를 **5**로 고칩니다.

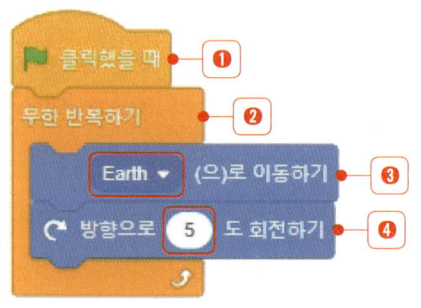

05 달과 지구 사이에 거리를 두기 위해 **모양** 화면으로 이동한 후, 달 스프라이트를 드래그하여 중심점에서 적당히 거리를 두게 합니다.

06 **시작하기**를 클릭해서 지구와 달이 어떻게 움직이는지 확인합니다.

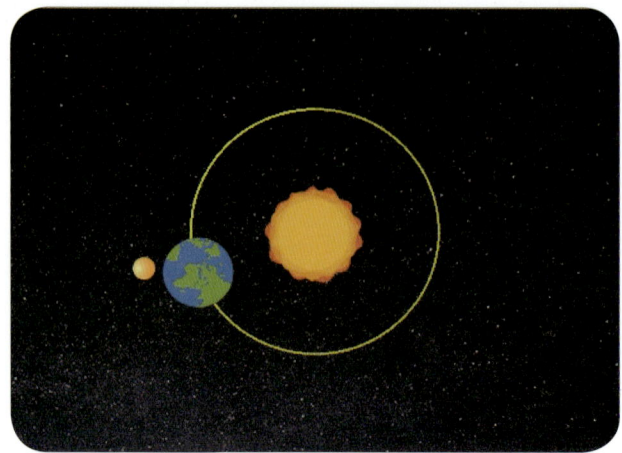

I'm 스크래치 3.0

Step3 다른 행성 스프라이트 코드 만들기

지구보다 바깥쪽이나 안쪽에서 태양 주위를 도는 행성을 만듭니다.

01 **스프라이트 고르기**에서 토성과 비슷한 Planet2 스프라이트를 불러옵니다.

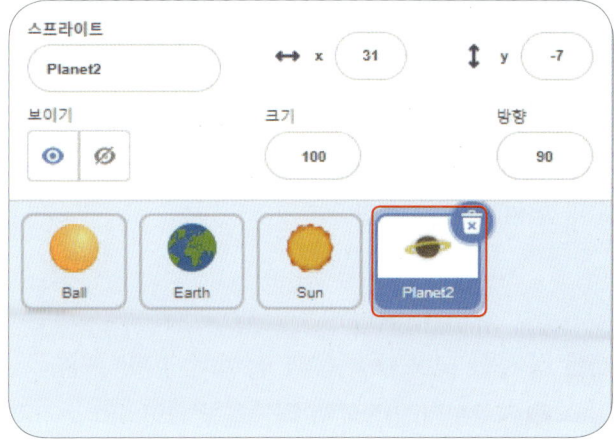

02 지구 스프라이트의 코드를 마우스로 드래그하여 Planet2 스프라이트 위에서 놓고 복사합니다.

03 복사한 코드를 다음과 같이 고칩니다.
  ❶ Planet2가 지구보다 바깥쪽에서 태양을 돌려면 y의 숫자가 지구보다 커야 하므로 **150**으로 고칩니다.
  ❷ 펜 색깔을 지구와 다른 색으로 바꿔 줍니다.
  ❸ 태양에서 멀수록 행성은 천천히 돌기 때문에 지구의 **왼쪽 방향으로 1도 회전하기**에서 1을 그보다 작은 **0.7**로 고칩니다.
  ❹ 지구는 1.7만큼 움직였는데 y의 숫자가 커질수록 움직이기의 숫자도 커진다고 했기 때문에 그보다 큰 **1.9**로 고칩니다.

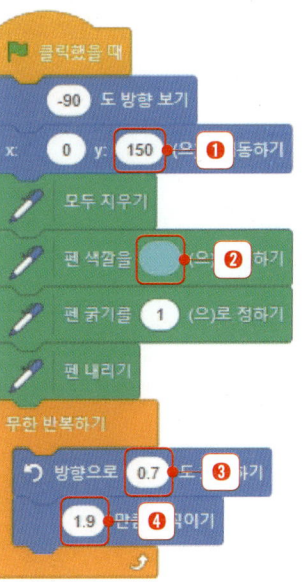

04 지구보다 안쪽에서 태양 주위를 도는 행성을 만들기 위해 다음과 같이 실행합니다.

❶ **스프라이트 고르기**에서 Ball 스프라이트 불러옵니다.

❷ 스프라이트의 크기를 **60**으로 줄입니다.

❸ 지구 스프라이트 코드를 복사합니다.

잠깐! 행성의 색깔을 바꾸려면 **모양** 화면에서 다른 행성 모양을 선택합니다.

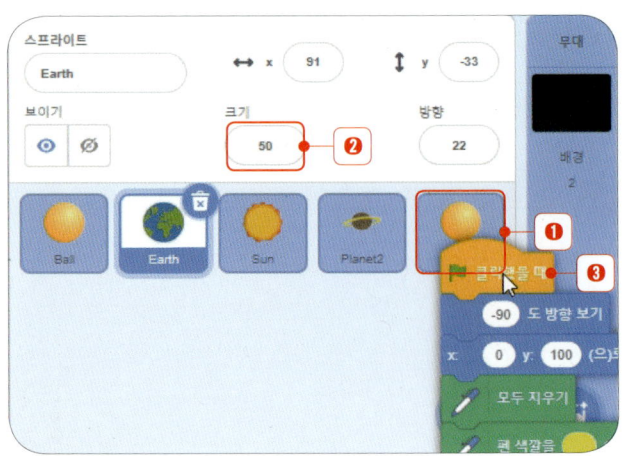

05 복사한 코드를 다음과 같이 수정합니다.

❶ 지구보다 안쪽에서 태양을 돌려면 y의 숫자가 지구보다 작아야 하므로 **50**으로 고칩니다.

❷ 펜 색깔을 지구와 다른 색으로 바꿔 줍니다.

❸ 태양에서 가까울수록 행성은 빨리 돌기 때문에 지구의 🔄 **방향으로 1도 회전하기**에서 1을 그보다 큰 **1.7**로 고칩니다.

❹ 지구는 1.7만큼 움직였는데 y의 숫자가 작을수록 움직이기의 숫자도 작아지므로 그보다 작은 **1.5**로 고칩니다.

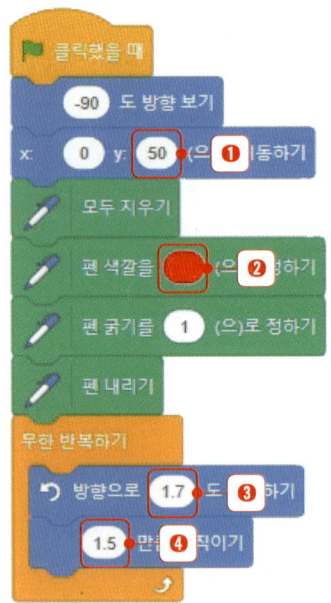

06 스프라이트를 클릭하면 설명글이 나오도록 다음과 같이 코드를 실행합니다.

❶ **이벤트**의 **이 스프라이트를 클릭했을 때**를 드래그합니다.

❷ **형태**의 **2초 동안 말하기**를 드래그하고 책이나 인터넷에서 태양과 지구, 달 등에 대한 자료를 조사해서 간략하게 내용을 써줍니다.

잠깐! 각 스프라이트를 선택해 해당 행성의 자세한 정보를 넣어주세요.

212　I'm 스크래치 3.0

 **스크래치를 마치고 나면**

지금까지 스크래치의 시작부터 ART 프로젝트, GAME 프로젝트 들을 만들고 교과와 관련된 LEARNING 프로젝트까지 모두 마쳤습니다. 여러 가지 다양한 프로젝트들을 해오면서 코딩의 기초부터 응용까지 배울 수 있었습니다. 이제 스크래치 사이트에서 다른 사람들이 만든 프로젝트를 참고하거나, 학교 수업이나 방과후 수업, 동아리, 기타 교재 등을 통해 더 많은 프로젝트들을 만들어 보도록 합니다.

여기서 더 나아가 블록 코딩은 이제 졸업하고 문자와 숫자를 입력하여 코딩하는 텍스트 코딩을 하고 싶어 하는 학생들이 있을 것입니다. 강의 때마다 많은 학생들과 학부모님들이 궁금해 하시고 질문하시는 부분이기도 합니다. 교육용 프로그래밍에도 여러 가지가 있듯이 텍스트 코딩에도 너무나 많은 프로그래밍 언어가 있어서 각자 취향과 적성에 맞는 것을 하는 것이 중요하다고 말씀 드리고 있습니다. 자칫 남들이 많이 한다는 이유 등으로 프로그래밍 언어를 배우게 되면 얼마 지나지 않아 어렵거나 싫증이 나서 포기하게 될 수도 있기 때문입니다.

현재 가장 많이 쓰이는 프로그래밍 언어로는 C, C++, JAVA 등이 있으며 최근에는 사용이 편리한 파이썬(Python)이 많이 쓰이고 있습니다. 개인적으론 학생들이 스크래치를 마치고 텍스트 코딩을 하기를 원한다면 파이썬을 사용해 보기를 권합니다.

파이썬은 구글, 야후, 유럽 입자 물리 연구소(CERN), 미국항공우주국(NASA) 등에서 사용하고 있으며 드롭박스와 인스타그램, 핀터레스트도 파이썬을 기반으로 만들어 졌다고 합니다. 파이썬은 C언어를 바탕으로 만들어졌지만 C언어보다 사용하기 편리한 대화형 언어이며 복잡한 과정 없이 프로그램을 바로 실행할 수 있을 뿐만 아니라 한 줄 단위로 실행되기 때문에 쉽게 결과를 확인할 수 있습니다. 파이썬 역시 무료 프로그램으로서 다운받는 방법은 포털에서 '파이썬'으로 검색하거나 주소창에 **https://www.python.org**를 입력하고 파이썬 홈페이지로 가서 다운 받을 수 있습니다.

파이썬을 사용하는 방법은 아이퓨처랩 블로그에서 확인할 수 있습니다.**(https://blog.naver.com/ifuturelab)**

아이의 공부 기초를 만드는 바(탕)다(지기) 시리즈

홈스쿨링의 새로운 비전!

박현창 지음, 전 4권, 권별 9,500원
세트 특별가 : 33,000원

"어휘 교재가 이렇게 재미있을 수 있을까요?
퀴즈 풀 듯, 게임하듯, 퍼즐을 맞추듯 학습했을 뿐인데 어휘력이 다져지는 게 느껴져요."

― 베타테스터의 말 중에서

이간용 지음, 전 3권, 권별 9,500원(세계지리는 10,500원)
세트 특별가 : 26,000원

"앞부분은 3학년 사회의 지도 단원과 뒷부분은 4, 5학년의 사회와 연계되니 좋았고요.
교과서에서는 보기 힘든 활동 중심의 보충학습 교재라 마음에 듭니다."

― 베타테스터의 말 중에서

박현창 지음, 전 4권, 권별 10,000원
세트 특별가 : 36,000원

"한자가 실생활에서 어떻게 사용되는지 공부할 수 있는 교재가 있으면 좋겠다 생각했는데, 참 신선한 교재입니다."

― 베타테스터의 말 중에서

한동오 지음, 전 3권, 권별 11,000원(MP3 파일 제공)

"한글과 다른 어순 때문에 영작이 막막할 때가 많은데, 이 책은 이미지로 어순의 형태를 기억하게 만드는 매우 독특한 형태의 책이네요."

― 베타테스터의 말 중에서

수학을 포기하고
고교 생활을 시작할 것인가?

김동환, 양신모 지음/296쪽/18,000원

왜 중학수학 총정리인가?

"고등학교 진학을 앞둔 우리 아이, 수학 기초가 부족해 걱정이에요!"

"방학 동안 중학수학을 정리하고 싶은데 어떻게 해야 할지 모르겠어요."

"시간은 없는데 중학수학을 통째로 다 공부해야 하나요? 좀 더 빨리 끝낼 수 있는 방법은 없나요?"

수학이 만만해지고, 부담감이 사라지는 중학수학의 모든 것!

- 수학 기본기를 단기간에 완성할 수 있어요!
- 5개 영역, 319개의 개념 모듈로 기초부터 차근차근 공부할 수 있어요!
- 4,000여 기본 문제로 고등수학을 완벽하게 대비할 수 있어요!

아주 특별한 서비스

 저자 직강! 엠베스트 특별 강좌

 중학수학 실력 진단 평가 제공

 고1 반배치 모의고사 온라인 제공